Ayez pitié du cœur des hommes

Du même auteur :

Les Bâtards du Soleil, Olivier Orban
La Galigaï, Olivier Orban

Eve de Castro

Ayez pitié du cœur des hommes

Roman

To Jeffrey,
waiting for all the lifes to come...
With faith.

« Si j'étais Dieu, j'aurais pitié du cœur des hommes »

(Pelléas et Mélisande)

La porte du fourgon claqua sans qu'Aimé reprît ses esprits. L'oreille en sang, les cheveux collés, poudre, poussière, sueur, la face grise de crasse et de peur il gisait comme un ballot, sur les genoux des autres. Les autres, quinze, vingt, tassés, pressés, abêtis d'avoir tant crié, tant couru, tant espéré. Livides, saouls du vouloir déçu, le cœur au bout des baïonnettes, Paris en furie, borgne, glauque, acharné, pavés gluants, fiacres éventrés, charpie, sanie, fiévreux cloaque des causes moribondes. Dehors on tirait encore par salves isolées, hoquets d'angoisse, derniers sursauts. La nuit tombait. La porte Saint-Antoine n'avait pas tenu six heures. Çà et là flambaient quelques mauvais brasiers dont la lueur folâtre léchait à travers le grillage les faces blêmes. Il commençait de bruiner. Les hommes, transis, frissonnaient, parcourus de ces tremblements convulsifs qu'ont les chiens endormis. Honteux ils serraient leurs genoux, leurs mâchoires, et mettaient à fixer le vide, dans la rigole, une obstination de vieillards. L'humidité glaciale réveilla Aimé. Un tambour sous ses tempes scandait chaque tour de roue. Pavés mal jointés. Charger. La barricade. Si mal au côté de la tête. Le fourgon n'en finissait pas de cahoter. Une cloche sonnait au loin. Le glas dans sa poitrine, Aimé ferma les yeux.

Jusqu'au départ, cinq mois plus tard, pour le dépôt de Saint-Martin-de-Ré, Aimé crut à une farce macabre du sort. Le Ciel voulait l'éprouver, tout cela n'aurait, ne pouvait avoir qu'un temps. Vingt-trois ans la veille de son arrestation, la vie jusqu'alors lui avait paru tellement simple. Facile cela non, il fallait peiner, s'acharner, et chaque lendemain d'effort ressemblait à la veille. Mais les choses étaient en leur ordre, un ordre puissant, une logique dense et rassurante. On pouvait lutter avec, et aussi lutter contre. La raison comme les passions y trouvaient aliment. Aimé ramait dans ce flot-là avec enthousiasme, heureux de se sentir au cœur une faim allègre de ce qui est bel et bon, et juste assez de dégoût envers l'injustice pour tenir sa partie au café. Peu souffert, point haï. Jamais vraiment choisi ni renoncé. C'est à peine s'il avait vécu. Il était devenu ouvrier imprimeur parce qu'on avait trouvé son père mort un matin sur la presse, le sang mangé de plomb. L'ouvrage pressait, garçon veux-tu la place ? ces offres-là ne se refusent pas. La mère, à la maison, avait maugréé toi aussi, sale métier, et puis d'apprenti il s'était hissé contremaître, les sous rentraient, on avait pu doter sa sœur, la marier avec un commis en écritures, un moustachu qui portait le col dur. La mère remerciait le Ciel et allumait de nouveaux cierges, Aimé maintenant c'est ton tour, choisis-en une forte et débrouillée, on ne sait jamais ce que le destin vous réserve. Ne tarde pas ; après je pourrai mourir. Il avait rencontré Viviane sur le bord de la Marne. Le dimanche il se promenait depuis l'aube jusqu'au souper, longues enjambées, les oreilles bourdonnantes, la tête fumée d'air et de senteurs. Il connaissait chaque chemin de halage, seul toujours, personne ne marchait à son pas, ce grand corps souple, tant d'entrain sous la chemise ouverte, même après le dur labeur de la semaine il lui fallait se bousculer, sinon son sang le rejetterait dans la rue passé minuit. Viviane pêchait, le jupon retroussé et les bras nus, avec deux petites filles. Aimé avait ri de ses lèvres gourmandes, de sa gorge rebondie. De loin. Il ne songeait pas à l'aborder. La voir une fois, deux fois, avec ses cannes, ses paniers, ses gamines piailleuses et sa chair insolente suffisait à son bonheur. Le troisième dimanche, qui était un samedi, le patron prenait femme. Pour la noce il avait fermé l'imprimerie. Aimé restant coi, Viviane était venue à lui. Robuste et déliée, juste comme le souhaitait la mère, le cheveu noir, brillant, la paupière longue, bien mon fils, ces plantes du Midi donnent des fruits vigoureux. Les bras derrière le dos elle s'était approchée tout près, si près qu'Aimé sentait la chaleur de ses seins. Les yeux mi-clos elle l'avait humé. Ce beau garçon-là dégageait l'odeur candide des gens qui ne goûtent point le vice. Sa peau blonde, curieusement pâle, rougissait comme les joues des pucelles, le sang là-dessous s'échauffait, s'affolait de sa fougue, se trahissait en suées qui perlaient doucement. Aimé, confus, se taisait. Dedans la large poitrine Viviane devinait le cœur simple, aisément emballé, aisément asservi, désirant fort, raisonnant peu, incapable de biaiser, de trahir. Aimé sentait le vrai, le pur, le fervent. Viviane regarda ses grandes mains. Des mains paisiblement sensuelles, le pouce fort, les ongles bombés, taillés court, bordés de noir par l'encre. Des mains qui ignoraient les coups, le jeu et la luxure. Les yeux clairs, humides, inquiets de ce long examen, le front haut, très blanc, qui disait une droiture confiante. Le menton manquait de netteté, les joues gardaient la fossette de l'enfance. Satisfaite, Viviane soupira. Sourit. Le lendemain elle présentait Aimé à sa famille. Le père, jeune encore, était maraîcher aux portes de Paris. Sa femme et ses trois filles l'assistaient, mais trois filles ne valent pas un gars, et puis la grande, la Viviane, elle se languissait de la capitale, patauger dans la boue quand on a dix-neuf ans et une tournure de théâtre, vrai, quelle pitié. Et le jeune M. Halloir ? – Aimé, Papa, il s'appelle Aimé –, le jeune Aimé comment donc gagnait-il son pain ? Aimé avait raconté la mère qui vivait ses dernières saisons, le beau-frère à col dur, l'entresol rue du Petit-Jour, trois vraies pièces, la suspension en cristal, le boulanger, en dessous, qui parfumait la maison d'une joie de brioche, aussi l'atelier, les camarades, les longues marches le dimanche, et cette force, cette allégresse qui débordaient de lui. La famille, silencieuse et ravie, le regardait se déployer en touchant arc-en-ciel pour lui plaire. L'inconnu semblait propre, et droit, et simple. Il causait bien. Les fillettes gloussaient de plaisir. Le père raccompagna Aimé, un bout de chemin entre hommes, et devant le bac l'accola. Reviens l'autre semaine, gars, tu ne nous déplais point.

Viviane voulut le torse blond, la ville, les pains odorants et le lustre à pendeloques. Un après-midi qu'il faisait chaud à s'évanouir et que les petites dormaient sous les arbres, elle ouvrit son corsage et posa la main d'Aimé sur ses seins nus. Au bout de trois mois il avait perdu toute maîtrise de lui-même. Son cœur et sa volonté se réglaient sur ses sens. Viviane l'avait investi, elle l'habitait. Elle se trouva grosse. Il l'épousa. La chérit, la choya, transi de tendresse et d'admiration, émerveillé toujours de cette femelle dorée entre ses bras, du grain tendre de sa peau, de sa chair inépuisable, du pli mystérieux de ses paupières closes. Ému de gratitude pour la moue cruelle qui lui tordait la bouche avant l'amour, cette violence qu'elle mettait à l'attirer puis, encore pantelante, à le repousser, les fossettes sur ses reins, ses cuisses un peu lourdes, ses cheveux de gitane. Il pliait le genou, avec dévotion il courbait devant elle son grand corps dur, il déposait son âme sous ses pieds potelés, des pieds de bourgeoise, et béatement la laissait pétrir sa vie entre ses petites mains précises. Elle l'appréciait en femme pratique, avec ce sang-froid, cette détermination qui ne la quittaient pas même dans le plaisir. Un bon et franc mari, qui tenait ferme sa part au lit, gagnait honnêtement son écot et pour le restant la laissait maîtresse. Elle ne le trompait pas. L'adultère lui semblait désordre et dangereux, et puis elle avait mieux à employer le feu qui brûlait en elle. Elle voulait, elle avait toujours voulu sortir de sa condition. Des robes, une servante, se montrer au spectacle, recevoir l'après-midi des gens lettrés, des importants, des opulents, des messieurs graves qui soupireraient en rêvant à elle... ah ! la belle, la délicieuse Mme Halloir. Ces mêmes messieurs qui, à l'église, la salueraient avec dans l'œil une lueur brutale, ces messieurs-là qui, sur un signe... Viviane flattait la nuque d'Aimé, prosterné devant le lit, les mains égarées sous son linge, la bouche impatiente cherchant le pli de l'aine, elle lui disait promets-moi, tout à l'heure nous parlerons, et renversée, les yeux vagues, elle le laissait assouvir sa faim. Parler, elle voulait toujours parler, comment changer leur sort, étaient-ils donc à plaindre ? Point de dette, un bel enfant, grosse de nouveau, peu de souci et il la gâtait de son mieux, vraiment Aimé ne comprenait pas. Viviane s'agaçait qu'il se satisfît de si peu, la couche chaude, la viande deux fois la semaine et les promenades dominicales. Elle le tançait, tu n'es qu'un médiocre, au moins si tu lisais, et la politique ? les causeries au cercle, pourquoi n'y vas-tu pas ? Cela te donnerait de la conversation, tu y lierais des connaissances, je n'en peux plus de ne voir personne, la cuisine, la petite, je m'étais promis plus de divertissement en t'épousant.

Aimé fréquenta le cercle, une amicale à prétentions politiques qui se réunissait le mercredi après souper derrière l'atelier d'un relieur. Il y avait là beaucoup d'ouvriers et d'artisans du livre, quelques plumitifs aigris, suffisants et cyniques, des pamphlétaires et gens de presse fort agités, plus trois ou quatre Candides. On s'y émulsionnait. On fumait, on criait avec de grands moulinets des bras. Aimé, qui prisait la solitude, la vivante poésie de la nature et ce qui pouvait exister entre humains de tendre, de véridique, s'effaroucha. Mais Viviane veillait. Il revint. Écouta, puisqu'il ne pouvait s'y soustraire. Et au fil des mots se laissa emporter. Il n'était pas accoutumé à réfléchir ni à disserter. Il connaissait Dieu, l'empereur, le pape. Il se désolait qu'à Sedan la France se fût humiliée mais n'en tirait honte ni hargne. Il savait que, alors que lui trimait à l'imprimerie, d'autres, des rentiers, des puissants, banquetaient. Il ne les enviait ni ne les blâmait. Ainsi allait le monde, dont lui n'était qu'une poussière. Humble et fier tout ensemble, il se croyait libre, digne, heureux. Les bruyants du cercle lui donnèrent à entendre qu'il n'était qu'un mouton sans conscience ni parole. Un aveugle. Ou un lâche. Il fut bouleversé. Sa nature enfantine s'enflamma pour la cause des prêcheurs, il voulut être digne d'eux, l'homme nouveau, l'avenir de la Nation. Il montrerait à Viviane quel mâle il faisait. Muni du flambeau républicain il forcerait son estime. Il délaissa l'imprimerie et courut les quartiers où l'on se battait. Il en revenait fourbu, il fallait travailler la nuit à des commandes spéciales pour nourrir sa famille, mais Viviane ne le toisait plus de ce regard qui lui mettait la moelle en charpie. A son retour elle posait son ouvrage, elle l'interrogeait. Elle auscultait ses vêtements, et lorsqu'il se dépouillait devant elle, arrachant à dessein sa chemise maculée, sa culotte en lambeaux, Aimé surprenait dans son œil cet éclat qui au bord de la Marne l'avait subjugué. Elle reprenait du goût pour lui, et en nature souveraine ne songeait pas à le cacher. Glorieux, au sortir de ses bras Aimé retournait dans la rue. La Commune agonisait, la cause républicaine était perdue. Peu lui importait. A corps, à cœur exultant il se jetait dans la débâcle, sans démêler s'il luttait pour l'idéal de ses compagnons ou pour fouetter le désir de Viviane, tant sa fougue confondait les deux causes.

Quand aux derniers jours de 1871 il fut arrêté, Aimé attendit placidement la visite de Viviane. Ils étaient si nombreux à espérer comme lui la femme, la maîtresse, la mère, vrais et faux insurgés raflés au hasard par les fourgons, les Fédérés ratissaient Paris, c'était la guerre, quoi de plus naturel ? Viviane vint, très pâle. Elle lui parut plus brune, plus grande. Elle lui dit tu risques la déportation à vie, le bagne, comprends-tu ? Ils veulent curer l'abcès, faire place nette sans retour, menées insurrectionnelles, ils sont implacables. Il rit, folle, tu tournes tout au drame, quand je sortirai... Elle plissa la bouche. Il n'osa continuer. La semaine suivante il avait maigri, il oubliait de rire. Elle ne remarqua pas. Ni non plus qu'il regardait ses seins. Ni que son pansement à la tempe pourrissait. Elle reprit ils envoient les politiques en Nouvelle-Calédonie, des établissements tout neufs, plus salubres paraît-il, mais vraiment c'est trop loin. Si je n'arrive pas à me débrouiller avec les deux petits, il faut que je puisse te rejoindre. Quand tu comparaîtras, demande la Guyane. On dit que les pétroleuses y partiront avec des droits communs, alors pourquoi pas toi ?

Devant le tribunal de Versailles, perruques dodelinantes, Aimé ne sut que balbutier j'aime mon pays, si vraiment vous m'imposez l'exil je vous prie Cayenne, ma femme m'y suivra, elle attend un second enfant. Tout cela lui semblait irréel. Une pantomime. Bientôt on changerait le décor, la réalité reprendrait ses droits, Viviane, l'atelier, la petite Marion avec ses boucles brunes, la pêche chez le beau-père, l'onde revêche, capricieuse mais délicieusement prévisible du quotidien.

Le cours rassurant des jours refusa de rentrer dans son lit. Dans le wagon cellulaire qui l'emportait loin de Paris, loin de sa vie, Aimé vomit. Enchaîné à son poignet, un inconnu tavelé de dartres éructait. Crachait. Aimé se tassa, se plia, tout enfant, mon Dieu de quoi me punissez-vous... Les larmes l'étouffaient. Viviane n'était pas venue le voir partir. Sur le quai les détenus avaient embrassé des femmes, des enfants, glissé sous leur vareuse des lettres, des paquets. Elle n'était pas venue. Un malaise, peut-être, sa grossesse avançait, elle avait craint la foule, l'émotion, et puis mener la petite Marion qui marchait à peine dans cette presse de bagnards, vrai, la chose s'expliquait. Mais tout de même, elle n'était pas venue. Les certitudes tranquilles qui étayaient sa vie s'effritaient. Il se vidait de lui-même. Lorsque au matin le train stoppa, il avait l'âme saignée à blanc, et sous la langue un goût de forêt pourrissante.

Il fallut descendre sans trébucher, l'anneau à la cheville lui grignotait la peau, saluer bonnet bas, crânes honteux, calvities désemparées, pour avancer régler son pas sur celui du ronfleur pustuleux, la route gelée glissait, flaques crissantes, deux cents hommes qui juraient, crachaient, pissaient sur leur voisin et se cognaient dans le dos, à l'entrée du dépôt la porte bâtarde, infamie, voilà nos forçats! il fallut courber l'échine sous les coups de nerf de bœuf, un encouragement à marcher droit! il fallut dans la vaste salle sonore subir la fouille, doigts dans la gorge, doigts dans le cul, il fallut attendre nu, dérisoire, attendre encore, le ventre et le cœur creux. Aimé ne broncha pas. Tout sentiment d'angoisse, d'horreur, de révolte l'avait quitté. Il se sentait désert. Étrangement absent et présent à la fois. De cette nuit dans le wagon cellulaire il était né matricule 6712, maillon anonyme dans la chaîne de l'absurde. Le géant aux doigts doux, le fredonnant, le fervent Aimé n'était plus qu'un grand corps sevré de sa foi, mû par des réflexes immédiats, jouer des épaules pour s'assurer sa gamelle, oui, il était fort encore, manger avant qu'on lui contestât sa portion, roter, je resterai vivant, s'asseoir, dos calé contre un coin, et les sens aux aguets commencer d'attendre. D'apprendre. S'acclimater, s'apprivoiser. L'appel avait réparti les condamnés. Vingt à trente par cellule, origine, âge et crimes mélangés. Une microsociété du vice et du malheur qui sitôt circonscrite commençait de s'organiser à renfort véhément de jurons et de menaces. Il y avait là des âmes tatouées au vitriol, des vauriens, des égarés et des rêveurs dans une proportion comparable à celle qu'on eût trouvée en épluchant les cœurs des dîneurs d'un restaurant en vogue, des buveurs d'une guinguette, des spectateurs d'un théâtre ou des badauds qui flânent le long des quais. Peu de ces hommes portaient en eux le mal. Une faim trop aiguë, un coup de sang, une balourdise, un mot ou un geste frondeur, le Second Empire emplissait ses bagnes comme antan la monarchie ses galères. Vol de pommes, de poules ou de noix avec récidive, vagabondage, insubordination, racolage volontaire ou fortuit, dépucelage de mineure, petit et gros trafic, viol avéré ou prétendu, propos et écrits déplacés, le hasard et la société faisaient chuter des êtres qui n'avaient pour le crime aucun penchant. La plupart appuyés sur une main confiante eussent pu se relever. Mais on jugeait plus commode de les exiler loin, très loin, afin qu'au terme de leur peine ils renonçassent à revenir. Les colonies, cinq ans, douze ans, perpétuité.

Aimé regardait ses paumes qui n'avaient jamais volé ni étranglé. Regardait le profil tremblé, comme rongé du dedans, du jeune homme pâle, couché le long du mur, les yeux clos. L'autre « politique », insurgé démoniaque, communard sanguinaire, pauvre idéaliste tiré en plein vol. Un gros bandage autour des oreilles l'empêchait de poser ses lunettes. L'interpellait-on qu'il haussait les verres près de son nez et se tournait timidement vers la voix. Contre sa tête un homme minuscule réparait avec passion ses souliers, de la feutrine, j'échange six cigarettes contre une bande de feutrine, doublait, renforçait, recousait, marmonnait pas les chiques, cette fois les chiques ne me boufferont pas. Aimé comprit que le bonhomme, évadé et repris pour la seconde fois, avait eu les pieds rongés par ce parasite guyanais qui, rentrant sous les ongles, s'y gonflait de sang jusqu'à former une boule dure et noirâtre. Si l'enflure n'était pas incisée et curée dans la journée, la gangrène s'y mettait. Le lendemain il fallait couper le doigt, le surlendemain le pied, au bout de la semaine la jambe. Un chauve presque obèse, Grain d'Orge, ma poule m'appelait Grain d'Orge, quêtait le tissu pour l'improvisé cordonnier, donne ton calot, la Tentiaire te le remplacera, moitié pour la cousette, moitié pour tes godillots, donne, il te les fera gratis, tu t'en trouveras bien. Soucieux d'encourager les volontaires, le chauve vociférait en agitant au-dessus de son associé sa pogne graisseuse. Marin savez-vous! il était marin! et puis ce demi-bout-là a abîmé une fille, à La Rochelle, qui après l'amour voulait lui faire la bourse. Vingt ans de Cayenne, il se tenait à carreau, aux cuisines, une bonne planque, mais voilà il a craché dans le tafia, celui du surveillant, ils l'ont mis forestier, tout nu dans la boue, priez mes chérubins que le Ciel vous l'épargne, forestier mes cœurs, visez un peu les arpions du forestier! Grain d'Orge arracha les chaussettes du cordonnier et lui secoua les chevilles. Sur deux pieds il restait cinq orteils. L'autre riait sottement.

Aimé se rencogna. Ne pas se frotter, ne pas se mélanger, ne pas se confondre. Demeurer en marge de ce monde qui se structurait sous ses yeux et qu'il se refusait encore à admettre pour sien, déporté à vie, quelques mois de dépôt puis plus jamais la France. Ne pas prendre pied dans cette réalité qui lui donnait le vertige. Ce goût de feuilles décomposées sous la langue. Aimé s'essuya la bouche, chercha des yeux un broc d'eau, renonça. La salle, longue d'une dizaine de mètres, plâtre pelé, salpêtre suant, voûtée d'ogives poussives, sillonnée de rigoles sanitaires, puait mieux qu'une bauge au lever du sanglier. Malgré le froid l'air y était d'une touffeur nauséeuse. Huileux, visqueux. Aimé suivait du coin de l'œil la progression des gouttes qui, depuis les deux lucarnes percées du côté ouest, creusaient en aveugles leur canal minuscule dans la lèpre du mur. Son présent, son avenir. Saint-Martin, jour d'arrivée, repos. Demain à cinq heures, appel, affectation aux ateliers. Le détenu doit se racheter par le travail. Payer sa dette envers la société. Logés, nourris, vêtus, tous ces gredins, aux frais de la Tentiaire, à charge de celle-ci de se rembourser sur l'ouvrage de leurs bras. Travailler. Aimé de tout son cœur meurtri, de tous ses muscles noués appelait cette idée. Faire, afin de ne plus penser. Obéir, s'absorber, s'oublier. Aimé se coinça la tête entre les genoux, l'entoura de ses bras. La migraine là-dedans ne voulait pas céder. Malgré la règle du silence affichée sur la porte, les prisonniers vociféraient. A l'adresse d'autrui autant que pour soi-même, chacun à traits grossiers crayonnait son image et, bannière d'intimidation ou de ralliement, l'agitait sous le nez du voisin. Les forts en tête, en bras, en gueule déployaient leurs ailes afin que les timides, les malingres et les lâches vinssent s'y blottir. On s'inféodait, on rendait hommage, on commençait de commander et de servir. Cette hiérarchie spontanée reflétait celle du monde, avec des teintes plus crues. Les règles du jeu social s'y retrouvaient, dépouillées de l'apprêt et des freins moraux qui les travestissaient d'ordinaire. On s'affichait cupide, rusé, âpre, violent, libidineux, insensible à la honte, à la peur, à l'amour. Le seul carré de peau tendre était la part du rêve, celle que le détenu le plus malfaisant cache sous sa gangue, l'évasion, le retour, tirer son temps ou séduire la belle n'importe, mais mourir à son infamie et comme le phénix renaître de ses cendres. Déjà on causait ferme, l'argent, les passeurs, les marécages, les sévices, fouet, cachot, regarde mon dos, mais l'espoir, tu sais, ça vaut toutes les peines, et puis cela tue le temps, tu verras. Toi, tu partirais ? Aimé avait beau s'enfouir tout au fond de lui-même, ces mots-là l'infiltraient. Les larmes lui montaient aux paupières. Tous ancrés à la même chimère, suçant le même lait d'espoir. Pitoyable parenté. Se démarquer. Rester digne. Matricule 6712. Se taire.

Durant le premier mois, Aimé ne desserra pas les lèvres. C'est à peine s'il levait les yeux. Tout entier concentré sur la tâche qu'on lui avait fixée, assembler des filets de pêche, nœud à l'endroit, il lui semblait se pencher sur le canevas de sa mère, Aimé ôte-toi de là, nœud à l'envers, son esprit se pliait sous ses doigts, compter les mailles, sept, dix, enfiler les flotteurs, gros yeux de verre soufflé. Au bout du hangar on faisait des émouchettes, au-dessus on tirait de la filasse de chanvre pour étanchéiser les barques, et dans l'atelier voisin, celui d'effilochage, on fabriquait les étoupes destinées à la marine. Sifflet, la soupe, pas de course, clôture au baraquement. Les gardiens renfermaient les prisonniers avant le coucher du soleil, travail obligatoire, repos obligatoire. Un seau d'eau devant la porte pour la toilette, pas de feu, pas de lanterne, pas de couverture. Six heures inspection, six heures cinq coucher. Une banquette de sapin large de trois mètres coupait la salle par le milieu. S'allonger tête-bêche sur ce bat-flanc, la cheville gauche collée à celle du détenu d'en face. Sages épis de maïs humain. Une grosse barre métallique baguée d'autant d'anneaux qu'on dénombrait de forçats courait le long de la banquette à trente centimètres au-dessus des chevilles. Six heures dix, le surveillant accrochait la chaîne des prisonniers aux anneaux, posait deux tinettes au bout du banc, sifflait, sortait en verrouillant la porte. La nuit se faisait sur les âmes, une nuit pire que le pire des cauchemars, une nuit de sanglots, d'injures, de coups sournois, une nuit d'angoisse et de supplications, gémissante de jouissances arrachées et de plaintes ambiguës, hululante, suffoquée, si je mourais ainsi, mais veux-tu vraiment vivre? hoquets, cœur transi de honte et de dégoût, ces mains, ces gestes, la tinette que dans l'obscurité on se passait en grondant, renversée, puanteur, attaché par le pied comment se soulager? rires immondes, frôlements révulsants, Aimé apprit à dormir les yeux grands ouverts, bras collés au ventre. Sa stature en imposait, on n'osait trop le palper, mais à mesure que coulaient les semaines il surprenait des regards, des rictus. Il était jeune, si formidablement sain, avec cette peau de blonde qui faisait une tache de lait frais dans la pénombre. Il haussait les épaules, s'ébrouait, se penchait sur son aiguille.

Sa réserve, qui commençait d'agacer ses compagnons, plaisait fort aux surveillants. 6 712, bonne pâte, pas lécheur mais qui veut faire son trou. Faut le pousser, celui-là, on peut s'y fier. De filetier Aimé passa infirmier au quartier disciplinaire. Là au moins on avait chaud et on mangeait des légumes verts en sus de la soupe aux lentilles. Le médecin était un militaire chenu qui soignait ses poitrinaires et ses estropiés avec des gestes de nourrice. Il soliloquait à mi-voix, à quoi bon les guérir, tous promis aux fièvres, finiront fous si la forêt et les brutes de là-bas les épargnent. Finiront fous, finiront fous, commander de la quinine, du bismuth, plus rien dans ce trou. Tous fous. Et du cognac pour moi. Aimé à son contact se dénouait. Le vieux, qui jamais n'avait pris le bateau, parlait de la Guyane par vagues lentes, indéfiniment dénouées et lentement peignées, reste garçon, rien ne te presse, pour l'appel j'arrangerai ça, roulant les images dans sa bouche comme l'Amazone roule ses lourds flots boueux. Cette terre-là, petit gars, tu verras, une vraie femelle, une femme-sorcière, une femme-serpent elle se noue à toi, elle t'englue, elle te suce, elle t'entre par tous les trous, tu deviens son esclave. Une terre d'orgasme et de mort, elle te tuera si tu ne triomphes pas d'elle. Méfie-toi de son baiser, le sol gorgé d'eau et de vermine te brûlera de fièvre, les sablières te déroberont à toi-même, méfie-toi de ses appels, dans la jungle les oiseaux chamarrés et les singes racoleurs te mèneront au serpent, au puma, méfie-toi de l'air moite et douceâtre qui t'emplira les poumons de miasmes assassins, méfie-toi du soleil, il ôte la raison. Surtout évite les indigènes, les hautes mulâtresses aux seins pointus, elles portent le diable sous leur ceinture, ne les regarde jamais au front, et dans la poussière contourne la trace de leurs pieds nus. Aimé écoutait, appuyé au manche de son balai, le crâne frôlant les poutres du bureau minuscule, cher tout petit docteur, précieuse voix mangée de tabac et de veille, serez-vous encore là si moi, un jour, je reviens au pays? Noue ton courage en pelote, garçon, qu'il te fasse long usage, ta vie n'est plus ici. Il te faudra tout apprendre, sache-le, tout supporter. Te coudre une peau neuve, une peau qui résistera aux morsures et aux infections, t'inventer un cœur neuf que rien ne rebutera. Quant à l'espoir, aux rêves que vous nourrissez tous... Ces sirènes-là enferme-les, cadenasse-les au plus profond de toi, ou elles boiront ton courage et ta patience. Dompte-toi. Tu ne seras fort que si tu te résignes. Les déportés, on ne les rappelle pas. Le gouvernement déteste les trublions, et puis quand les gens sont loin, on finit par les oublier. Rayé, dis-toi que tu es rayé, gommé. Fais-en ton deuil, porte-le quelques années et puis tourne tes regards ailleurs. On guérit de tous les chagrins. Crois-moi, je sais ce dont je parle.

Le docteur toussotait, rallumait sa pipe. La fumée emplissait la petite pièce, tournait sous le plafond bas et s'y fixait, tremblante et effarée, comme une chauve-souris chahutée par le vent. Aimé restait là, les yeux flous, cherchant dans les volutes épaisses les méandres d'un fleuve, Oyapock, Maroni bridé, jaunes les flots, jaune le ciel, la sinuosité des lianes, le sexe humide des orchidées, le cours brumeux, si brumeux de sa vie, là-bas, bientôt... Longs après-midi de bruine, dehors le jour aussi pleurait sur lui-même, le bateau ne partirait qu'à l'automne prochain, huit mois, les heures près du vieux médecin glissaient sans poids. Aimé ne dormait plus dans la salle commune. Le vieux l'avait adopté, je ne veux pas que les autres te gâchent, prends le matelas, là, tu coucheras derrière ma porte, monte le poêle, tu seras bien, ne t'inquiète pas, j'ai prévenu. Le soir il lui montrait ses livres de médecine, et tout heureux lui racontait la gale, les fièvres tropicales, les ulcères, si tu dois couper une jambe, et le mal qui vient des moustiques, et les morsures d'araignées, et les sangsues, et les reptiles, les parasites aussi, puis la dysenterie, encore l'insolation, cela te servira, je ne t'ennuie pas au moins ? j'aimerais bien te garder. Aimé tournait les pages, happé par les illustrations effrayantes, n'osait avouer qu'il savait à peine lire, s'exclamait, questionnait, encore, et alors ? revenait au temps insouciant des contes d'avant dormir. Il n'allait plus à l'atelier. Il se promenait avec le docteur, il prenait ses repas et se lavait à l'infirmerie, il ne manquait de rien. Sans son crâne rasé chaque semaine et la chaîne, toujours rivée à sa cheville, il eût oublié son indignité. Il ne croisait les forçats que chez le barbier. Où, ostensiblement, les plus amènes lui battaient un froid de banquise. Les autres, les teigneux, crachaient dans son dos. Même les malades, qu'il servait de son mieux, le regardaient d'un drôle d'air. Eux dans deux jours, dans une semaine retourneraient au bat-flanc, à l'atelier, au potage clairet, aux insultes des gardiens, tandis qu'Aimé continuerait de se chauffer les os à la pipe du vieux. Lorsque l'on souffre, on hait avec constance qui souffre moins que soi. Aimé, indifférent, vaquait, profitant du jourd'hui. Demain viendrait bien assez tôt.

Le *Revanchard* appareilla le 15 octobre 1872, avec à son bord deux cent vingt-quatre condamnés de droit commun, plus neuf « politiques » dont sept femmes, pétroleuses fameuses ou prétendues que le tribunal de Versailles entendait châtier d'une manière exemplaire. Tonsure fraîche, effets neufs. Pour les femmes une robe, deux caracos, six pièces de linge, des souliers montants et un chapelet. Pour les hommes une vareuse et un pantalon de lainage lie-de-vin, trois chemises bleues, un calot, une couverture, trois paquets de cigarettes. Maigre baluchon des bannis. Les femmes parquées dans l'entrepont, on répartit les forçats entre trois longues cages grillées amarrées à fond de cale, contre la chambre des machines. Les hublots donnant juste au-dessus de la ligne de flottaison, on ne pouvait les ouvrir que par mer calme. La lumière s'y glissait en rechignant, pâles rais épuisés avant de toucher la tête des prisonniers. On poussa les hommes un à un là-dedans, sol glissant, relents de fauverie, on cadenassa les grilles, les pas dans l'escalier de bois remontèrent, lourdes bottes, cœur écrasé, six semaines dans ce mouroir, la trappe coulissa et le silence dans les poitrines se fit. Un bref instant. Regarder le vide au-dedans de soi quand aucune corde d'espoir ne s'y balance rend fou. Vite il fallut beugler, bousculer, s'étourdir. D'une cage à l'autre on se hélait, on se querellait pour se sentir vivant. Aimé, étourdi par l'inconcevable odeur, dérouté par la pénombre, se tenait coi, raide et gauche, l'épaule coincée entre deux barreaux.

– Oh! toi, la chique blonde, plus là pour te bichonner, le vieux pisseux!

Les rires gras giclèrent, le souillant d'une ordure qui lui tordait les boyaux. Il se pencha, la main sur la bouche.

– Visez la chochotte, elle a le mal de mer à quai! Ta nounou a oublié les médicaments? Chopez un peu son sac, qu'on voie les trésors!

Aimé, stupide, les doigts gluants, se laissa arracher son baluchon. La tête lui tournait. Il se sentait plus démuni qu'un enfançon ravi au sein, égaré dans une nuit incompréhensible, sur un chemin qui se dérobait à ses pas. Des pattes agrippèrent son pauvre paquetage, on s'arracha les timides tendresses du docteur, tu auras besoin de savon, de sparadrap, d'un peigne, j'ai mis des fruits secs aussi, en Guyane ne fume pas leur saloperie, promets-moi, cette nuit je ne peux pas te garder, attends, non, va, ne me fixe pas avec ces yeux-là. Enveloppes saccagées, les pilules jaunes et bleues, quinine, antispasmodique, roulèrent à terre comme autant de larmes inutiles. Aimé ne parvint à ébaucher un geste ni à proférer une parole.

– A la soupe! Gamelles! Viande au menu! Grouillez, vous n'en aurez que tous les trois jours. Un volontaire à la distribution! Le vin buvez-le cul sec et torchez le gobelet. Celui qui en garde, trois nuits aux fers près des chaudières.

Les voraces lâchèrent une proie pour l'autre. Se culbutèrent, se suspendirent par grappes aux grilles tandis que le gardien extirpait Grain d'Orge du lot et le plaçait dos à la cage, nez dans le chaudron. On s'esclaffait sans cesser de s'envoyer du coude dans les reins.

– Un gros morceau de bouilli! Donne un nom!

– Euh... Del Prato!

– Un autre, presque pas de couenne!

– Moi!

– Le troisième!

– Marcel Petit-Jean!

Les prisonniers criaient si fort que les bénéficiaires manquaient l'appel une fois sur deux. Le bras le plus proche de la porte récupérait la gamelle, on se houspillait un peu plus et on passait au suivant. Le ventre d'Aimé criait famine, mais la même faiblesse qui l'avait paralysé devant ses pillards le clouait contre les barreaux. La marmite était presque vide lorsqu'il entendit son nom. Il s'étonna que Grain d'Orge le connût, et encore plus qu'il lui eût gardé une tranche de lard. Remercier. L'autre, son office terminé, lampait à grand bruit sa soupe. Voyant Aimé s'avancer, il se détourna et grommela tu ne me dois rien, le compte y était. Aimé retourna dans son coin. Personne ne faisait plus attention à lui. Les bagnards s'étaient agrégés par paquets et, accroupis, causaient à mi-voix. Curieusement, comme si les huit mois de dépôt les avaient refondus dans un moule commun, tous maintenant se ressemblaient, mêmes traits hâves, même rictus brutal, même regard sournois. Dans la lumière chiche et tremblée, gestes brusques, hochements de tête, sifflements de salive, rires brefs, on eût dit une famille de singes gris s'épouillant sous les ombrages. Aimé se sentit indiciblement seul. Son sort d'un coup le corseta, hideuse redingote, le désarroi le serra à la gorge. Lier conversation, peupler son désespoir. Ces trois-là, à côté, il lui semblait reconnaître le « politique » à lunettes, Dieu qu'il avait maigri, se rapprocher mine de rien. Ils parlaient posément. S'agréger, six semaines à égrener dans cette cage, la fierté d'Aimé se racornissait, au fond était-il si différent ? quelques mots, au moins qu'on le regardât. Il glissa vers le petit groupe. Les trois aussitôt se turent et resserrèrent leur cercle. Aimé eut brutalement chaud, froid. Honte, tellement honte.

La nuit était tombée. Mate, feutrée, deuil de ceux que personne n'attend. Les forçats évitaient de hausser les yeux vers la bouche froide des hublots. L'ombre glissait de là-haut, impalpable suaire, humide poussière du néant. Les prisonniers se serraient pour éviter son frôlement, causaient plus haut dans l'espoir enfantin de la chasser. Deux lampes accrochées aux extrémités de chaque cage se balançaient, lent roulis, lueurs mouvantes, inconnu sans mesure de la pleine mer. Les hommes, concentrés, jouaient ou reprisaient leurs effets. Un vent-coulis salé, parfois, leur levait le nez. Ils se léchaient les lèvres, avec la même application qu'ils mettaient à compter leurs points. Le navire poussait, grinçait un peu. A ce train on joindrait Cayenne en moins de quarante jours.

– Passé minuit nous aurons du vent.

Aimé se retourna. Dans un coin sombre, un petit gars replet, roux comme un renardeau, faisait sauter dans sa main des osselets.

– J'étais cuistot dans la marine, je connais ça. Tout à l'heure ils porteront les hamacs. Tu es costaud, arraches-en deux, on se pendra côte à côte. Tu as besoin de compagnie. Je connais ça. Si tu m'as un hamac, je te raconterai des trucs. Des trucs qui te serviront.

Jules Petit-Jean, frère de Marcel, le cordonnier rongé par les chiques, avait mis la main à un trafic d'opium dans les ports. Marcel et Jacques, l'aîné, drainaient la marchandise. Jules assurait le relais auprès des équipages en partance pour les Amériques. Quand ses frères étaient tombés, trente ans de bagne chacun, il avait continué seul, vaille que vaille, le commerce. Jacques s'était enlisé dans les marécages dès sa première évasion, Marcel venait d'être repris – cette histoire de putain, a-t-on idée de tuer une Marie quand on est en cavale –, et un marmiton envieux avait dénoncé Jules aux gendarmes. Bordeaux, fin du voyage, Jules avait retrouvé Marcel au dépôt de Saint-Martin.

– Vingt ans, voilà. Je m'en arrangerai, on s'arrange de tout quand on sait y faire. Bien sûr, toi, c'est pour toujours. Droit commun, on y laisse ses dents et la peau de son dos, mais le temps tiré, on revient au pays. Toi tu ne reviendras pas. Tu as de la famille ?

– Une petite fille, deux ans, et ma femme en attendait un second quand ils m'ont expédié. A Ré, j'ai reçu une lettre seulement. Je ne sais pas si l'enfant est né. Ma Viviane me rejoindra avec les deux dès qu'elle pourra voyager. Elle empruntera, elle m'a promis. Enfin pas vraiment promis, mais seule elle n'y arrivera pas, c'est pour cela qu'elle m'a fait demander la Guyane. Elle viendra, avant la Noël sûrement, l'État aide les épouses qui veulent embarquer. Elle viendra.

Petit-Jean se gratta les oreilles, le nez, se tira les sourcils.

– Mon vieux fais ta chique avec ce projet-là et crache-le assez loin pour ne pas glisser dessus. Tu n'as pas l'air sot, pourtant. Enfin tout le monde sait que les femmes à Cayenne elles n'y partent jamais! Elles disent ça, et puis bon voyage le mari, elles demandent le divorce sitôt l'ancre levée. Libérées en trois mois, automatique, les juges connaissent la chanson. Ensuite elles se reprennent un coquin, elles le fourrent dans ton lit, dans tes nippes, au bout de l'an elles sont grosses, elles l'épousent, et toi, zou!

Aimé pâlit. L'air sévère de Viviane, au parloir, ses lèvres si froides qu'il n'avait osé implorer un baiser. Une main roide lui étreignit le cœur.

– Pas elle.

– Ça, pauvre tonneau! Tu verras bien! Comme les autres, je te dis, comme les autres! Elle est belle?

– Oui. Très brune, avec...

– Alors tu ne la reverras plus. Les belles les premières. Mets-toi à sa place. Il est riant, l'avenir que tu lui offres!

– Pas elle.

– Ah, mais tu es borné! Paries-tu?

Petit-Jean s'interrompit et vivement poussa Aimé vers l'entrée de la cage. Les porte-clés en vrac jetaient sur le sol des sortes de filets bleu et blanc. Les prisonniers se ruèrent, en silence cette fois. Si les gardiens n'étaient restés là, un mince sourire aux lèvres, à surveiller la mêlée, on eût relevé des morts. Il n'y eut que cinq blessés. Aimé en échange d'un hamac déchiré reçut une estafilade sur le gras du bras qui le laissa perplexe. Des couteaux, où donc ses compagnons se procuraient-ils des couteaux?

– Extinction des feux!

Vite il fallut accrocher le hamac aux deux tiges métalliques qui joignaient les extrémités de la cage, à un mètre du plafond grillé. Étaler dessus sa vareuse afin de combler les trous. Attraper la barre de suspension. Balancer les jambes sans heurter le voisin, lancer tout son corps dans le filet en priant que sous le poids les mailles rongées d'âcre sueur, épuisées de soubresauts, ne cèdent pas. Hisser Petit-Jean, frétillant de l'aubaine, l'installer tête-bêche. A peine la moitié des forçats avaient obtenu un hamac. Les autres, la bouche tordue d'injures, s'allongèrent dans le noir à même le sol.

Vers le milieu de la nuit, la mer forcit. Des rafales sifflantes entraient par les sabords, accompagnées de paquets d'eau mousseuse. Il fallut fermer les hublots. Le bateau penchait, encore, encore plus, crissait, craquait. Le grondement des chaudières rechargées répondait à la sirène de brume. Sous lui, Aimé entendait des glissements, des chocs sourds. Hoquets, sanglots heurtés, prières poignantes, Vierge du Bon Secours! Marie protégez-nous! l'enfance remontait aux lèvres avec les larmes.

– Hein, tu as eu raison de m'écouter! Béni, le hamac! Tu te vois, un peu, avec les chenilles, par terre? Ce vomi-là sur toi jusqu'au débarquement! On dit merci au camarade Petit-Jean!

Aimé se tordait maladroitement dans le filet.

– Te tortille pas, ça va craquer. Tu me donnes pitié. Tu dois avoir le moral en salmis. Je dis ça parce que j'étais cuistot, tourangeau de naissance, tu connais la Loire? Mes farces, mes hachis, les officiers de bord ils se pourléchaient. Déporté comme toi, vrai, c'est le pire. On sait à peine pourquoi on part et on est certain de ne jamais revenir. Tu as fait les barricades? Tu as tué?

– Les barricades, oui. Je suis costaud, je portais les ballots de son pour protéger à mesure ceux qui se repliaient. Mené, tué, non. Je n'aurais pas su. Je n'ai même pas voulu qu'ils me donnent un fusil.

– Ta femme elle doit te prendre pour une niguedouille! Les muscles mais pas le caractère! C'est le caractère qui fait l'homme, mon vieux, faut prendre la vie à pleines pognes et la tenir au cou, marche droit, garce! sinon elle te roule dans la farine. Une pute, et vicieuse. Toi, je vais te dire, tu as la carrosserie mais pas le moteur.

– J'ai manqué de chance, c'est tout. J'en connais plein d'autres qui se battaient dans la même rue et qu'on n'a pas ramassés.

– La chance, vieux, ça se fait. Ça se force. Penses-y. Au point où tu en es, t'auras qu'à y gagner.

Petit-Jean se recroquevilla et se mit à ronfler sur deux notes. Dans la puanteur ambiante il dégageait une odeur extraordinaire. Aimé, intrigué, le secoua.

– Du parfum, pourquoi tu me réveilles? Du parfum de danseuse, c'est del Prato qui me l'a donné, tu connais pas mais un type bien, moi aussi il trouve que je suis un type bien, c'est pour moins sentir autour, il a dit que si tu dormais avec moi tu en profiterais aussi. Là, tu me laisses maintenant ou je te bouffe les mollets.

Le bateau roulait à grand effort, plonger, remonter, encaisser les vagues de côté, longs spasmes qui le jetaient d'un flanc sur l'autre. Le parfum de Paris guida l'esprit d'Aimé vers les cousettes qui logeaient dans les combles, rue du Petit-Jour, crème fruitée dans un pot de dentelles, jamais goûté, jamais fauté, avec qui Viviane dormait-elle au long des nuits d'absence, libre sa gitane qui voulait vivre en dame, avec qui...

– Ho, chique blonde! réveille-toi, non, bouge pas, je veux juste te montrer quelque chose.

Aimé tordit le cou vers le fond de la cage. Sous le hublot de droite, d'où filtrait un petit jour pâteux, deux hommes discutaient à voix étouffée. Aimé ne distinguait pas leur visage.

– Si, regarde mieux. Le plus petit, le costaud, c'est del Prato. Un sacré marius, des épaules et de la tête, un « patron », même maintenant. Vieille noblesse, un pied en Italie, l'autre en France, très grand genre, hôtel particulier, château, vaisselle aux armes, des écuries princières, enfin tu vois le gustave. Dernier du nom, plus de papa, pas de frérot, pas de fiston, même pas de légitime, pourtant il aime les femmes, ça il les aime sacrément. Rusé renard, tripotis dans les affaires, tripotas dans la finance, tout allait bien pour lui et puis un soir il a cogné sa maîtresse. Une du monde, mariée en plus. Bien cognée. Elle voulait ceci, elle voulait cela, et qu'il lui soit fidèle, bref ils en sont venus aux ergots et la dindonne y a laissé un œil. Elle a porté plainte, tant pis pour le scandale, et elle a fourré le nez du juge dans les mélis-mélos de son coquin, détournements par-ci, escroqueries par-là, jamais directement, mais quoi, il trempait des dix doigts. Ses protections n'ont pas su le tirer de là, zou, sept ans de chaîne.

– Sept ans!

– Ben quoi c'est pas grand-chose. S'il se tient coi, remise de deux ans, reste cinq. Plus le doublage obligatoire sur place, mais comme libéré tu te la coules tranquille, dans dix ans maximum, retour au bercail.

– Quand même, sept années de travaux forcés!

– Les mois passent vite, crois-moi. Mon frère Marcel, il a tiré douze ans sans s'en apercevoir. Au bagne on n'a pas le temps de penser. Penser, c'est ça qui ronge. Le problème dans ton cas, c'est que tu n'auras pas grand-chose d'autre à faire. Tu n'es pas un dangereux. Ils ne te mettront pas en enceinte fortifiée, sur l'île du Diable. La Tentiaire te fournira la case, les nippes et peut-être bien une concession. En Guyane pour bouffer tu plantes une racine, le lendemain elle est germée. Tu peux te balader dans le coin, mais il n'y a que la jungle et les marais. Reste à te gratter tes baisers de moustique, et à attendre ta Viviane, qui ne viendra jamais. Del Prato à la fin de son temps il se paiera le retour comme on achète un pain. Ou bien il s'offrira une virginité, l'argent ça lisse les plis, et il se refera une position par ici. Tout est facile, quand on est riche. Tiens, regarde.

Sous le hublot, les deux silhouettes s'étaient rapprochées. Le plus trapu, baissant son pantalon, se patouillait le fondement.

– Tu m'avais dit qu'il aimait les femmes!

– C'est pas pour ce que tu crois, lapin! Del Prato récupère son plan.

– Son quoi?

– Le détenu qui a du blé, on le repère tout de suite. Ici, t'oublies vite qu'enfant t'as servi la messe en aube blanche, cantiques et ta maman toute fière. Crois-moi, tu te retrouveras assassin avant d'avoir compris que tu étais plus un bon gars. Donc on surveille le richard. A deux ou trois. Et la nuit, entre les rondes, on lui fait les poches. S'il se réveille on l'assomme. S'il résiste on l'étrangle. Voilà. Alors les malins, ils planquent leur gain là où c'est vraiment difficile d'aller le chercher. Regarde.

Del Prato frottait avec sa vareuse un étui métallique oblong, qui dans l'aube chiche luisait timidement.

– Tu mets tes billes là-dedans, tu graisses un peu et tu te le fourres dans le cul. Tu enfonces bien, jusqu'à l'intestin, tu te tortilles un coup, que le truc prenne sa place, et tu es tranquille, même à la fouille ils ne repèrent rien. Pour le sortir tu pousses. Mais faut pas le faire trop souvent. Tu peux aussi rouler des papiers dans le plan, c'est pratique. Si tu as quelque chose à cacher, je t'en trouverai un.

– J'ai juste une lettre de ma femme. Le reste, ce que m'avait donné le docteur, au dépôt...

– Oui, j'ai vu. Faut pas te laisser faire comme ça, mon gros. Si j'avais tes bras et tes cuisses, on me roulerait pas dans la chapelure!

Là-bas, au fond de la cage, il semblait que le ton entre les deux hommes s'échauffât. Del Prato avait posé dans la paume de son compère trois pièces jaunes.

– De l'or, regarde, du vrai!

Le comparse, qui sans doute en espérait davantage, frétillait. Del Prato se redressa, et d'une poussée l'envoya rouler sur le sol gras. Un couteau brilla. Del Prato haussa les épaules. Se détourna, et sans regarder derrière lui rejoignit son hamac. L'autre, stupide, resta là, le cran d'arrêt pointé, à mâcher sa fureur.

– Ça, del Prato il sait se faire respecter! Prends-y exemple, la chique. Des gars comme lui, ils ont pas besoin de cogner. Ils te fixent dans le noir de l'œil et zou, tu files à leur gré. Je te souhaite de le connaître, ce patron-là c'est un sacré pâté.

L'occasion ne se présenta pas. Del Prato se tenait à l'écart du gros des prisonniers. Le fond de la cage semblait lui appartenir. Personne ne s'y risquait sans avoir été prié. Deux forçats montaient la garde autour d'une porte invisible, et qui souhaitait parler au seigneur du lieu devait leur en souffler à l'oreille la raison. On portait à del Prato ses rations sans qu'il eût à bouger, et, par un tour qu'Aimé ne s'expliquait pas, cette gamelle-là contenait des légumes en sus des fèves et de la viande même les jours maigres. Les semaines s'égrenaient, lentes, odieuses. On avançait vers les tropiques, l'air s'empoisonnait dans la cale, un quart d'heure de promenade sur le pont le dimanche, bénédiction de l'aumônier aux vivants, prière pour les morts qu'on basculait, roulés dans une toile, festin de chair puante, les requins dans le sillage du *Revanchard* bondissaient d'allégresse.

Del Prato s'accommodait de son sort avec un visage lisse et une humeur égale. Il semblait que rien ne trouvât prise sur son tempérament. Aimé sans se lasser questionnait Petit-Jean et guettait le moindre mouvement, là-bas, vers le fond de la cage. Le plan, les pièces d'or le hantaient. Tout ce qu'il aurait pu offrir à Viviane, avec la fortune de cet homme-là qui n'était même pas marié, qui n'avait personne à choyer, à gâter. Del Prato l'aimantait. A la promenade il se pressait à ses côtés.

L'autre s'obstinait à ne pas le remarquer. Aimé, troublé comme par une femme, ne savait par quel biais l'aborder.

– Le jeu, mon grand. Del Prato a une folie, c'est le jeu. Il aime le risque. Sa poule le savait, la finance, les affaires, tout ça pour lui c'était un grand tripot. Quand on connaît le défaut d'un homme, une pichenette, et zou on le fait chuter. Del Prato, il a mis sur le tapis sa fortune, ses femmes, sa vie plusieurs fois, mais le diable l'aime, il perd rarement. Il bluffe et il triche mieux que personne. Un vrai seigneur, quoi. Je donnerais ma part de vin, toutes mes parts de vin pour jouer un seul soir avec lui. Pas toi ?

Aimé n'osait répondre. Jamais il n'avait risqué un franc aux cartes ni aux dés. L'argent du ménage, Viviane, la mignonne Marion, économiser jusqu'au moindre sou pour leurs robes et leurs bimbeloteries. Un gars bien élevé, scrupuleux, qui savait la valeur de l'effort et le goût qu'il donne aux choses. Sa mère lui avait enseigné, Aimé gaspiller c'est pécher, et puis demain peut te jeter à la rue, rien n'est sûr, Aimé évite les cafés, fuis les viveurs, mon fils songe à ta sœur, songe à moi qui vieillis, la famille c'est le cœur de l'homme. Pourquoi décevoir, pourquoi peiner ceux qui lui étaient chers ? Les courses dans la campagne et le corps de Viviane lui donnaient son content d'émotions, il se moquait des frissons d'arrière-salle.

Années paisibles, qui déjà perdaient leur contour. Coincé entre deux barreaux de la cage, Aimé, le regard vrillé aux mains de del Prato, se rongeait l'intérieur de la bouche. Quels que fussent les caprices de la mer, sitôt la nuit tombée del Prato s'asseyait sur le manteau d'un de ses fidèles et claquait les doigts. En un battement de paupières un chiffon se trouvait étalé devant lui. Sur le chiffon une bougie allumée, une bouteille d'alcool blanc et deux paquets de cartes. Poisseuses, écornées, tavelées, mais des cartes, cinquante-deux petits morceaux de rêve, pique, trèfle, jouer c'est rouvrir la porte à l'insouciance, oublier le temps qui n'en finit pas de couler, l'odeur, la faim, la crasse, le désespoir. Aimé sentait frémir en lui une étrange impatience. S'asseoir là, contre del Prato, dans le rond jaune de sa bougie, danse lascive de la flamme, le bateau complice roulait tendrement. Croiser son regard, boire sa voix nette, quatre, cinq, tout le monde est servi, Halloir à vous de parler. Se mesurer à lui.

Quarante-deux parties s'achevèrent sans qu'Aimé quittât son poste d'observation. Del Prato pas une fois ne tourna la tête de son côté. La vigie avait annoncé les îles du Salut, demain, après-demain au plus tard on débarquerait à Cayenne. On rasa les prisonniers, on leur commanda de laver leurs effets au savon noir, on les doucha un à un sur le pont, nudités honteuses grelottant sous l'effarant soleil, faces couleur de cave, la peau grise, boutonneuse, comme mitée de salpêtre. Dernier soir, le capitaine avait passé consigne de gala, soupe au lard, poisson séché, semoule, double gobelet de vin et musique dans les cages jusqu'à onze heures. Petit-Jean sortit l'harmonica nickelé qu'il tenait d'un gardien et, les fesses calées contre les tibias d'Aimé, commença de jouer. Del Prato, qui s'installait à sa place coutumière, leva les yeux. Sourit. Du musicien son regard remonta, lécha les cuisses d'Aimé, griffa son torse et brutalement lui enserra le visage.

– Halloir, n'est-ce pas ? Après tout, pourquoi pas. Voulez-vous ?

De sa main baguée il indiquait la place vide, en face de lui. Aimé s'avança.

– Avec vos jambes, ce ne sera pas facile. Doucement, pliez-moi tout ça, attention à la chandelle. Allons, faites-lui de la place ! Vous jouez gros ?

– Je n'ai pas beaucoup d'argent.

– Dommage. Tout le monde est prêt ? La mise à cent sous. Je donne.

Les minutes prirent le cours hâtif, confus, irrépressible d'un ruisseau en crue. Aimé ne connaissait du poker que quelques rudiments glanés au café, du temps où il emmenait

Viviane à Montmartre pour admirer le soleil couchant. Il commença par perdre, régulièrement, obstinément. Il lui semblait que chaque franc lui tirait des veines une pleine tasse de sang. Encore quatre, encore trois coups et il devrait déclarer forfait. Tondu, vidé, novice grotesque, hou, la chique blonde, retourne chez ton pisseux ! Viviane aussi autrefois se gaussait, Aimé quand sortiras-tu des jupons ? Il en tremblait. Puis il se mit à gagner. Il se dit le sort se repent, un bon mouvement, la rémission avant la salve finale. Mais la chance ne se détournait pas. Une à une Aimé reprenait ses pièces, une à une celles du partenaire, il suait, encore, ne montre pas ta joie, brelan de dames, deux francs, l'autre verdit, tenir encore, del Prato va céder, j'ai compris ! mentir c'est si facile, le merveilleux jeu, ils regardent tous, plus un murmure, brelan de dames avec dix, trois francs, avec paire de dix, vous passez ? La mise pour moi.

Le partenaire abandonna.

– Vous relevez seul, Halloir ?

Seul contre Lui. Aimé pour la première fois regarda del Prato au front. Trente-cinq, trente-huit ans, les tempes dégarnies, la bouche dure, le cou fort, tenu très droit, veines saillantes, noueuses sous la peau mate, et ces yeux gris de métal, gris de pierre, tranchant de lame, menace irrésistible.

– Le diable pourrait avoir ces yeux-là...

– Pardon ?

– Euh, je voulais dire je prends, bien sûr je prends.

Del Prato plissa les lèvres. Viviane, la moue de Viviane à l'orée du désir. Race de carnassiers. Aimé machinalement chercha le gobelet, près de lui, qui se remplissait chaque fois qu'il le vidait. L'eau-de-vie le brûla, il cambra les reins, Viviane, les cartes entre ses doigts se tachetèrent de lucioles. Petit-Jean se rapprocha, vas-y ma chique, la main est pour toi. Le chant de l'harmonica, lancinant, lui fissurait l'âme. Aimé avait chaud partout, le ventre, les mains, il se sentait léger et pesant à la fois, deux cartes, dix francs, carré de valets, et vous ?

Del Prato gardait les paupières baissées. Misait, passait,

abattait sans qu'une ombre glissât sur ses traits. Perdait. Encore. Encore. La carafe pleine de monnaie dans laquelle il puisait chaque soir, ferraille sur le dessus, pièces d'or au fond, était presque vide. Une exaltation sournoise s'empara d'Aimé, ce goût vinaigré sur la langue, plier le beau seigneur, l'avilir, le réduire à un homme comme les autres.

– Servi. Vingt francs.

– Je suis.

Del Prato retourna la carafe sur le chiffon. Vingt-deux francs. Pour voir.

Aimé étala un brelan.

– C'est bon. Nouvelle donne. Mes rations de vin, cela vous convient ?

– Pas assez. On arrive demain.

– Mon paquetage en une fois, un hamac neuf, une trousse médicale et une paire de souliers jamais portés, vous chaussez plus grand mais vous pourrez les revendre. Et puis du sucre, des cigarettes, des élastiques, des boutons, deux canifs et je ne sais quoi d'autre.

– Vraiment rien de mieux? Maigre trésor pour un homme de votre espèce! Mettez votre montre, au moins, elle me fera de l'usage.

Aimé ne reconnaissait plus la voix qui parlait par sa bouche. Les mots lui giclaient du ventre sans qu'il les contrôlât, fielleux, et leur âcreté lui procurait une étrange jouissance. Le but, là, si près, dépouiller ce nanti, le forcer comme les chiens font du cerf, hallali pour l'idole de Petit-Jean, Aimé serait le premier, le premier à l'avoir battu, et tout cet argent qu'il lui avait gagné, on le respecterait, il achèterait un plan pour ses pièces d'or, on le considérerait, vainqueur, le premier. Un voile piqueté de rouge, cœur palpitant, blessure prochaine, lui embrumait l'esprit. Encore un coup, deux coups. Reprendre de l'eau-de-vie. Del Prato lui lança par-dessous un regard sibyllin.

– Je ne peux vous proposer que cela pour l'instant Mais à votre guise...

Le pli narquois, sur les lèvres minces, chauffa le sang d'Aimé. Cet homme-là le narguait. Presque nu, et encore il tenait tête. Le rouler dans la poussière, lui faire cracher sa morgue.

– Allons-y.

Aimé poussa sur le chiffon une centaine de francs. Del Prato releva le nez.

– C'est tout ?

– Bien assez pour ce que vous donnez en échange. Alors ?

– Soit. Dépêchons, ils vont bientôt sonner le coucher.

Sur son harmonica Petit-Jean jouait une mélodie serpentine, qui n'en finissait pas de dérouler ses anneaux. Del Prato perdit. Une curieuse lueur flottait sur son visage.

– La dernière ?

– Avec quoi ? Vous n'avez plus rien.

– Si.

Del Prato ôta sa chevalière et la posa devant lui.

– J'ai ceci et tout ce qui l'accompagne.

Interdit, Aimé se pencha vers la bague, qui sur le chiffon gris faisait une tache de soleil.

– Je vous offre trois cents ans de noblesse, une couronne comtale et la fortune qui convient pour la soutenir. Un costume d'or et de gloire contre les guenilles de la roture ouvrière. Qu'en pensez-vous, messieurs, cela, sans doute, est jouer !

Del Prato, les bras en croix, prenait les forçats à témoin. De l'autre bout de la cage les hommes accoururent, se pressèrent, cercle d'yeux et de crocs luisants, les mains fermées en pinces, griffures, étranglement, leurs mains de fièvre et de désir. Del Prato se pencha vers Aimé par-dessus la chandelle.

– Tout ce que je suis, passé, présent et avenir, contre tout ce que vous êtes. Ma peine est rude mais courte, et j'ai de puissants appuis parisiens qui travaillent à ma grâce. Dans deux ans, peut-être, Côme del Prato sera blanchi. Si je perds cette fois encore, avec mon nom, mes biens vous échoiront. J'avais pris des dispositions pour ne manquer de rien à ma libération.

Mon notaire devait transmettre d'ici Noël des lettres de change à Me Villedieu, à Cayenne. Vous serez à jamais à l'abri du besoin. Vous pourrez rentrer en France et vous établir en province, on ne me connaît qu'à Paris. Vous serez comte. Riche. Et célibataire. Vous pourrez changer de femme ou même épouser à nouveau la vôtre, dont Petit-Jean prétend que vous êtes fort épris. L'enjeu vous sied-il ?

Aimé porta les mains à ses tempes. Là-dedans tout se mêlait, bouillonnait, tourbillonnait comme une baignoire qu'on vide et qu'on remplit dans le même temps. Son sang s'affolait, se glaçait, les images de sa vie se fondaient, s'embrouillaient. Viviane, Paris, le cher petit docteur, la rixe des hamacs, odorant Petit-Jean, ce chant d'harmonica lui entrait dans les veines, si, il voulait encore de l'alcool, les yeux de del Prato, métalliques, insondables, les yeux du serpent de la Genèse, Viviane, Viviane, si j'avais le nom de ce diable, si j'avais son argent, le plan, « Aimé del Prato », cela sonnerait bellement, folie, cliquetis de pièces jaunes, laisse tout cela, mais la chance ne s'offre pas deux fois, nue, là, sur le sol infâme, sa chair, ses bijoux, regarde comme elle se tend vers toi, ses seins, son ventre, elle frissonne, la couvrir de ton corps, t'amalgamer, comte Aimé, comtesse Viviane...

– Mais ma femme ? Elle doit me rejoindre avec les petits. Elle dira quoi, elle, de tout ça ?

Del Prato fronça les lèvres. Se rapprocha encore.

– Ta femme ne viendra pas. Elle a dû courir chez le juge, à cette heure vous êtes sûrement divorcés. Une belle fille change de maître comme le ciel d'humeur. Souviens-toi, ils étaient nombreux, non, à lui tourner autour ?

Aimé ne remarqua pas le tutoiement. Les camarades de l'atelier, leurs sourires frôleurs, le boulanger, rue du Petit-Jour, le monsieur à calèche, qui venait lui-même chercher ses brioches pour causer avec Viviane, juste un brin, je t'assure Aimé il est bien poli, un bourgeois avec une chaîne de gousset en or, à Noël il avait offert une dînette à Marion, et puis le jeune aussi, à favoris frisés, qui apportait du muguet en mai et des marrons chauds l'hiver. Aimé transpirait, les oreilles lui brûlaient, cette brume sanglante sous ses paupières. La chevalière, là, sur le chiffon. Les yeux gris fer, les yeux de démon vrillés aux siens.

– Onze heures, les gardiens vont venir. Hâtez-vous, Halloir.

Sauter du grand mât. Les voiles claquaient, claquaient sous ses tempes. Aimé en vrac poussa devant lui le tas de pièces gagnées dans la soirée.

– Mettez votre médaille aussi, et la lettre de votre femme.

Aimé rougit. Détacha le lacet autour de son cou, Vierge Marie restez à mon côté, vida ses poches. La haute écriture de Viviane, deux pages pleines, ma palombe reviens-moi. Se sentit nu, dépossédé de lui-même. Se força à penser comte, si je gagne je serai comte, deux ans, il promet deux ans, après libre et riche, lui tant pis, c'est lui qui veut jouer, le marché c'est le sien. Si Viviane m'a quitté je la reprendrai. Del Prato distribuait, trois, quatre, cinq. Regarder son jeu.

– Une carte.

As. Plus de salive dans la bouche. Del Prato, impénétrable, le fixait.

– Servi. A vous de parler.

– Paire d'as.

– Paire de dames. Bravo.

Aimé, les yeux baissés sur les cartes étalées, ne respirait plus.

Un chahut, à l'entrée de la cage. Les porte-clés! vite! remballez tout! Petit-Jean prestement souffla la bougie. Aimé sentit qu'on lui glissait la chevalière dans la main. Et la voix, enrobante et tranchante, presque contre sa bouche.

Portez cette bague. Félicitations. Je récupère votre peau, déporté Halloir, matricule 6712, c'est cela n'est-ce pas? Gardons notre prénom, ce sera plus simple. De toute manière, là où on nous attend, personne ne se souciera de vérifier. Plus un mot. Du bateau ils vous emmèneront au pénitencier, Saint-Laurent ou Saint-Jean, je ne sais pas. A vous de vous débrouiller. Le notaire s'appelle Me Villedieu. Si vous rentrez en France, évitez Paris, j'y ai une réputation, réglez tout par courrier, avec un secrétaire. Longue vie à vous, comte!

Les gardiens emportaient les lampes. Del Prato s'évanouit dans l'obscurité.

Le sifflet du réveil déchira les tempes d'Aimé. Par terre, demi-nu, sous son hamac. Il avait plongé dans le sommeil comme on tombe dans un puits. Néant, noire liqueur, le sang lourd, corrompu. La tête lui lançait à pleurer. Jamais bu, jamais joué, non, Viviane, je te promets. La langue collée au palais, la peau brûlante sur tout le corps, les doigts gourds. Les doigts. La chevalière, à son annulaire...

Le cœur lui tomba dans les pieds. Del Prato. Dans la cage les hommes s'affairaient, rouler les hamacs, derniers trocs, brèves et brutales tendresses. Débarquer. Le tri. Del Prato.

– En file! Mettez-vous en file! Par deux, qu'on vous compte!

Bousculade. Son paquetage avait disparu. Les pièces d'or, les gains d'hier soir, sa médaille, la lettre de Viviane. Aimé fouilla la couverture. Y trouva sa chemise et une paire de godillots fendus qu'il ne connaissait pas. Chercha Petit-Jean du regard. Ne vit que des dos tendus, impatients, respirer, l'air libre.

– Allez, sortez! En ordre! Dix jours de cachot au premier qui bronche!

Aimé sous le soleil tituba. Reçut un coup à la nuque qui le jeta contre le bastingage. Aperçut del Prato et Petit-Jean qui dévalaient ensemble la passerelle. Une douleur aiguë dans le creux des reins. Grain d'Orge, derrière lui.

– Un mot et je te perce. La partie d'hier, n'oublie pas. Chez nous on joue pour de bon. Celui qui reprend sa parole...

Il appuya le couteau. Des taches brunes voilèrent le paysage, la mer irisée, calme clapot, la rive plumée d'ondulants cocotiers, la rade boueuse, le quai pavoisé de curieux, officiels sous casque cloche, colons immaculés, hautes Négresses à turban, bagnards en bancs zébrés rouge et blanc. Aimé se courba. Il ferait ce qu'on voudrait. Sa tête. Il voyait trouble, chaque son roulait avec un écho de tonnerre. Cette lumière implacable. Il arrondit les épaules, se laissa guider, descendit à tâtons la passerelle.

A terre on le prit par le bras, on l'extirpa de la presse. Il dévisagea l'homme sans le reconnaître. On le poussa au premier rang. Les nouveaux forçats formaient un grand cercle, visages d'enfer, cireux, suants sous le capot laineux, la vareuse et le pantalon de gros drap collés au corps, dégoulinants, poisseux, pétrifiés de chaleur, les yeux seuls vivants, abouchés aux lèvres du commandant, l'appel commençait, répartition des gars, enfer ou purgatoire, suspendre le temps et s'évanouir, se dissoudre avant que vienne le pire.

– 6712, Halloir!

Aimé leva le nez. Côme del Prato se penchait pour signer le registre. Il recula. L'autre se redressa. Le fixa. Cette lueur, dans son regard.

Aimé ne parvenait pas à penser. Il tripotait la chevalière. N'éprouvait rien, rien du tout. Comme ouatée, la voix du commandant égrenait les noms. Aimé entendit 4566, del Prato. Les genoux raides, le sang plombé, il avança. Près, tout près de l'officier, qui de la cravache lui tapota le bras. Il lut, en rondes appliquées : *transporté del Prato, Côme Jean Frodulphe Marie, droit commun, appel, cassation, sept ans, Saint-Laurent, affectation indifférente.* Absurde, cette affaire n'avait pas de sens. Viviane. Il s'ébroua, ouvrit les doigts, la bouche.

– Alors mon gars! On se dépêche!

La cravache, nerveuse, sur la cuisse. Aimé frémit. Les larmes lui montèrent aux lèvres. Si faible, sucé, cassé, réduit à rien. Sa main décida pour lui. Molle, moite, elle rampa vers le nom magnétique. Parapha.

– Longue vie à vous, comte!

Dans son dos, le rire de Petit-Jean s'enfla, s'enfla, et déferla sur lui.

Il fallut remonter à bord, la cage puante, les verrous, s'asseoir sur son sac, se chercher, la tête entre les genoux, errer au-dedans sans rien retrouver de l'homme connu, l'enfant gai, docile, si fort et si faible déjà, le promeneur joyeux, longues marches, corps en fête, le mari tout épris, père tendre, bon ouvrier, Aimé familier, émietté, dissous. Plus personne. Petit-Jean, affairé à marchander des babioles sous la lucarne, l'avait oublié. Pas un geste, pas un regard, quel monde était donc celui-ci, et quelle place pour l'Aimé étranger, dans cet univers sans balises?

Cayenne, Kourou, Saint-Laurent, côte longée jusqu'à l'estuaire du Maroni, vagues crémeuses, lourdes de sable gras, infiniment grises et jaunes, écœurant remugle, terre et mer salivaient dans un baiser immonde. Le ciel s'était couvert. Plombé, écrasant. Il commençait de bruiner. Des langues de vase durcie affleuraient, piquées d'oiseaux blancs au cou fin, muets. Le bateau hésitait, louvoyait. Les forçats accrochés aux hublots se taisaient, gagnés par la grisaille, regard brumeux, gorge pâteuse. Les gouttes qui hachuraient la mer leur zébraient le cœur, gris-vert, gris-noir, triste pelade de leur vie, sort tatoué. Dans quelques heures on les tirerait dehors. Dos à la rade, tête droite, rangs serrés. Nouvel appel. A gauche la blanche demeure du monarque pénitentiaire, hautes grilles, toit rouge ouvragé, exquises jalousies, terrasses paisibles dévalant jusqu'à l'eau. Partout les hibiscus graciles courberaient leurs calices froissés, frileux sous le vent qui se levait. A droite les bateaux ventrus, jaunes, bleus, mâts nus, penchés vers le rivage, marins curieux, chiens fouineurs, toute une foule venue pour se réjouir de n'être pas de ceux-là, les guenilleux, les proscrits, de ceux-là dont on allait rire, pleurer, s'abreuver, se faire des souvenirs. Les belles rêveraient aux visages brutaux, les marmots entre eux répéteraient les noms. Tous rentreraient repus.

Une longue rue droite, bordée d'une muraille, crépi blanc, briques rouges, sans fenêtres, sans espoir. En son milieu une arche, lèvre de justicier gravée au sceau de l'expiation. « CAMP DE LA TRANSPORTATION », les hautes lettres se lisaient à cent pas. Le garde en casque colonial visa la feuille de route. Compta les hommes. En passant sous la voûte Aimé machinalement courba la tête, et ôta la chevalière qui lui serrait le doigt. « Longue vie à vous, comte... » Le rire de Petit-Jean résonnait sous son front. Il se retourna. Le garde se mouchait dans sa main.

I

Immobile devant le marché couvert, rue du Docteur-Sainte-Rose désertée, même les chiens avaient fui, Côme regardait ses pieds. Ses pieds chaussés de presque neuf, bien droits plantés dans la rivière de boue. Il se pencha. Des petits remous jaune et rouge, le long des semelles, grouillants de bulles et d'insectes étourdis. L'eau lui coulait en rigoles jusqu'aux reins, la laine rêche lui collait à la peau. Cette odeur de vieille bique qui lui rappelait les métayers de son père. Côme renversa la tête en arrière. La pluie le cingla. Il toussa, cracha. Marcha posément, en raclant le sol comme font les enfants dans les flaques, jusqu'à l'auvent. Le ciel se vidait avec constance, soucieux d'abreuver l'univers pour l'éternité. D'un gris placide, sans conviction, sans nuages, un gris obligé et distrait au travers duquel sourdait la lumière. La rue pentue se muait en fleuve, les gargouillis pressés couraient, nuque arrondie et croupe zigzagante, vers le replat de la place des Palmistes. L'eau tombait des toits en rideau, des feuilles en gouttière, montait du sol liquéfié par bouffées nauséeuses. En respirant on croyait boire. La chaleur ne se démentait pas. Midi. Les locaux, retirés derrière leurs persiennes entrouvertes pour que circulât l'absence d'air, entamaient leur sieste. S'oublier dans le sommeil. A Cayenne, entre onze et seize heures le corps et l'esprit s'abîmaient. Nier le temps le plus longtemps possible. Il était toujours assez tôt pour commencer à vivre.

Côme aimait la nouveauté. La plus fade lui mettait du mercure dans les veines. Mais de cette pluie-là il n'y avait rien à tirer. Trois jours depuis le débarquement, et elle n'avait quasi pas cessé, drue, morne, têtue. Tournant le dos au ciel, Côme traîna dans l'angle le mieux isolé de la halle deux sacs de grain, ôta sa chemise et s'allongea. Assise sur ses talons près des tonnes à manioc, une Négresse ravinée lui clignait de l'œil; le droit, l'autre était cousu par une croûte de pus. Agitait un gri-gri emplumé sans cesser de frétiller des épaules, la chemise échancrée jusqu'au ventre. Faim de vieille. Côme posa son calot sur son nez. La noiraude lui envoyait des baisers. Carcasse de mâle blanc, succulente pitance. Côme se mit sur le flanc gauche, baissa son bonnet sur ses yeux. La nuit dernière, à la Crique, tous ces corps âpres et lascifs. Les femelles d'ici avaient dans le sang le vice de leurs marais. Guyane, pays d'eau et de feu. Côme soupira. Ce climat m'amollit. Demain il partirait en forêt.

La pluie crépitait sur les tuiles, courtes lamelles ocrées, et par les fentes gouttait jusqu'aux étals abandonnés. Cette odeur, qui venait gratter l'âme, gratter, gratter à l'huis des souvenirs, images encore si proches, amandes douces-amères qui moisiraient bientôt. Les Halles parisiennes au point du jour, claquements de sabots, giclées d'eau sur le pavé, combien de fois s'était-il rafraîchi là au sortir d'une couche douteuse, des bras blancs, des seins pâles, tu reviens quand ?, l'escalier qui craquait, seaux entrechoqués, les cloches sonnaient matines dans la brume, fantôme de Saint-Eustache, blanc squelette à l'ombre sereine, dormir sous ces voûtes familières... Côme se retourna. Suivit entre ses paupières mi-closes le manège des urubus, qui en clochards consciencieux nettoyaient le sol et les tables. Noirs, luisants, replets, appliqués. Hauts comme des épagneuls, le bec courbe, la tête dodelinante, la contenance satisfaite et la démarche pesante. Au premier abord il les avait pris pour des corbeaux. Vautours modèles, préposés à la voirie. Excellents fonctionnaires. Sans eux Cayenne eût fait figure de décharge. Ils veillaient, perchés au bord des toits ou arpentant la chaussée bourbeuse, à l'affût des détritus jetés par les fenêtres et des mourants oubliés au coin de l'église Saint-Sauveur. Réjouis, ventrus, ils tordaient leur cou maigre vers les nuées. Déluge putréfacteur, Mardi gras, orgie de la pourrissure, Mardi gras, grand bal des urubus. Six mois, il allait pleuvoir six mois. Demain j'irai en forêt. Côme s'endormit.

Le lendemain soir il retourna chez la Lézarde. A Cayenne, tous les pas errants menaient à la Crique Fouillée. La ville des Blancs n'offrait aucun secours à la solitude. Elle s'étalait sans complaisance, méfiante et compassée, digne jusqu'à la crampe, rues rectilignes, demeures cossues, beaux jardins abouchés à l'exemple de leurs maîtres, les hibiscus par-dessus les palissades vernies mêlaient leurs calices, carmin, grenat, pourpre, safran, muettes exubérances aux pistils dardés. La mairie surveillait la banque, qui louchait vers l'église. Les façades lamellées de fines lattes non jouxtées laissaient passer l'air, les regards, les murmures. Dans l'ombre des volets pudiquement tirés on s'épiait, on s'enviait, on débattait sur la moitié et sur le quart. Distraction tropicale. On trouve si peu pour s'occuper, sous ces climats. L'attente, l'alcool, la médisance, la fornication. On était entre soi, sinon tous blancs du moins pâles uniment, on trafiquait, on fricotait, on se comprenait. A la saison sèche on attendait heure après heure que tombe le soir, pour commenter les toilettes en arpentant la place des Palmistes. Le chef des hauts palmiers bruissait à l'unisson, rangs méthodiques et serrés, hampes nues coiffées de touffes. Un jardin de grands peignes, dents régulières, l'écorce dartrée de plaques brunâtres, un jardin pour âmes gominées. Côme ne s'y était pas attardé. La pluie ôtait au lieu le peu de poésie qu'un nouvel arrivant eût pu y trouver. Un bourbier fangeux, où les noix plus grosses que des citrouilles, chahutées par le vent, menaçaient à tout instant de vous fracasser le crâne. Il s'en était allé plus loin, au bout de la ville, au bout du monde, là où les vices et les malheurs s'aimantaient.

Quittant le quartier blanc il avait longé les maisons des riches Créoles, muettes elles aussi, encloses dans leurs murets percés d'alvéoles en forme de croix. A mesure qu'il marchait vers le canal Laussat, deux rues, trois rues, le crépi pastel des façades se tachait de lèpre, les portails bâillaient sur des pelouses négligées, les bourbiers succédaient aux trottoirs. L'odeur des marais prenait à la gorge. Cayenne n'était qu'un mouchoir d'argile disputé à l'eau, au nord l'océan, sur son flanc ouest les flots limoneux de la rivière qui lui donnait son nom, et au sud, à l'est, partout, les marécages.

La Crique. Coincés entre le marais Leblond et le canal Laussat, quelques arpents de terre nauséabonde, piqués de planches et de tôles, hantés de cochons noirs, de chiens fouisseurs et d'êtres incertains. Gîtaient là, s'épaulant comme souvent en pareil cas, la misère, la ruse, la luxure et l'alcool. D'anciens forçats, des Chinois, des prostituées, des épaves et des brutes. Poussait dans cette boue de quoi satisfaire tous les instincts primaires. Un chancre toléré, même en secret entretenu. Les Blancs, qui s'y approvisionnaient en plaisirs divers, y trouvaient leur compte. La bonne société créole y trempait furtivement la main gauche, et le reste de la ville à heures fixes s'y vautrait.

Côme en soulevant le rideau de la première cabane s'était senti chez lui. Les bordels sordides se ressemblent. Lumière honteuse, sofas râpés, relents de sueur et de fumée, rires convenus, et au fond, dans l'ombre, au-dessus, si près à travers le mince plafond, des glissements, des gémissements, des giclements éculés. Côme, les yeux clos, debout contre la tenture graisseuse, avait gonflé ses poumons de cet air-là. Débauche familière. Triste refuge du plus grand nombre. Pour lui, depuis l'enfance, bain vivifiant. Un grand rire lui était monté à la gorge. Cayenne ou Paris, comte ou proscrit, del Prato ou Halloir, allons, il ne se perdrait jamais. Il allait jouir de ces mulâtresses aux bijoux de verre comme il avait joui des filles de Paris, des filles de Bordeaux, des filles de Toulon, les cousettes, les bourgeoises, les huppées, les vénales, toutes fondues sous lui, qui les confondait. Les goûtait comme on s'enivre et les congédiait sans les mépriser. Rien ne l'entamerait.

Une femme s'était glissée contre lui. Jeunette encore, noire mais la voix, les yeux, la peau, le pas délavés. Elle avait palpé la chemise et le pantalon de Côme, gris de bagne, tu sors de chez eux, tâté l'homme, dessous, dense et chaud, gloussé, frotté sa hanche contre la proie prochaine, alors, ils t'ont libéré quand ?

– Je viens d'arriver. Ce matin. Pas forçat, politique.

– Tu as de l'argent ?

– Assez pour ce que je cherche. Montre-moi tes petites.

Il avait choisi. Sans hâte.

– Tu n'as pas bien faim ! D'habitude...

Il avait souri. Puis, très à son affaire, étonné son public. S'était réveillé peu après l'aube, repu, malodorant et couvert de cloques. L'hôtesse, qui sans se cacher l'avait observé toute la nuit, lui frictionnait le corps avec un parfum âpre.

– Citron sauvage. Les moustiques fuient. Tes senteurs de Paris, les femmes d'ici aiment, mais les insectes aussi. Jette-les dans le fleuve.

Côme l'avait regardée. Dans le jour hésitant elle semblait presque grise, teint de deuil, mâchoires serrées. Menue.

– Tu es brave, Rose. Je suis resté longtemps. Tu veux plus ?

– Non. Des comme toi on n'en a pas souvent. Un révolutionnaire c'est mieux qu'un voleur à la tire. Et... Reviens ce soir. Je t'amènerai chez quelqu'un.

Piqué de curiosité, Côme était revenu sitôt le jour tombé. Rose l'avait accueilli avec une joie triste, si tu voulais, tu sais, bon, dommage, viens, je t'ai promis. Au tournant du quartier chinois, entre une fumerie et une épicerie, se dressait une bicoque fraîchement peinte dont l'auvent fleuri et le toit de palmes tressées tranchaient avec les cabanes avoisinantes.

– Qui habite là ?

– La Lézarde. Elle t'attend.

Quarante ans admirables, haute statue de cuivre sombre, la cuisse longue, le port impérieux, des seins de légende, les pieds et le bout des doigts étrangement tatoués, le regard langue-de-velours, et tant de dents qu'à la regarder seulement sourire on se sentait mordu.

– Le Nouveau ! Je voulais te connaître.

Rose, soumise, s'éclipsa.

– On m'appelle la Lézarde, sais-tu, parce que avec ma langue je capture toutes les proies...

Côme l'avait précédée dans sa chambre. Sans lui dire son nom, ni d'où il venait.

– Ne crois pas me surprendre. Je ne laisse rien au hasard...

Elle s'était dévêtue comme on glisse dans l'eau, gardant seulement le madras éclatant qui lui ceignait le front. Quand plus tard, bien plus tard, il avait fallu renouveler les bouteilles de rhum et changer les draps, elle s'était assise nue à ses pieds, contre le montant du grand lit de bois sculpté. Pose de chasseresse, rondeurs d'ébène poli.

– Ote tes yeux de dessus moi. Il y a longtemps je me montrais ainsi aux hommes et je leur défendais d'approcher. Des nuits entières je dansais pour eux. Ils me regardaient, et c'était tout. Maintenant j'aime qu'ils me touchent, mais plus qu'ils me regardent.

Côme la contemplait toujours. Lentement, elle s'était rhabillée.

– Je suis la seule femme riche d'ici. La seule libre aussi.

Je n'ai besoin de rien. Mes filles sont bien traitées, les clients reviennent et ils en redemandent. Moi je prends qui je veux, et je ne suis à personne. Toute la Crique m'envie, tu verras, on te dira. Maintenant raconte. Tu ne me déplais pas. Peut-être je te ferai du bien.

Côme ce soir-là et le lendemain parla. Pour gagner la Lézarde, il inventa Paris, l'insurrection, la fièvre des quartiers défoncés, les politiciens en pantoufles qui tremblaient devant les héros de la rue, les rafles, les iniques procès. Tout le temps de la Commune, Côme del Prato l'avait passé à la Conciergerie, en attente de son jugement. Première instance, appel, cassation, il n'avait connu des combats que ce que ses belles visiteuses et ses avocats lui en avaient décrit. Heureusement Côme Halloir avait hérité son talent, celui des joueurs et des escrocs. L'illusionniste en chambre avait tout vu, tout vécu. La Lézarde, subjuguée par sa faconde, frissonnait contre lui.

– Et maintenant ?

– Maintenant je suis ici. C'est moi qui ai demandé la Guyane. On dit qu'on peut faire des choses, dans ce coin. Des affaires. Mieux, plus qu'ailleurs. En France, ma famille... Enfin il me reste de quoi redémarrer. Je suis astreint à résidence, mais libre. L'Administration me doit une case, une concession et des outils. A la fin de la semaine. Pour l'instant, ils installent les transportés.

– Tu veux vraiment te mettre les mains dans la terre ?

– Le bout de la canne, seulement ! Je sais très bien diriger.

– Je pourrais avoir d'autres plans pour toi...

Les dents de la Lézarde luisaient.

– Commerce ? Laisse-moi flairer le vent avant. Et puis je n'ai pas encore les capitaux. Je n'aime pas les petits trafics. A Paris...

– Si moi j'avais le fonds, avec en plus le... savoir-faire, tu ne voudrais pas t'associer ?

Côme se redressa, surpris. La Lézarde lissait avec un soin bourgeois le jeté de lit ajouré. Il la renversa.

– Tu ne me connais pas.

– Si...

Une à une, les agrafes de la robe flottante. L'esprit au bout des doigts, Côme revoyait les épaules, les seins de Mathilde peu à peu dénudés, la blonde Mathilde de Chalancay, si élégante Mathilde qu'il avait estropiée. Borgne. Trop possessive. Ces scènes exaspérantes. Côme n'appartenait qu'à lui-même. A soi sa fin dernière.

Immobile absolument dans le désordre de son linge, la Lézarde le fixait sans ciller.

– J'ai des caprices, parfois. Il se peut qu'ils durent quelque temps. Jusqu'à la fin de la pluie peut-être... Tu es d'un drôle de métal, ces yeux gris, et le reste... Pour toi je veux tout le mieux du monde.

– Je n'ai pas besoin de tant. Dis-moi juste qui, comment. Guide-moi.

La Lézarde saisit la main, qui folâtrait.

Matricule 6712. L'Administration pénitentiaire se montra complaisante. Le condamné politique Halloir avait une feuille de route exemplaire. Bonne conduite à Saint-Martin-de-Ré, calme et docile. Application aux ateliers. Éloge du médecin-chef, avec une mention particulière de sa plume, individu fiable, excellentes dispositions, à favoriser. Rien à signaler pendant la traversée sur le *Revanchard*. Ne se fait pas remarquer.

Le regard frisant l'épaule du commandant du camp, uniforme blanc fatigué, casque sur le bureau, vraiment il faisait trop chaud, visage glabre et las, 6712 vous m'écoutez ? Côme se taisait.

– Halloir. Aimé, Marie.

– Côme, Aimé, Marie. Aimé pour l'Église, Côme pour

l'usuel. Mes parents avaient des espérance du côté de l'Italie. Un oncle poitrinaire.

– Peu importe. 6712. Marié, un enfant. Femme enceinte. Des nouvelles ?

– Non.

– Normal. Communard, hein ? Fallait choisir le bon cheval, mon garçon ! Enfin vous voici de ce côté de l'océan. Faudra vous y faire. Bien noté, très bien noté. Le docteur du dépôt est un vieux camarade à moi. Pas vu depuis six ans.

Le commandant se pencha, cracha. Rentra son ventre pour ouvrir le tiroir, devant lui, choisit un bâtonnet brun qu'il se fourra dans la bouche. Mâchonna. Une ombre en pyjama rouge et blanc, numéro 3670 imprimé sur le poumon gauche, se décolla du mur et se glissa sous la table avec une serpillière.

– Mon homme de bureau personnel. Pour le petit entretien, les courses. Il tape à la machine aussi. Il voudrait que je le place aux écritures, alors il fait du zèle. Ancien faussaire, récidiviste, perpétuité. Nous en avons une dizaine ici, tous très intelligents. Nous les casons au mieux, ils rendent beaucoup de services. Ce serait dommage de les laisser crever sur les chantiers.

Le bagnard sortit, revint avec une carafe de ponche.

– Je ne déteste pas les « politiques ». Sont bien élevés, pas remuants. On devrait nous en envoyer davantage. Paraît que maintenant ils partent tous pour la Nouvelle. Dans votre fournée, hors les pétroleuses qu'on destine à l'île du Diable, il n'y a que vous et un lunetteux, qui ne fera pas long feu. Il est venu me voir hier, je l'ai envoyé à l'hôpital. Bon. On vous a déjà remis vos effets. On m'a dit que vous souhaitiez une concession agricole en proche forêt. Vous étiez dans quoi, avant ?

– Je m'occupais d'une chasse en Sologne. Le gibier d'eau. J'ai fait du gros, aussi, plusieurs années, en montagne.

– Martin ! trois verres.

La chasse. La Lézarde avait bien renseigné Côme. Le commandant héla son adjoint. Dehors, il pleuvait sans remède.

Ils causèrent. Grives, bécasses, tapirs, plume française, poil guyanais. Les deux hommes étaient amateurs forcenés. Côme, qui avait grandi bottes aux pieds, forçant le cerf sur les terres familiales à sept ans, tirant le canard à neuf, tenait son monde. Sans effort il parla en piqueux, en rabatteur, en homme des forêts et des étangs. Il avait si souvent remisé son fouet de maître pour accompagner à l'aube les valets qui faisaient le bois. Les secrets et les ruses des bêtes lui étaient aussi chers que ceux des femmes. Du plus loin que remontât son souvenir, sa nurse frisottée, son premier chien courant, il lui semblait avoir traqué les unes et les autres avec une ardeur pareille et en avoir tiré des plaisirs comparables. Le commandant, piqué sur son fauteuil cané, le teint rougi, l'écoutait. Son second, qui semblait fin fusil, fumait passionnément. Le pyjama 3670, assis contre la porte, jouait aux osselets avec des dents de caïman. Sous le plafond latté, peinture blanche veinée de fines ridules, un gros ventilateur ahanait. En restant coi, bras détachés du corps et la tête droite, en buvant beaucoup et en pensant aux frimas de France, novembre près de Fontainebleau, feuilles crissantes de givre, on oubliait la touffeur de l'air, qui enivrait les moustiques. On se sentait presque bien. L'après-midi coula comme une sieste sous les arbres.

Quand l'ordonnance passa une tête chiffonnée et dégoulinante entre les volets, le commandant, retranché entre table et paravent, mimait l'affût au chat margay, prétendu croqueur de négrillons nouveau-nés.

On se reprit, on remit de l'ordre dans sa toilette. Bretelles, veste cintrée, casque cloche. Côme salua. On avait vidé cinq carafes de ponche. Tapotis, mains poisseuses, Halloir, je retiendrai votre nom, allez, rentrez tranquille, vous savez où loger au moins? Dans la ville basse les couches accueillantes ne manquent pas, en attendant n'est-ce pas! Bien sûr je préfère ma place à la vôtre, mais des gars comme vous se débrouillent toujours, hein! entre hommes on se comprend! Votre concession je m'en occupe, si si, pas trop loin, et un jour prochain, peut-être, je vous ferai appeler pour la battue. Halloir. J'aime les franches natures. Bonne chance.

Le surlendemain Côme recevait en bail de deux ans, renouvelable à perpétuité en cas d'exploitation satisfaisante, le lot forestier 2364, sis à l'est de Cayenne, par-delà la cascade du Rorota. Trois hectares défrichés auxquels le commandant avait précisé d'adjoindre six autres, en forêts et marécages. Côme fêta son succès dans les bras de la Lézarde.

– Quand tu descendras en ville, viens chez moi. Je ne veux pas d'argent. Si je me lasse, tu chercheras ailleurs. Ne me regarde pas.

Côme se leva, écarta la moustiquaire qui voilait la fenêtre. Jamais de vitres sous ces climats. La pluie avait cessé. Par ce côté, la maison donnait sur le marais Leblond. Tremblant sous la clarté lunaire, piqué de brumes et de lucioles, âmes errantes, étoiles noyées. Les crapauds et les grillons indigènes, obèses, obstinés, se contaient avec des plaintes et des grincements tragiques les émotions récentes. Leur mélopée montait du sol avec l'air chaud, lourde, gorgée de fièvre et d'eau. Lancinante. Pas un pouce de l'horizon qui ne soupirât. Acres salives, humide angoisse, mourir dans une heure ou tout de suite, bientôt le ciel se remettrait à cracher.

Longtemps Côme resta devant la nuit. D'autres nuits, tant d'autres nuits, devant tant d'autres fenêtres, au sortir de lits ravagés. Boire le frais brouillard, l'ombre embaumée. Reprendre pied en soi, après les gestes, rituel de sorcier, après les cris, les baisers, la tendresse qui dépossède. La femme, toujours, respectueusement, attendait qu'il lui parlât, qu'il lui revînt. Douce sous le drap, corps en paix. Il tardait. L'épaule nacrée, le pied, l'arrondi de la hanche repoussaient les dentelles, roulaient doucement. Accrocher la lumière du flambeau, je suis belle. Attirer son regard, il m'oublie. En homme du monde, Côme se retournait. Se penchait. Réflexes de chienne fidèle, coups de langue, bons yeux reconnaissants et la croupe frétillante. Puisqu'elle l'aimait il pouvait se taire. D'ailleurs il n'avait rien à dire. Il l'étreignait encore une fois, une dernière fois, et sortait.

– Tu avais des attachements, en France ?

– Peu.

– Et tu ne t'es pas marié.

– Qui te dit que je ne suis pas marié ?

– Je sens ces choses-là.

Côme prit la main de la Lézarde, joua avec les longs doigts tatoués, blanc, ocre, étrange lacis, ma mère était une Indienne Accawaus, le sorcier m'a marquée le jour de mes quatre ans, fruit vénéneux, ma mère avait fauté avec un Nègre, fruit à jeter, à la lune suivante il l'a égorgée devant la tribu assemblée et m'a vendue.

– Je suis la petite-fille du diable. Toi, tu es mon frère d'ombre. Je t'ai reconnu, c'est pour cela que tu me plais. Baisse tes yeux, ou je devrai m'habiller. J'ai pensé à toi. Des bras, pour tes friches. Deux gars costauds, un vieux et son fils, ils ont travaillé dans la canne et dans le café, ils en savent long sur les terres d'ici. Ils me doivent des complaisances, tu n'auras pas à les payer. Si tu veux te les attacher, donne-leur quelques pièces, très peu, sinon ils te respecteront moins. Pour construire ton carbet – c'est ce que tu dois faire en premier, les cases que donne la Tentiaire sont des nids à vermine –, pour ton carbet demande-leur, ils amèneront leurs frères et leurs cousins. Tu prendras aussi l'Indien qui campe dans mon grenier, un Ticuna, il chique beaucoup, il est goinfre et pas causant, mais il te montrera la forêt. Quand tu seras au sec, j'enverrai un petit pour te servir.

La Lézarde tira un cordon emplumé, au-dessus du bois de lit. Une très jeune fille, nu-pieds, paupières peintes, entra avec une large coupe emplie de sable dans laquelle des bâtonnets fumaient.

– Les moustiques. Tu te grattes. J'ai de la chance, quand tu es là, ils oublient de me piquer, ils te trouvent plus sucré.

Côme regardait les seins que la petite, en s'inclinant pour saluer, lui offrait. La Lézarde sourit.

– J'en ai de plus divertissantes. Celle-ci est dodue mais paresseuse. Demain avant de partir va chez Joseph, à l'entrée de la Crique, juste au bord du canal. Une cabane verte, avec des tonneaux devant, qui servent de poulailler. Joseph c'est Gorge d'Amour, un libéré, il chante et il boit à applaudir. La soixantaine, pas trop usé, tu verras. Il tient troquet clandestin. Les anciens forçats ne doivent pas tripoter dans l'alcool, mais ceux qui ont un peu de pécule s'y mettent tous. La cuite c'est comme la jambe en l'air, une rente, on ne manque jamais de clients. Joseph te présentera des gens, je l'ai prévenu. N'attends pas merveilles, ici il n'y a que des fins-de-peine, des fonctionnaires pochards et des Nègres vicieux. Exécrables ou bons bougres, à toi de trier. Maintenant va dormir, la pièce du bout est prête.

Côme écarta les doigts fins, baisa la paume plus pâle.

– Ne me dis rien.

Baisa l'autre paume, très doucement.

– Je n'allais rien te dire.

Quitta le lit, et la chambre, sans se retourner.

Gorge d'Amour trouva Côme à son goût. Il lui versa du *Ti'ponche*, du rhum jeune, de l'antique rhum ambré, au parfum de vanille, et jugeant que le Nouveau buvait comme une canaille respectable, il l'emmena dans son arrière-boutique. Ahurissant clapier où sur un matelas qui vomissait son crin ronflait une blondasse au teint douteux.

– Ma femme. Eh oui. La Tentiaire te gratte deux ans si tu épouses une consœur. La mienne elle avait tué son niard à la sortie de l'œuf. Seize ans. Elle avait pris la cloque au bal de

Pâques, se souvenait même pas du gars, elle était fraîche de ce temps, elle plaisait, fallait bien s'amuser. Sa mère l'a coffrée dans la soupente, le voisinage, son gros ventre, la ragoterie, quoi. Près de Quimper. Pas tendre. Sa mère gueulait le gosse je le donnerai aux chiens, et toi tu iras au couvent, maudite ! et les sœurs te mettront aux fers pour racheter ton péché, et quand elles te laisseraient crever je les bénirais ! La Nanette elle a pas pensé au bon Dieu qui râle quand on tue les enfants, ni aux gendarmes qui aiment pas ça non plus, elle a pensé qu'au martinet des nonnes, à cet âge on sait pas bien juger l'important, enfin quoi elle a étouffé son gluant qui piaillait et elle s'est sauvée par la lucarne, toute saignante, dans les champs. Il ventait comme sur la banquise, je connais pas mais il y en a qui disent. Elle s'est évanouie, les képis l'ont ramassée, infanticide, perpétuité. On demandait des volontaires pour les colonies, peuplement, rachat par le mariage, elle a préféré ça à la Maison centrale. Voilà, quoi. Moi elle faisait l'affaire, maigrotte mais des cheveux pareils que des épis, et puis la remise de peine, et puis j'étais là depuis cinq ans et les noiraudes je dégueulais de leur odeur. Je l'ai mariée. On a perdu deux petits, les fièvres, et maintenant la Nanette c'est qu'une chiffe, vingt-deux ans et elle a plus le goût de rien. Elle fume, y a que ça qui la fait voyager. Opium. Pousse bien par ici, le pavot, mais faut pas le dire. Dans tes bois tu pourrais ratisser un coin pour ça. Les graines je te les vends, prix bas, la Lézarde t'a dans la cuisse, je t'expliquerai la manipule aussi, mais gare, si on te pince on te retirera ta concession, et moi j'aurai du fricot. Tu joues aux cartes ?

Côme prit soin de perdre. Conquis, Gorge d'Amour l'appela son fils et le promena dans le quartier. Le canal Laussat reliait à la mer les marécages qui bordaient le flanc est de Cayenne. On n'y naviguait qu'à la saison des pluies. De juin à décembre les eaux étaient trop lourdes, la vase collait aux coques. Cette coulée nauséabonde traçait la rigole symbolique entre le monde décent des Blancs et des Créoles cossus, et la lèpre inavouable de la Crique. La berge nord était en terre lissée, ponctuée de bornes, la berge sud jonchée d'ordures et défoncée d'ornières. Côte contre côte, partageant lumignon racoleur et clients indécis, les cases à rhum s'épaulaient. Mêmes tenanciers hâves, couturés, qui contaient les mêmes histoires. La chute, le dépôt, la traversée, les douze, quinze ans de baraquement, dos mangé par le fouet, sang pourri par les parasites, et puis un jour qu'on n'y rêvait plus, libre, tu as fait ton temps. On essayait de se débrouiller mieux que les autres, ceux qui étaient sortis avant, qu'on n'osait regarder au front, les urubus humains, dépenaillés, avilis, personne ne veut de nous, un gars doit s'occuper, comment manger une fois le jour, les fins-de-peine qui disaient l'enfer c'est maintenant, qui après avoir quêté à toutes les fenêtres, sucé tous les goulots, hurlé aux étoiles leur désespoir venaient rouler dans la poussière des rues et mourir, gueule béante, sous la ronde des vautours. On était un malin. Au long des années de chaîne on avait engrangé un magot, ici quelques francs représentent une fortune. On reluquait une jolie Négresse, on la laissait rêver, la peau blanche leur souffle toujours une folie de nourrissons délavés dans le cœur, mets-moi un petit, dis, je ne te demanderai rien après, un petit bien clair, avec des mirettes bleues, je travaillerai pour toi, je t'aiderai à t'installer. Le libéré clouait trois planches, faisait l'enfant, qui naissait les yeux noirs, la fille le quittait mais les buveurs restaient. Si on avait du bagout et le sens des trafics de comptoir, on se roulait une pelote qui passait pour de l'aisance. A la Crique on est riche avec si peu.

Gorge d'Amour passait pour le pape du lieu.

– Il y a en moi, tu peux me croire, un curé, un gendarme, un manitou et un sacré ribaud! Si mon beau! Et on m'aime! Il en vient depuis l'autre côté du marais, pour prendre mes conseils. Avec une bonne bouteille et une fille je guéris tous les maux. Ceux des mâles, va sans dire. Les geigneuses, je les cure dans mon particulier, comme le roi! Le roi de France, tu sais, Louis...

Pinçant le bras de Côme, il partit d'un grand rire.

– Elles m'appellent Roi Fouillée, à cause de la Crique ! La Nanette grogne, mais moi ça me plaît bien.

Il empestait le suif, ne connaissait rien aux Évangiles, à la loi ni aux simples et n'avait pour la luxure qu'un penchant modéré, mais il se mêlait de régler les querelles de l'âme et du corps avec un enthousiasme tel qu'il emportait l'adhésion. Les visiteurs sortaient de son appentis puants et soulagés.

– Si tu dérapes, tu viendras me trouver, hein ?

Côme, que le bonhomme amusait, opina. De bars éventrés en granges où des corps en sueur se chevauchaient à même le sol, tu vois, un coup de balai et on remet du foin sec, c'est plus pratique que les draps, Gorge d'Amour lui expliqua toutes les figures et tous les bouges du quartier.

– Ne te fie pas aux Chinois. Ils sont aussi sales que les autres et plus retors. Le vice tressé dans leurs nattes, tu soupçonnes rien et ils t'étranglent avec. Des cafards, ils courent partout où ça nifle le pourri, petites pattes, gros appétit. Le commerce à la Crique, c'est eux qui le tiennent, et avec leurs courbettes de pantins ils nous pissent dessus. Raclures. Te gratte pas à eux. Pour ton campement, moi je te fournis tout le nécessaire, et même le reste si le goût t'en manque, mais tu dis rien à la Lézarde.

Pastilles contre les fièvres, cordes et outils, poisson séché, œufs, riz, manioc, huile, sucre, chemises de toile et bandes pour les mollets – les serpents tu les repères, les mygales pas toujours –, Gorge d'Amour chargea avec soin deux mulets.

– Les bêtes je te les prête, les esquinte pas. Tes gars t'attendent au bac. La Lézarde voulait pas que je leur cause, quand je cause j'offre à boire, et mouillé du dedans un Nègre ça perd sa force. Oublie pas de gober les pilules et passe ton eau dans un chiffon. A cinq lieues dans le bois, sur ta route, tu trouveras le carbet d'André, donne-lui mon salut. Il ne paie jamais les filles que je lui envoie, mais je l'affectionne. Je suis comme ça. Construis vite les pilots pour isoler ta cahute, dans une semaine les eaux vont monter, ça va grouiller de bestioles. Bon vent, et si tu te fais pas bouffer à te revoir.

Les trois hommes, au bord du canal, toisèrent Côme. Les Noirs commis par la Lézarde, fils et père répliqués l'un sur l'autre, machette pendue au foulard noué en guise de ceinture, crâne ras, larges narines cloutées, torse nu, noueux, formidable, le dominaient d'une bonne tête. Côme, qui n'était pas grand, ne s'était jamais senti petit. Il se surprit à étirer le cou et retint un sourire. Les deux géants fixaient son occiput d'un air souverain. Pas une ligne sur leur visage ne bougeait. L'Indien, juché sur une carcasse de charrette, chiquait. Rond sans être gras, imberbe, la peau uniformément luisante, des mains et des pieds de fillette, l'œil bridé, minuscule, les cheveux nattés de perles, avec pour tout linge deux étuis démesurés, qui protégeaient côte à côte le couteau et le sexe.

Côme les effleura de ce regard enveloppant et brutal qui lui était propre. Attrapa la main droite du père, celle du fils. Les examina dessus, dedans. Grogna. Prit les licous des mules, en posa un sur chaque paume, replia les doigts, serra fort. Tira un des bâtonnets à mâcher offerts par le commandant du camp et le glissa dans la ceinture de l'Indien. S'engagea sur le pont du pas de quelqu'un qu'une affaire essentielle attend. L'Indien sauta de son perchoir et courut derrière lui. Les deux autres suivirent.

– Moi Ticuna. Toi ?

– Moi Monsieur.

– Monsieur Quoi ?

– Monsieur Côme.

– Moi Ticuna Lapin. C'est Lézarde qui a baptisé.

L'Indien cracha, se fourra sous la joue la chique neuve, roula des prunelles et sembla oublier le langage humain. Jusqu'à la tombée du soir Côme ne vit de lui que ses fesses nues roulant au rythme de son trot, et son dos rond, sans muscle apparent. Côme ne lui avait indiqué ni la direction, qu'il ignorait, ni la destination. L'Indien, nez vers le sol, trottinait. Le phare, le bord de mer, la sente qui traversait le marais, les premiers fouillis d'arbres. Invariablement, trois mètres en avant, même si par jeu Côme faisait presser les mules.

– La longueur d'une couleuvre longue, couleuvre jaune, jamais plus jamais moins. Lapin court toujours comme cela.

Les géants aimaient la causerie.

– Cinq jours de route, Monsieur Côme il va apprendre beaucoup d'histoires, la concession elle est loin, Monsieur Côme sûrement ça va lui plaire beaucoup d'histoires.

Côme savait soumettre sans un geste, séduire sans un sourire et paraître le plus liant des hommes sans donner un souffle de lui-même. Au second bivouac ses compagnons raffolaient de lui. Ticuna Lapin lui rôtissait des oiseaux fondants qu'il tuait à la sarbacane, et les Géants, vautrés sur des nattes de palmes entrelacées, réveillaient pour peupler ses rêves toutes les ombres de Guyane. Ils lui dirent la belle Jeannou, si pareille à une orchidée que lorsque au sortir du bain elle se séchait toute nue les abeilles venaient lui butiner les seins. La belle Jeannou s'était éprise d'un manguier si haut, si fort, à l'écorce si lisse qu'elle ne pouvait se retenir de se frotter contre lui. Le dieu du bois la vit et en conçut jalousie. Il se présenta à la belle, qui lui tira la barbe. Alors il foudroya le manguier, viola Jeannou, et lorsqu'il fut repu d'elle la changea en mygale.

– Monsieur Côme doit pas rire. Les mygales maintenant elles mordent les hommes pour se venger du dieu, et les femmes pour se punir elles-mêmes d'avoir été sottes. Monsieur Côme il doit savoir aussi l'aventure du Rongou, et il tremblera quand il marchera en forêt sans nous. Il doit. Le Rongou il s'appelait D'Chimbo, il était venu du Gabon avec d'autres, un plein bateau, pour creuser à l'or, dans l'Approuage. Dix grosses années de ça. Le Rongou il avait mordu du monde et volé des poules, on l'avait enfermé et il s'était sauvé. Dans l'île de

Cayenne, au fond du bois, les terrains perdus Monsieur Côme il voit bien encore aujourd'hui comme il y en a beaucoup. Le taillis il faut naître tigre pour s'y reconnaître, les Blancs ils savent pas. Le Rongou il était pas tigre, il était singe, gorille djina, très fort mais tout petit, même plus que vous, les jambes toutes courtes avec les bras tout longs jusque dans la boue. Et bien noir et plein de trous et de coutures, et les dents limées comme ils font chez son peuple. Le Rongou il aimait les poules et il aimait les femmes. On lui en donnait pas alors il en volait. Les poules et les femmes. Même vieilles. Il les ramenait chez lui et il en faisait une fameuse cuisine, si fameuse que les hommes des villages ils ont pris les fourches et ils ont donné la chasse au Rongou. Le Rongou il en est devenu fou rageux. Il a plus quitté son sabre d'abattis et il s'est mis à découper tout qui lui résistait, les pauvres après on les reconnaissait plus. Il a tué le Mouendja, malgré qu'il était un Rongou comme lui, il a tué Napoléon Napo, et il a tué Marceline Victor avec son Eugénie qui avait pas quatre ans et l'autre petit qui lui tétait la mamelle et qu'il a laissé tout saignant se faire dévorer le dos par les fourmis manioc. Les femmes il les guettait le dimanche, sur le chemin qu'elles prennent pour aller entendre la messe à Rémire, ce chemin-là que nous autres avons pris. Il a vu la Julienne Cabassou, qui avait un parasol neuf et des dents bien blanches. Il l'a tirée chez lui, il s'en est fait un oreiller, bien content il disait qu'il la garderait toujours, qu'elle était jolie et lui donnait grand appétit. La pauvrette elle s'est sauvée toute ficelée, un moment qu'il coupait du bois pour élargir son boucan et l'y coucher avec lui. Elle a tourné folle. Après il a attaqué la Rose, qui avait cinquante ans, et d'autres encore. C'est un Rongou qui l'a saisi au gîte, Anguilay, et qui l'a ramené à Cayenne. Le juge il lui a demandé : « Dans ta tribu comment punit-on l'homme qui tue ? » Le Rongou il a répondu : « On le tue », et il s'est laissé faire comme un veau de l'année. Mais ici on dit que les Rongous ils meurent jamais vraiment, et que celui-là un jour on le retrouvera dans le bois. Vous il dort Monsieur Côme ? Vous il va rêver bien.

La forêt surprit Côme. Il s'était figuré une jungle de hauts arbres entrelacés, dont la voûte eût laissé filtrer les rayons, une futaie colorée et sereine à l'image des hêtraies de son enfance. Géant fils riait.

– Le Monsieur Côme il espérait le grand bois. Le grand bois il est très vieux, les troncs très longs, les têtes très grosses elles cachent le soleil, alors en bas les buissons ils poussent moins, la plante elle veut du soleil pour s'étirer. Dans le grand bois même l'homme blanc il marche bien, presque comme sur la route. Le Monsieur Côme il verra quand il poussera au sud. Ici c'est le taillis.

Dans le taillis on progressait avec une lenteur exaspérante. Bananiers, manguiers, épineux, arbres à coco, vanilliers sauvages s'enchevêtraient aux arbustes à feuilles, à baies, à fleurs, à gousses, poussés en une semaine, agrippés aux branches voisines par des ventouses goulues. On se piquait, on s'arrachait, on taillait dans la masse durant des heures et le chemin derrière soi se refermait à mesure. La terre spongieuse buvait les pas, suçait les chaussures avec un bruit obscène, les lâchant à regret, baiser appuyé, claquement mou. Un mur vert à droite, un mur vert à gauche, serré à entraver les coudes, des lianes ballantes, des ronces sanguinaires à hauteur de visage, et plus bas, à partir des genoux, ce grouillement de feuilles grasses, de bois mort et de bestioles vers lequel on n'osait trop porter les yeux. Une jambe, deux jambes, marcher sans penser. Ticuna Lapin, imperturbable, ouvrait le passage. Les Géants suivaient Côme, tirant les mules. Ils chantonnaient une mélopée grave, au parfum de cannelle et d'oubli, une chanson sans lendemain, pour dormir, pour mourir. Côme transpirait beaucoup. L'Indien agita la main.

– Ça crique navigable. Monsieur Côme monter avec Lapin, plus vite. Mules prendre voie de terre. Retrouver demain au carbet du Sourd André. Toi venir.

En Guyane, hors les fleuves Oyapock, Maroni, Approuage, et quelques grandes rivières, les cours d'eau n'ont pas de nom propre. La crique au nord, la crique plongée, les indigènes seuls s'y retrouvent. Ticuna Lapin fourragea dans les herbes qui dégoulinaient de la berge et dégagea une pirogue à demi immergée.

– Toujours laisser eau dans bateau. Tu laisses eau et tu peux oublier bateau un an. Saison sèche bois fendille pas, canot reste comme tu as laissé. Toi pas sauter dedans, poser pied doucement, fond fragile. Pas crevé mais fragile.

Côme prit une pagaie et se courba sur l'eau. Absolument lisse, verte. La végétation s'y réfléchissait si parfaitement que la tête à regarder ce miroir liquide tournait. Pour trancher ce qui était rivière et ce qui était forêt il fallait des doigts effleurer la surface. Pas de ciel visible, quelques rares taches de soleil, çà et là accrochées à des moignons noircis, bois immergés moussus de feuilles, palmes folles noyées jusqu'à mi-corps, nénuphars larges comme des sièges. Les palétuviers fouaillaient de leurs racines palmées la vase du fond, doigts décharnés d'autruche géante, cuir gris et rugueux d'éléphant au bain. De l'eau jaillisaient des bras inquiétants, branches déjetées, poisseuses, tordues dans un cri pathétique, ondulaient des anguilles végétales, sinueuses, dardées vers le taillis, s'accrocher, se nouer aux troncs livides, rongés de parasites. Dessus, dessous, le mort et le vif s'abouchaient pour une lente jouissance, lianes noueuses, champignons pâles, chancres ocelés sur le bois lisse, vert, brun, jaune, gris, gouttes géantes où pataugent les insectes, salives moussues, sèves amères, moite, silencieux, patient coït de la pourrissure.

– Toi regarder le grand arbre à pain. Les touffes, en haut, on dirait des langues, c'est drôle de plante, pousse là toute seule, pique pas l'arbre, suce seulement humidité, air plein d'eau, boit ça et vit très bien, pas besoin la terre, pas besoin soleil. Quant tu coupes lendemain revient. Comme bêtes d'ici. Araignée tu arraches pattes, iguane tu tranches queue, ça pousse pareil. Pythons aussi, la peau revient. C'est l'air mouillé qui veut comme ça.

Côme mangea des lézards bouillis avec beaucoup de piment. Des grenouilles sautées à l'huile de palme, des serpents tachetés et encore des oisillons. Il refusa les scarabées. L'Indien se vexa. Jusqu'à l'étape il ne fit que cracher.

Le bonhomme André était bien sourd. Sourd tout à fait, depuis que pour se venger du fouet qu'il lui donnait sa mulâtre lui avait mis du marc de café au fond des oreilles. L'abcès avait crevé les tympans. Il y avait perdu l'ouïe, et aussi la fille, qui de remords s'était pendue. Sourd mais le plus accueillant des hommes, et le plus disert. Il mit à fêter Côme l'enthousiasme candide du bon chien qui retrouve son maître après une longue absence.

– J'ai un frère, en France, il n'est jamais venu, il ne viendra jamais. Tu seras mon frère pour quelques nuits, hein! frère! je me réjouis, tiens, j'attends depuis si longtemps. J'ai tué un cochon hier, et puis je vais te cuire une soupe de tortue mata-mata, hein! la tortue plate, avec des yeux d'enfant, tu te pourlécheras. Tu veux du poisson aussi? Je plonge la main dans l'eau et je t'en ramène cinq, là où la crique menue fait une boucle, je connais les trous, je peux te montrer. Et puis cueillir des bananes et des papayes. Et préparer du rhum-coco, tiens, du rhum-coco à boire tout de suite, le rhum c'est moi qui le tambouille. Je te le dis parce que tu iras pas me vendre à la Tentiaire, un frère ça trahit pas, hein! tu me trahirais pas!

Ils soupèrent. Dehors, sous la longue moustiquaire qui isolait la terrasse. La nuit était tombée brutalement, vers sept heures. Il pleuvait moins. La forêt qui enserrait le carbet respirait dans l'ombre, bouffées humides et bruissements.

– La lune va se lever. La lune quand je me suis installé ça me donnait des folies de promenade. Vingt fois j'ai manqué me faire croquer, la lune ça rend les fauves fiévreux. Vaut mieux rester chez soi. Chez soi. Moi, j'aime mon confort. Au bagne, dix ans, j'avais que ça dans la tête, mon confort. J'ai tripoté un peu l'infirmier-chef, crois-moi c'est pas mon truc, mais quand tu tiens à dormir dans des draps, un petit effort, tu fermes les yeux et c'est vite passé. J'ai tiré mon temps à l'hôpital, celui de Saint-Laurent, un vrai mouroir, et puis celui de Cayenne, mon infirmier avait pris du galon. Pas un jour de chantier, pas un jour de cellule, et je bouffais de la viande aux deux repas. Mon infirmier est mort de l'épidémie, fièvre jaune, alors j'ai tripoté son remplaçant. J'avais une gueule, tu comprends, la peau fine, des doigts de fille, des petons tout mignons, alors je m'en servais. Ça me dégoûtait, au début même je leur crachais au cul, mais quoi, je dormais au bout du dortoir, un bon lit, du linge presque blanc. On a tous un faible. Moi, je veux mon confort. Quand ils m'ont libéré, remise de peine, ils m'ont sucré quatre ans, j'ai demandé une terre et je suis venu ici. A la Crique tu peux que moisir et crever. Ici tu es ton patron, tu peux t'arranger à ton idée. Mon carbet je l'ai construit avec mon cœur, bout par bout, comme au pays, bien fini, bien joli. On dirait un chalet de la Suisse, tu trouves pas ? La Suisse j'admire, propret, douillet. Le confort ça réchauffe l'homme. Les pilotis tu les enduis de goudron en haut, les bêtes ça les dérange, elles osent plus grimper. Ou alors tu accroches des toiles huilées roulées en tortillons, elles glissent et elles retombent. La moustiquaire j'ai usé deux récoltes à la payer, j'en ai posé aussi aux fenêtres, toutes les fenêtres, mais je regrette pas. On les entend râler autour, écoute ça, bzz, une armée, saligauds, pas pour vous la pitance. Quand tes gars seront là on ira ensemble à ta concession, je la connais, deux jours de bois à peine. Le sol est bon là-bas, pas trop mouillé, tu en tireras quelque chose. Méfie-toi de l'étang, en bordure, ton prédécesseur s'y est noyé. La vase, les algues, au fond ça colle et ça lâche plus. Le gars il s'appelait Grinou, il a laissé une case. Pas trop pourrie, tu changes le toit, ça te tiendra le temps de piquer ton carbet. Je resterai avec toi un peu, ça me divertira de t'aider. Un frère on trouve pas tous les ans. Depuis que ma mulâtre est morte, je cause plus. Ça ronge, de plus causer. Les mots, dedans, ils tapagent. Ça fatigue. Souvent je me couche, tellement ça me fatigue. Peut-être je vieillis. L'homme vieux il peut plus faire les gros travaux, et l'amour il a plus le goût, alors il doit causer, sinon il tourne à la mélancolie. Les bonnes femmes ça leur convient, elles adorent se beurrer leurs regrets à grandes louches de larmes. C'est leur coquetterie, je juge pas. Mais nous autres, la mélancolie ça nous mine, ça nous rend comme des chiffes. Tiens, souvent je me demande pourquoi je vis. Je sais plus me donner du plaisir, je me sens un chat sans griffes. Alors je chauffe la petite graine, ça aide un peu. Ici l'opium tout le monde y vient. Tu fumes ?

Côme prit la pipe. Longue, lourde. L'odeur l'étreignit, boudoirs capitonnés, longues, lourdes nuits immobiles, les mains fines de l'Asiate roulant la pâte, paresses, temps suspendu. Il caressa le fourneau, sourit à la chaleur, aux fumerolles d'antan qui s'étiraient sous ses tempes. André renouait avec soin les cordelettes des moustiquaires.

– Mais quand on est jeune comme toi, et vigoureux, faut pas craindre. Le pays il a du bon. Faut le regarder. Plein de belles choses, et ça demande qu'à être cueilli. Les fruits, l'argent, les femmes. Moi quand j'ai eu mon carbet et ma mulâtre, je t'assure l'envie de rentrer elle m'est passée. La France, tu comprends elle se donne pas. Même les femmes, là-bas, elles se gardent. Elles te disent ceci, et encore cela, qu'elles ne veulent que toi, elles roucoulent, elles te tombent évanouies, hein ! et entre leurs cils déjà elles lorgnent le prochain, celui qui aura bourse pleine, des chevaux, celui qui les mènera au théâtre, puis qui les épousera. Elles sont folles d'elles-mêmes, raides amoureuses de leur reflet au miroir. Elles te le guettent, elles te le scrutent, et toi tu es là que pour les rassurer. Je suis bien, dis, je suis bien ? Pauvrettes, elles ont si peur de vieillir. Elles plaisent plus, elles vivent plus. Une ride, et elles se croient perdues. Elles disent si tu me quittes je mourrai, mais comme elles sont lâches elles partent les premières. Ici, vois-tu... Enfin, tu ne seras pas malheureux.

Côme s'étira. Non, il ne serait pas malheureux. Rien ne déçoit un vrai joueur. Comte del Prato, déporté Halloir. Côme goûtait assez de toucher au fond pour voir où son sursaut le porterait. La partie commençait à peine. Elle le tenait déjà tout entier.

Au point du jour les Géants émergèrent du taillis, claironnant leur joie. Ils engloutirent une platée de manioc aux fruits, le bonhomme André enferma ses poules, son cochon noir et siffla ses chiens. On repartit en colonne réglée, Ticuna et André pareillement élastiques, les quatre chiens serrés flanc contre flanc, Côme, les Géants gazouilleurs et les mules.

La pluie avait repris, dense, obstinée. Le sol spongieux à chaque pas crachait des bulles et des vers gros comme des doigts. La lumière grise, feutrée, brouillait les contours. On hésitait à reconnaître la liane du serpent, l'araignée de la feuille pourrie. Les sons portaient mal. Les mules rechignaient. Ticuna et André, ruisselants, maculés, marchaient plus lentement. Côme ne voyait rien. Il se retenait de crier, de battre à grands coups de semelle le fourré, d'arracher ses vêtements collants, un flacon d'eau de Cologne, un lit frais, ces branches, cette boue, il empestait, il bouillait. A quoi bon. Se maîtriser, garder ses forces.

Ils arrivèrent à la concession le surlendemain peu après midi. Côme jeta son sac dans la boue. André le prit par l'épaule.

– Sois pas déçu. Ça paraît moche, tout de la broussaille, mais je t'assure, dessous c'est fertile. Dans une semaine on s'y mettra, tu verras, défriché tu seras pas mécontent. Mais d'abord il faut retaper la case et se dépêcher de monter ton carbet.

En forêt toute vie vient des arbres. Côme apprit à tresser les feuilles géantes des bananiers en sorte que leurs palmes repliées s'emboîtassent parfaitement. A poser ces lourds parapluies verts sur une charpente grossièrement ajustée, quatre de chaque côté, à nouer les tiges entre elles, à badigeonner la face interne de ce toit d'une substance noirâtre qui dégoûte les bestioles. A natter étroitement des palmes plus petites pour en couvrir le sol. A creuser le bois tendre du boco en forme de gouttière, à saigner l'arbre balata qui donne le latex blanc, à tirer l'huile des noix de coco. Toute chose lui était si nouvelle et chaque instant si déroutant qu'il en oubliait la pluie, la saleté, l'épuisement, les insectes. Vers six heures, quand le jour baissait, il se retirait dans la cahute rafistolée, accrochait les hamacs aux poutres et fumait. Sous l'auvent voisin les Géants cuisaient le ragoût. Ticuna Lapin, nu devant le feu réticent, s'enduisait le corps de graisse.

– Il pue mais il est sage. Les Indiens connaissent les recettes qui gardent en vie et celles qui tuent. Ton Lapin dans ses étuis il balade deux petits pots, un avec son huile à transformer en putois, même la mygale elle fuit, et un autre avec assez de curare pour tuer tous les pumas de Guyane, et tous les Blancs avec.

Le bonhomme André, à croupetons sur le seuil, parlait jusqu'à la nuit noire. Côme se balançait, le corps rompu, l'esprit entre chien et loup. Le sommeil le prenait d'un coup. Il dormait sans rêver jusqu'à cinq heures, sautait à terre, se frictionnait de parfum, réveillait les autres et retournait au chantier.

Les Géants avaient rameuté leur parentèle, une fourmilière de négrillons hauts comme des chevaux qui sciaient, traînaient, débitaient, équarrissaient les troncs avec une imperturbable bonne humeur. Côme, qui s'était traversé la paume droite d'une mauvaise écharde, se donnait l'illusion de les diriger. Il combattait la fièvre à grandes rasades de rhum, pestait en dialecte indien et se retenait de regarder sa main où l'enflure, sous le bandage, se marbrait. Le défrichage avançait vite. Les racines couraient sur le sol sans guère s'enfoncer, et la terre molle se retournait du tranchant de la pelle. Les arbustes bardés d'épines, cloutés de baies, s'arrachaient d'un coup sec, les bouquets de palmes fichés dans la boue se déterraient du pied. En quelques jours les hommes eurent dénudé une plage d'un demi-hectare, bordée d'un côté par un ruisselet, d'un autre par une haie d'arbres à pain. Ils enfoncèrent douze pilotis de bois dur, trois mètres dehors, deux mètres dessous, sur lesquels ils posèrent un premier puis un second plancher de larges lattes. Un toit pentu en branches et palmes, des murs en lattes fines, peu de fenêtres, deux cloisons séparant les chambres de la grande salle, des nattes, des hamacs, des cotonnades, une chaise percée sommaire, un fourneau en briques rouges, quelques tabourets. Les Géants se virent si satisfaits de leur ouvrage que tout suants ils réclamèrent d'en commencer un autre. Côme rit, leur donna quelques pièces, et les engagea à se distraire un peu. Ils revinrent le lendemain, portant à califourchon sur leur dos une grosse fillette à la lippe lascive, qu'ils offrirent à Côme, le père et moi avons choisi, avec ces cuisses-là le Monsieur Côme aura pas faim avant Mardi gras, et ils se frottaient le bas-ventre avec des moues ravies.

– Tu sais, ce soir c'est Noël. Ils sont heureux, ils veulent que tout le monde soit heureux.

André, assis contre le mur, regardait la petite qui, tranquille, se déshabillait. Quinze ans à peine, et des yeux, et une bouche. Le sourd dévorait ses seins pointus, ses épaules rondes, ses fesses exubérantes, toute cette chair gonflée, tendue sous la peau noire, qui lui mettait la salive au coin des lèvres. Ses mains, sur ses genoux, tressautaient.

– Elle te plaît ?

Il n'entendait pas, bien sûr.

– Noël... Toi aussi tu peux être heureux.

Côme prit le sourd par le bras, l'entraîna dans la pièce de derrière, poussa la fillette, nue et surprise, à sa suite, et tira sur eux le rideau.

Peu après Pâques il les renvoya. Tous. Côme était saoul de mots, de rires, de bons regards, de présence aimante. A peine se levait-il qu'il butait sur les hautes silhouettes jumelles, père jovial, fils réjoui, à babiller chasse, à proposer baignade, torse de bronze, cuisses magnifiques, exultants de santé. Le bonhomme André se glissait derrière eux, je ne te dérange pas ? j'ai préparé les pipes, le tafia, tu aimes les écrevisses ? Noria te lavera si tu veux, t'ai-je dit... La fillette Noria, qui avait minci, tapotait les coussins, changeait les verres, hanches ondulantes, offre muette. Côme, une nuit où sa main blessée lui chauffait le sang, l'avait empruntée au sourd. Elle lui en vouait une reconnaissance animale. Elle supportait André avec placidité, mais Côme l'en eût-il prié qu'elle l'eût étranglé sans frémir. A la veillée, heures immobiles sous la ronde des moustiques, fumeries patientes pour tromper le temps, ensemble ils contaient tant de légendes qu'en partageant leur fricot Côme croyait mâcher des mots, les leurs, sucrés-poivrés. Il voyait par leurs yeux, touchait sur leurs conseils, marchait à leur pas. Il fallait les chasser.

Ils partirent tristes, sans comprendre.

– Toi avoir bouderie. Toi regretter. Bois mauvais au Blanc tout seul. Moi au moins rester.

Côme s'agaça. L'odeur sure de Ticuna l'insupportait. Il faillit être brutal.

– Je vous rappellerai. La ville vous manque sûrement. Allez.

– Toi parole pour Lézarde ?

– Non.

– Toi bête malade. Toi fumer trop. Moi rester.

– Non.

Il dut charger lui-même les mules, convaincre Noria d'accompagner André, marcher avec eux jusqu'à la pirogue que la pluie avait quasi remplie.

– Bateau pourri. Nous pas pouvoir.

Côme vida le canot, leur donna la main. Les Géants, masque de bronze, regardaient loin au-dessus de sa tête. Il se retint de rire.

– Chez moi à la mauvaise saison les ours hibernent. Ils dorment dans leur tanière. Ils ressortent au printemps.

– Ici pas ours, pas printemps. Pluie, soleil. Toujours chaud, pas besoin dormir. Toi plus vouloir nous.

– Allez.

Côme poussa la pirogue.

Seul. La Lézarde lui avait envoyé un garçonnet muet qui le servait avec la discrétion d'un chat. Il couchait dans l'appentis, avec les outils, ne mangeait que des fruits et restait des heures à guetter les poissons dans la crique. Côme ne le remarquait pas. Seul. Jusqu'à la nuit il courait le bois, il courait le marais. Traques obstinées, patients affûts, tous les sens aux aguets. Il avait racheté au bonhomme André deux chiens jaunes à queue courte. Trois semaines d'affilée il essaya de les dresser pour la chasse. Le sol détrempé ne fixait pas les odeurs. Il battit les chiens, qui s'enfuirent. Maudit la Guyane. Les chiens revinrent. Il ramona sa pipe, regarda l'opium fondre, tira son fauteuil de bambou sur la terrasse. Pensa au Sourd André, vieille face rose tremblante d'humanité, le confort c'est ça qui pose l'homme, si, si, je vais t'installer une moustiquaire comme la mienne, il faut que tu sois bien ; vieux cœur sevré de regards et de mots, pourquoi tu nous veux plus ? on ne chasse pas son frère, et Noria ? vrai ? je me la garde ? brave lippe émue sous la moustache mitée, sa main embarrassée, tapotis, tapotas, les oreilles cramoisies. Côme s'était reculé pour éviter l'accolade.

– Tu planteras quand la pluie aura cessé. Ici, le temps coule plus lentement qu'ailleurs. En vieillissant j'y ai pris goût. Toi aussi, tu t'y feras.

Il est des êtres qui se plient, qui se moulent, serviteurs, parasites, il en est d'autres qui à ce qu'ils côtoient brûlent d'imprimer leur marque. André s'était résigné, remodelé. Côme au bout de quelques semaines fulmina. Son carbet était achevé. Ses champs inondés grouillaient de crapauds, ses chiens refusaient de chasser. Il avait des provisions en suffisance, il dormait au sec, rien ne le menaçait. Où qu'il portât ses yeux, la vie se déroulait sans lui. A l'image de la pluie la forêt se faisait et se défaisait, mourante et vivace, neuve, mûre, pourrie en quelques heures, inlassablement recommencée. L'air moite et douceâtre liquéfiait toute chose, la végétation suait, verte et noire, jaune et rouge, languide, somnolente. Tapis au creux des troncs, les oiseaux oubliaient de crier. Côme se rongeait d'impuissance. Pour tromper l'ennui il passa plusieurs nuits à épier les insectes qui selon un tracé immuable, cent fois contrarié, cent fois rétabli, grimpaient le long des pilots, se faufilaient par les fentes du plancher et se hâtaient, crissants d'excitation, jusqu'au garde-manger. Il suspendit la viande et les poissons séchés dans une cagette. Les bestioles coururent tête en bas, dévalèrent le filin, cohorte enthousiaste et feutrée, fouillis de pattes et d'antennes véhémentes. Côme brûla de l'encens, de l'essence, de la résine, des feuilles nauséabondes. Momifia ses denrées. Les fumées ni les linges ne déroutèrent les obstinés. Il renonça, et à mesure que coulaient les semaines s'apprivoisa à faire pot commun avec eux.

Si peu pour occuper son corps, son esprit, son feu. Un soir qu'il fumait en regardant les bouquets de palmes, au pied du carbet, pleurer sous la pluie molle, il songea à la Lézarde. Ses longs doigts, sourire lunaire, ne me regarde pas. Il serra le châle dont sans y penser il avait couvert ses épaules. Frissonner, ici. Sous ses tempes palpitait une étrange musique, il se sentait le sang pâteux, le corps usé. Il s'allongea, enlacé par des bras tendres et froids. Voix murmurantes à son oreille. Il tremblait, avalait sa salive avec peine. A la prochaine lune il entamerait son sixième mois en forêt. Machinalement sa main droite chercha, à l'annulaire gauche, la chevalière. D'un sursaut il se leva. Se recoucha. Autour de la lampe qu'il n'avait pas soufflée s'affairaient des légions de moustiques, ivres du sang si proche, de sentir là, au bord du halo lumineux, sous le voile qui la dérobait, la proie exquise. Par la fenêtre entraient des bouffées fades, écœurantes et tout ensemble si douces qu'elles conviaient à une mort paisible, lente décomposition des chairs et de l'âme. Côme grimaça. Tira sur lui le drap. Lissa l'étoffe rêche et froissée, pli perdu des lits d'antan, dans la grande chambre bleue. Posa ses mains bien à plat, ne pas sourire de soi, ne pas gémir non plus, la fièvre brouillait ses perceptions, du fond de la pièce les ombres venaient vers lui, l'enfance lui remontait aux yeux.

Le petit fouet, là, sous le tabouret où il posait son livre. Corne, ivoire et cuir fauve bagué d'argent, le chiffre finement gravé, mangé par l'usure. Une femme au milieu de la pièce nouait sa cravate de chasse, sobre foulard de soie crème, le nœud s'écrasait comme une fleur sous la paume, la femme s'approchait du miroir. Côme! choisis une épingle dans ma boîte brune, veux-tu? Elle lui tournait le dos. Ni grande ni petite, charpentée, massive sans lourdeur, les mains courtes et carrées, la nuque très blanche sous l'épais chignon sombre, le cou fort. Elle se retourna. Le costume d'amazone, un peu serré, soulignait des hanches et des seins qui exprimaient une robuste santé plus qu'une féminité sensuelle. Elle vint contre les genoux de Côme, haussa le menton pour qu'il piquât la fine broche d'or ornée d'un croc de cerf. L'œil très bleu, un peu rond, brillait d'une joie impatiente. Elle pouvait avoir trente-cinq ans. Les lèvres charnues à demi retroussées, elle retenait un sourire.

– Mon fils, quel jour sommes-nous?

– Le 8 août 1843. Samedi.

– Qui est jour de votre anniversaire. Ouvrez le premier tiroir de ma grosse commode.

Côme sortit de l'étui de peau le précieux fouet de chasse. Rougit. L'amazone éclata d'un grand rire, sept ans mon fils, vous voici homme, votre poney vous attend, allez vous préparer, aujourd'hui vous chevaucherez contre ma botte.

Côme chercha à tâtons la gourde d'eau qu'il suspendait à la crosse du fusil racheté au Sourd André, le vieux fusil de corsaire accroché sur le mur au-dessus de son lit. Pas de gourde. Épuisé, en sueur, il se retourna, et poussa la porte de la bibliothèque où son père se retirait chaque après-midi pour travailler sur des manuscrits anciens que la cousine Marie-Osmonde, une lettrée aux yeux jaunes, déchiffrait avec lui. Le comte, à genoux sur l'escabeau d'acajou blond, fourrageait du menton sous des jupes retroussées. Marie-Osmonde passait chez les parents de Côme tous ses étés. Elle détestait les bals, la société des bains de mer, la musique avant souper, les propos convenus, et plus généralement tout ce qui fait l'ordinaire d'une jeune fille du monde. Elle était orpheline, gracieuse, la taille et la gorge idéales, d'esprit fantasque, avait du bien et méprisait ses nombreux prétendants. La tête de Côme dépassait à peine le dossier du gros fauteuil, juste devant la porte. Il resta là, à contempler le chef déplumé de son père enfoui dans tout ce linge, dodelinant à peine, comme en prière, tandis que les mains en bêtes pressées s'affairaient le long des cuisses, repoussant les dentelles, courant sur la peau nue. Marie-Osmonde, les reins et les épaules calés contre les rayonnages, les yeux clos, murmurait des secrets ravis. Sa main droite, qui chiffonnait un mouchoir, remonta jusqu'au corsage plissé, dénoua les rubans, fine batiste, satin virginal, et dégageant un sein le pressa doucement. Les doigts du comte se crispèrent près de l'aine, forcèrent le bassin à se cambrer. Marie-Osmonde gémit. Entrouvrant les paupières, elle balaya la pièce d'un regard vague. Qui s'arrêta sur Côme, toujours piqué derrière sa bergère. Se précisa, intense, aigu. Les yeux plantés dans ceux de Côme, la jeune femme prit la tête du comte, la releva et l'attira vers sa bouche. L'enfant à reculons sortit.

Sa mère rentra tard de la promenade. Il la suivit dans ses appartements.

– Appelle-moi Fauvette et ne reste pas là, je dois me changer.

– Je tourne le dos.

– Attends-moi à côté.

– Mais je ne regarde pas!

Il se glissa derrière les lourds rideaux brochés. La comtesse retint un geste d'agacement.

– Maman, aimez-vous Marie-Osmonde?

– Elle a du piquant.

– Elle viendra l'été prochain?

– Sans doute.

– Même si Père n'est pas là?

Entre les franges bleues il vit sa mère plisser le front.

– Maman pourquoi n'ai-je pas de frère? J'aurai bientôt onze ans. Père ne veut-il pas d'autre enfant? Et Marie-Osmonde, pourquoi elle ne se marie pas?

– Tu es allé dans la bibliothèque après le déjeuner?

– Oui.

– Tu y as vu ton père?

– Oui...

– Tout à son étude, n'est-ce pas, et fort absorbé?

– Oui...

– Merci Fauvette, allez.

La soubrette s'éclipsa. La comtesse posément acheva de poudrer sa coiffure.

– Côme, le mariage n'est pas une affaire d'amour, encore moins une affaire de plaisir. Ton père m'a prise pour mon argent, et parce qu'en échange de son nom, qui me sauvait du mien, je lui ai promis un fils. Il avait à l'époque des attachements. Après ta naissance j'en ai eu quelques-uns, moi aussi. La nature le veut ainsi, il n'y a pas de quoi s'en effaroucher. Il sert de se tenir, pas de se contraindre. Je ne plais pas à ton père, et il sait que je ne l'estime pas. Mais nous nous entendons fort bien. Il gère ma fortune, ses amitiés et ses ambitions à sa guise. Avant que tu sois majeur il nous aura ruinés, et aussi déconsidérés, à force de tourner casaque à chaque changement de régime. Il m'importe peu. Le pouvoir, l'argent et les fièvres de jarretelle m'indiffèrent. Je laisse ton père à ses hochets, et il ne s'enquiert pas de mes journées. C'est la sagesse des gens du monde, mon fils, elle cause moins de tort que certaines passions. Écoute-moi, Côme. Je t'ai fait mâle et je te veux fort. Ne compte jamais que sur toi-même. N'attends rien de ton père et le moins possible de moi. Juge, mais ne parle qu'à bon escient. Ce que tu veux prends-le, ce qui t'importune jette-le. Vis comme je t'enseigne à chasser. Sois vigilant, prompt, pèse ton désir, pousse-toi jusqu'à ton terme, ne baisse jamais le front. Maintenant va t'habiller pour le souper, nous avons du monde.

Quelques mois plus tard, en descendant de cheval sa mère s'était attardée contre l'épaule de M. de Tallé, qui lui offrait obligeamment la main. Ses yeux s'étiraient vers les tempes, et sa bouche se creusait d'un pli que Côme ne lui connaissait pas. Tallé, qui était grand et moustachu, lui parlait à l'oreille. Elle souriait d'une manière férocement gourmande. En regagnant la sellerie elle frôla Côme, et dans un mouvement de joie animale elle le happa et l'embrassa comme on croque un fruit. Le soir elle devait aller écouter *Médée*, à l'opéra. M. de Tallé patientait devant le perron, dans la voiture attelée. Elle descendit l'escalier en robe rouge rebrodée de perles, le visage lisse. Côme, raide et un peu pâle, l'attendait au pied du degré. Elle s'arrêta devant lui, juste quelques secondes. Vois mon fils, et sois à mon image. Côme cassa une pivoine cramoisie et la lui passa dans la ceinture.

La moustiquaire ne le protégeait plus. En remuant, soubresauts inconscients, ses membres dansaient une gigue indécente, Côme l'avait déchirée tout du long, plaie offerte, voie du sang, les suceurs à la curée se pressaient.

Insoucieux des piqûres, le visage en sueur, Côme caressait sa main gauche, sa main nue. La main de sa mère sur le drap ajouré, si semblable, mêmes ongles courts, même pouce spatulé, large paume, muscles saillants. Le chapelet en or et nacre, frêle entre les doigts carrés. Côme ne l'avait pas vue tomber de cheval. Ni crier au-dedans quand on l'avait portée dans la charrette, lèvres pâles, face convulsée et corps arqué. Rester digne. Ni mourir devant tant d'hypocrites assemblés. Trente-neuf ans. Côme près du lit tordait le petit fouet de chasse. Devant les lamentations bruyantes lui vint un dégoût des larmes que ses proches prirent pour de l'indifférence.

– Que voulez-vous, il ne la voyait guère. Toujours dehors, elle ne rentrait qu'au soir.

– Il ne l'aimait pas, je vous le dis. Cet enfant-là n'aime que les chevaux et les chiens.

– Tout de même, à douze ans...

Côme demanda à partir en pension. Le comte l'envoya chez les maristes d'Annecy. Le dortoir par la lucarne du bout donnait sur le lac. Côme y guettait le départ des barques dans la brume, fumerolles paresseuses, caressants fantômes qui se lovaient autour des mâts. Partir avec les pêcheurs, clapots sur la coque vernie, parfum frais de l'aube, aigre piaillement des mouettes, le pain à l'orge en silence partagé, la tomme blanche qui picote sous la langue, le vin sec, pâle, couleur d'horizon. A mesure qu'on s'éloignerait de la rive la lumière prendrait corps, le dos des montagnes sortirait de la brume, on gonflerait ses poumons et on ramerait vers le soleil. Une nuit Côme passa le haut mur du couvent, et par les ruelles capricieuses, humbles façades penchées, pignons et tourelles complices, le pavé fleurait la vase séchée et le champignon, il courut jusqu'au port. Le lac de lait palpitait entre les seins noirs qui le bordaient vers l'est. Il se recroquevilla dans son paletot, il avait oublié son béret, s'endormit en grelottant, genoux nus bleuis de froid, culotte et veste noires, messieurs brossez votre uniforme, toilette au baquet mercredi et samedi, linge changé le dimanche, gymnastique en caleçon, de la constance messieurs, messe tous les matins, del Prato vous chantez faux, confession et coiffeur vendredi après l'escrime, le crâne ras dissuade les poux, lever à cinq heures, coucher à sept, messieurs si vous vous tripotez on vous mettra la camisole, del Prato baissez ces yeux de busard.

Les pêcheurs, moustache givrée et bonnet bleu, secouèrent Côme. Les doigts et l'âme gourds, la bouche raidie, alors garçon on fait la fugue ! tu préfères nos sirènes aux curés ? faut rentrer petit gars, tu vas prendre mal et nous on veut pas d'histoires ! Côme sortit quelques pièces de ses poches et leur tendit sa montre. Ils l'emmenèrent.

– Tu feras l'appât, mais chez tes noirauds tu parleras pas de nous !

Côme supporta les verges, le pain sec et les sermons avec un détachement qui dérouta les bons pères. Ils l'enfermèrent au verrou dans l'appentis qui jouxtait le dortoir des petits. Côme y dénicha un échiquier et se déclara parfaitement satisfait. On le rendit à sa chambrée. A la lune montante il retourna au lac. Les privations et les coups le trouvaient impassible. Le pli narquois sur ses lèvres s'accusait, et aussi ce reflet de métal, dans son regard, qui mettait le supérieur mal à l'aise. On eût volontiers renvoyé cet élève embarrassant, mais il montrait à l'étude la mémoire et l'agilité du diable, l'effort ne le rebutait pas, et en toute occasion il affichait une politesse froide qui n'offrait aucune prise. On ne lui connaissait ni affection, ni faiblesse, ni vice. Insaisissable. Et puis son père envoyait aux étrennes une somme dont le couvent engraissait ses aumônes. Dans la chapelle restaurée sur ces fonds, un des prie-Dieu du premier rang, côté droit, portait le nom de del Prato. Au cas où le généreux donateur se fût piqué d'une fantaisie de visite.

Noël, Pâques, fête de saint François, remise des prix, la place du comte restait vide. Côme passait toutes ses vacances à Cernaz, chez la tante de son père, Savoyarde d'ancienne souche qui vivait seule dans une maison forte piquée sur les pentes à l'ouest d'Annecy. Quatre tours rondes adossées à une ferme, des arbres robustes, des couleurs sombres et acides, la montagne au-dessus, en face, partout, familière et oppressante, âpre et grandiose. La tante Edmée ressemblait à sa maison et à son pays. Bourrue, méfiante, parcimonieuse, fidèle, rebelle à toute autorité hors celle de Dieu et de son évêque, le regard et le cœur à l'image des torrents qui entaillaient ses terres, clairs, froids, et dans leurs détours émus d'une tendresse de soleil. Chez elle on comptait le pain et les caresses. On priait longuement, les genoux sur le bois nu, dans la chapelle sans feu. On taillait les framboisiers, on encaustiquait les selles, on pêchait les écrevisses à la main, on barattait un beurre savoureux, on cuisait des châtaignes dans l'âtre énorme. Neveu et tante, toujours seuls. La maison fleurait la cire, le silence, la pierre humide et la fleur d'oranger. Les mâles de la famille y mouraient tôt. Leur veuve en vestale attisait leur souvenir, vivant en homme pour que du maître à la maîtresse le voisinage ne perdît pas le respect. Levée avant Juliette, sa servante, la tante Edmée depuis trente ans se lavait à l'eau froide, assouplissait ses membres, buvait un thé sans sucre et jetant une cape sur son vêtement de nuit sortait visiter les chevaux. Elle les montait elle-même tous les jours, le vieil anglo quinteux et la poulinière que son mari avait chérie comme une maîtresse. Une heure chacun, le tour des métairies, et s'ils toussaient ou boitaient elle les frictionnait au camphre et les bandait de ses mains. Ses fermiers la saluaient bas, et fâchés de l'admirer grommelaient derrière son dos. Dans les pays rudes on n'aime qu'à contrecœur. Cinquante-sept ans plus tôt, lorsque le brandon de la Terreur enflammait les provinces, les aigris du village avaient porté le feu au château où vivait alors le frère aîné d'Edmée, un évêque doux et modeste qui n'avait jamais prêché que la concorde. Le saint homme avait perdu la vue dans l'incendie et s'était retiré à Annecy. Cernaz était resté à l'abandon jusqu'au mariage d'Edmée, qui, désireuse d'engendrer ses fils dans le lit où elle était née, s'y était installée. Le couple était resté stérile, mais, pierre à pierre, il avait fait remonter les tours.

Côme aimait cet endroit, et le baiser unique, piquant d'un duvet négligé, que la tante lui plantait sur l'oreille à l'heure de dormir. Elle posait d'un air distrait le verre de tilleul sur la cheminée, et glissait deux livres craquelés dans le creux de la courtepointe. Elle toussotait en traquant les araignées dans le rideau.

– Ne crois pas que je veuille te gâter. C'est pour la santé du corps et de l'esprit. Il n'y a pas de sucre dans le lait. Juste du miel. Laisse ta fenêtre ouverte et ne t'avise pas de tousser demain. Si la vie des saints t'endort avant la dixième page, prends les contes, Dieu ne t'en voudra pas.

Il n'osait la remercier. Elle toussait encore, honteuse de s'attarder, silhouette sèche dans l'embrasure de la fenêtre, sobre robe taupe ou feuille morte, la jupe ample, le corsage ajusté, le châle en pointe dans le dos, un chapelet et un mouchoir brodé passés dans la ceinture, le lorgnon et la lourde croix d'or autour du col, le chignon bas serré dans une résille noire. La main sur la poignée, elle inspectait son neveu d'un œil qui se voulait sévère, tête ronde, les cheveux repoussaient en brosse, la mâchoire et les pommettes dures, le regard de loup qu'elle affectionnait. Côme rougissait, gêné de se sentir enfant, tout petit garçon chéri d'une vieille à la tendresse râpeuse, sur un haut lit de chêne à baldaquin mité, le corps douillet dans le creux chaud laissé par la bassinoire, les orteils griffant le lin encore raide d'amidon, les poignets et le cou prisonniers de la chaste chemise de nuit, la nuque noyée dans les oreillers de plume qui sentaient la lavande et la volaille en émoi. Sous la charpente, le chat-huant commençait sa ronde, inquiétant pas d'homme ivre, lourd, chaloupé. Il marcherait une heure avant de prendre son vol. Neveu et tante tendaient le cou vers le plafond. Se souriaient.

– Au printemps prochain, si les pères te laissent sortir, je te montrerai les petits. Ils gîtent contre la trappe du grenier, un gros nid de branchages. Tâche de ne pas être puni, d'habitude ils sont au moins quatre. A demain mon garçon.

La tante Edmée mourut la veille de Pâques. On l'enterra auprès des siens, six générations sous la pierre rongée de mousse, dans le petit cimetière qui coiffait le village. Depuis la tombe le regard dévalait entre les lacis d'arbres frais jusqu'à la saignée sombre de la vallée. Des pentes veloutées d'herbe jeune montait une buée douce, soupir d'aise de la terre sous le premier soleil. Les cousines, les voisins semblaient pressés. La collation rituelle les attendait au château. Côme aurait voulu leur emplir la bouche de cette glaise dont les fossoyeurs comblaient le trou. Ils revinrent à pied, et sitôt le seuil de la maison passé commencèrent de boire à grand bruit de chaises et de regrets. Cernaz envahi, violé, sentait l'absence. Une odeur frêle, sure, mélancolique, un odeur de lichen, d'abandon. La vieille Juliette, réfugiée au fond de la remise aux fromages, se mouchait dans son tablier. Côme, l'âme chavirée, monta à l'étage, ouvrit une à une les portes. Les referma sur le meilleur de lui-même. Bonne nuit ma tante. Le chat-huant sûrement irait nicher ailleurs.

Le jour de ses quinze ans, 8 août 1849, Côme reçut de son père une bourse et une lettre. L'argent pour qu'il commandât au tailleur du couvent des pantalons longs, et l'épître pour lui annoncer le remariage prochain du comte. Suivit une voiture, chargée de ramener le jeune Monsieur à Paris. Son père l'attendait sur le perron. Rue Saint-Dominique, toits à la Mansart, sa défunte mère avait apporté en dot l'hôtel, les chevaux et les domestiques. On lui tendit une main à baiser, en trois ans vous n'avez guère grandi mon garçon, enfin vous voici, allez donc vous changer, que nous puissions causer. Ils parlèrent à peine. Maxime del Prato fumait un long cigare, interminables doigts pâles, la lèvre avancée puis crispée par un tic, prenait et replaçait un livre, changeait la fleur à son revers.

– Je vous ai peu écrit, je sais. Mais j'avais la tête en cent lieux à la fois. Ces troubles qui ont amené la République, vous en avez ouï quelque chose sans doute. Une vraie révolution, tous nos amis au bas de leur fauteuil, mes affaires gravement compromises. Un désastre dont je ne me suis relevé qu'à grand effort de visites et de promesses. Je songeais à vous, croyez-le, et je me félicitais que vous fussiez loin d'ici.

Côme fixait les roses du tapis.

– Vous avez un habit, j'espère. J'ai commandé d'atteler pour sept heures. Après le spectacle, nous prierons ma fiancée à souper.

Côme leva le nez. Le comte arrangeait les potiches sur la cheminée.

– Elle vous plaira. Elle a quelques années de moins que moi, et un air effronté qui m'enchante. Ses parents sont peu de chose, des manières de commerçant enrichis, mais fort influents dans le nouveau régime. Le père est épris de moi plus que sa fille, une vraie toquade. Je n'ai pas dit non. La petite n'eût pas manqué de partis, elle a du chien et des espérances, mais elle se nomme demoiselle Grosse, ce qui prête à rire, et un galant peu scrupuleux lui a ravi ce qu'une jeune fille doit offrir à son mari le soir des noces. Le père me la donne avec son appui pour me remettre en selle, et le marché comme tel me convient. Je l'épouse samedi.

Vingt ans, et le comte approchait la soixantaine. La peau transparente, qui laissait voir les veines, la taille souple, des boucles châtain relevées en pouf, des gestes travaillés, dans sa robe à peine échancrée, Séverine Grosse jouait les débutantes avec des mines de courtisane. Sans cesser de surveiller son promis, elle riait hors de propos, renversait le cou, baissait languissamment les paupières. Au sortir de la loge elle coula sur Côme un de ces regards qui disent venez, violez-moi, prosternez-vous. Côme ne connaissait du désir que les élans brusques et joyeux des petites Savoyardes culbutées dans le foin, mais il entendit fort bien ce discours-là. Il suivit Séverine jusqu'aux cabinets des dames et, la tirant dans le pli d'un rideau, l'embrassa. Elle le mordit.

Le lendemain des noces, les nouveaux mariés partirent pour l'Italie. Côme, remis à la garde des jésuites de Passy, ne revit Séverine qu'à l'été 1852, en Sologne. Elle avait épaissi, et, ne sachant comment occuper son temps, s'agaçait d'un rien. Enfermée tout le jour elle essayait des toilettes, des coiffures, et descendait au salon à l'heure où les premières voitures se rangeaient devant les écuries. Quand on ne recevait pas ses voisins on se rendait à dîner chez eux. Les convives et les conversations, pêche, chasse, avènement de Napoléon III, rendement des terres, soucis de domesticité, bons vins, se transportaient d'un château à l'autre. On ne changeait que les robes et les bouquets. Séverine montrait sa gorge et buvait trop. Les messieurs frémissaient en la frôlant. Côme, fort de son diplôme de bachelier et d'une science fraîchement apprise dans les bordels parisiens, observait. Rassemblé comme un cheval à l'obstacle, il ne songeait pas au-delà d'une convoitise qui se précisait peu à peu. Séverine, ses minauderies et ses froideurs tactiques, Séverine qui le piquait plus qu'elle ne le troublait, la voix trop haute, les poses apprêtées, ces demoiselles-là méritent qu'on les rudoie, la bouche saurait gémir et le corps plier sous le poids qu'il appelait. Séverine qu'il volerait au comte. Marie-Osmonde, M. de Tallé, ce qui s'offre doit être pris. Maxime del Prato, aussi peu occupé de son fils que de sa femme, ne remarquait rien. Soucieux de pousser ses pions auprès du prince empereur comme il l'avait fait auprès de Charles X, Louis-

Philippe, et des ministres de l'éphémère République, il brûlait de rentrer à Paris. Il reviendrait à Buzé pour les premières battues.

Côme, sur le perron, suçotait sa salive, rêve de vinaigre, baiser à portée de désir. La voiture de son père dépassait le dernier tilleul, à vous revoir Max, je prendrai soin de vos biens. Le soir même il força la porte de Séverine. Ils se giflèrent avec des mots durs, elle griffa, pleura, et se donna avidement en jurant qu'elle ne l'aimait pas. A l'automne elle était enceinte. La cameriste parla. Le comte convoqua Côme.

– J'ai peu à vous dire. Il semble que ma femme soit grosse de vos œuvres. Je pourrais vous tuer, je préfère sourire de l'aventure. Vous avez bon goût, et du sang, je ne peux vous en blâmer. Au moins aurai-je ce deuxième enfant que votre mère m'a refusé. Je n'ai jamais aimé Séverine que comme un bonbon, et son père ne m'est plus utile. Néanmoins je ne puis vous la laisser. Ce serait embarrassant, vous me comprenez. Vous irez chez nos cousins, près de Gênes, ils trouveront à employer votre fougue.

Côme crut souffrir dans sa chair, et s'étonna de ne pas pleurer. Il écrivit à Séverine, qui ne répondit point, trompa sa fièvre avec une Italienne qui lui ressemblait, compta les jours, compta les nuits. Six mois après son départ, il reçut un billet :

Fausse couche. Pouvez rentrer. Elle au mieux. Vous a remplacé. Condoléances. Max del Prato.

Côme, nu sur son lit souillé, Cayenne mai 1873, le grand bois se venge de ceux qui ne se soumettent pas, la fièvre rongera le blanc de tes yeux, je méprisais mon père, j'ai bradé son nom, mourir ici, Halloir, qui connaît Halloir ? la chasse est ouverte, et je ne laisse pas de fils. Renégat. La meute sous le carbet hurlait, sonner les abois, plus de souffle, la trompe lui mit un goût de sang, un flot de sang dans la bouche, il cracha, le cerf acculé bramait, langue raidie, les yeux renversés, deuxième tête jeunement, au bout des bois brillait une bague, que vous reste-t-il pour cacheter votre vie ? Maxime del Prato bras tendus marchait vers lui, chauve et jaune ainsi qu'au jour dernier. Côme vous veillerez au cercueil, du vieux chêne, du vieux chêne de chez nous, marchait vers lui, plus près, levait la main gauche pour le gifler, l'annulaire tranché contre la paume, blessure fraîche, saignait encore, le comte prit Côme au cou et serra. Serra.

Il ne pleuvait plus. Cliquetis, claquements secs, craquements brefs, grincements nets. Le règne du flou, du glissant, du visqueux, bruits mats, feutrés, indécis, l'ère chuintante susurrante, salivante, tous les alliés du glauque, sombre ventre, caverne moite, s'étaient coulés dans la nuit sans laisser plus de trace qu'une limace sur une feuille. La lumière glissée des volets mi-clos tremblotait, risquait un tentacule vers le fauteuil, une petite Négresse aux seins nus tirait le rideau. Agenouillée contre le haut lit de bois peint, le front ému, Rose essuyait les tempes de Côme.

– Viens donc l'éventer, il bouge.

Les images déchiquetées couraient sous les paupières de Côme, insectes affamés, et s'ils me dévoraient, les traits las de Rose au-dessus de lui, Rose dont je n'ai pas voulu, le bordel de la Crique, première nuit, chair de papaye noire, l'odeur de musc et de plaisir, le carbet, moisissure, le grabat chaviré, centaines de pattes sur sa poitrine, sur sa bouche, la lampe muette, la forêt ivre d'eau, obèse, lubrique, le serrait, le pressait, roulé, palpé, nu rampant sur le plancher, les échardes dans les genoux, plus d'air, une liane aux yeux fauves collée à ses lèvres lui suçait la vie, Côme, Côme, des étoffes douces, ce parfum.

Lentement il porta les mains à sa tête, les bras lourds à pleurer. Caressa, reconnut.

– J'ai dû te raser le crâne, tu t'arrachais les cheveux par touffes. Ouvre les yeux.

La Lézarde lui prit les pieds, les massa lentement.

– Tes chiens t'ont cru mort. Ils sont retournés chez le Sourd André. Qui s'est inquiété, il t'aime, le vieux, il t'aime mieux qu'un frère, mieux qu'un fils, il t'admire, et je ne sais quoi d'autre. Il est allé voir, il t'a trouvé déjà à moitié pourri, ton carbet envahi par les bêtes, et il t'a ramené sur son dos. Le reste, c'est moi. Tu es ici depuis neuf semaines. Bonjour...

Côme sourit, et se rendormit. Il dut attendre encore un mois avant de marcher normalement. La Lézarde le veillait, mère, amante, déesse, insondable et sereine.

– Pour ta concession ne t'inquiète pas. Les Géants ont fait le travail, neuf hectares plantés, deux tiers canne, le reste en manioc, bananes, légumes et café. Tu verras, ici la nature est pressée, les plantes mûrissent tôt, comme les femmes. Gorge d'Amour t'achètera le tout dès la première récolte. La canne à sucre il s'en occupe aussi, il est le prince du tafia. Il te cuisinera le meilleur rhum de Cayenne. Maintenant guéris vite, mon loup gris, les terres finissent de sécher. C'est la période bénie des chasseurs. Si tu veux piéger ces messiers de la Tentiaire et les gros fusils de la région, il faut remettre tes bottes. Je t'ai chauffé quatre habitués, des bonnets blancs qui te seront utiles. Ticuna t'attend. J'ai des chiens d'arrêt, des jeunes, dont tu seras content.

Côme pour sa première chasse emmena le commandant du camp, son second, le directeur de l'hôpital et le frère du préfet. Un peu raides, le regard de biais, un déporté tout de même, et introduit par une maquerelle. On partit dans la nuit noire. Ticuna, goguenard, déboucha les gourdes de ponche et passa des petites timbales en argent. On admira. On but. On devait marcher quatre heures. On but encore. On se détendit.

Au lever du jour le commandant tenait Côme par le coude. Ticuna leva la main. Les larges prairies tavelées de marécages s'étiraient jusqu'à l'horizon, pâles et muettes dans la lumière indécise. Les bêtes se taisaient, bref coma annonciateur de l'aube, à l'instant où les premiers rayons grifferaient l'herbe jaune la nature retrouverait son souffle.

– Ça savane, beaucoup gibier. Ça *pri-pri*, méchant marais. Pas marcher seul. Encore inondé, beaucoup reptiles. Laisser faire chien et Ticuna. Monsieur Côme a dit prochaine fois chasser quatre pattes, chasser hocco, chasser caïman, tamanoir, agouti et cochon patira. Biche aussi. Aujourd'hui chasser oiseau, tirer en l'air seulement. Monsieur Côme a dit.

A dix heures du matin ils avaient abattu assez de bécassines, de bécasses et de râles pour donner un banquet à la bonne société de Cayenne. La chaleur devenait opaque. La terre fumait, crissait, sifflait. A chaque pas on croyait déloger un serpent. Côme persuada le commandant de se replier dans la case du nègre Zino, vingt planches et un toit de tôle qui permettraient d'attendre à l'abri que décrût le soleil. Ticuna déballa hamacs, moustiquaires, provisions, et installa ces messieurs Blancs avec des précautions de nourrice. Le commandant, dont la tunique, les bottes, le casque et la moustache s'ocellaient de poussière rouge, s'amusait comme un enfant.

– Savez-vous, Halloir, en quatre ans que je suis en poste je n'ai pris tant de plaisir. Ce n'est pas pour le gibier, ici on tue toujours quelque chose, mais je ne sais comment vous dire, vous avez une manière, une manière... Enfin. Bref, je suis content qu'on vous ait envoyé chez nous. Bien content. On va se faire une sortie par semaine, je vous amènerai des gens.

Toujours les mêmes. Cayenne réservait peu de surprises. En deux mois, Côme connut tout ce qui comptait en ville. Une dizaine de fonctionnaires de l'Administration pénitentiaire, soufflés de suffisance et d'ennui, deux médecins alcooliques, un avocat, le préfet, ses proches, les satellites du gouverneur. Plus l'aristocratie créole, le maire, ses frères et ses oncles, deux autres médecins, un armateur et quelques gros propriétaires terriens. Ceux qu'il ne menait pas à la chasse, il les retrouvait le mardi et le jeudi autour d'un billard ou d'une table de jeu. Cartes noires, boules blanches, ces soirs-là on ne songeait pas au teint de ses ancêtres. On était entre hommes. Riches, satisfaits. Boules noires, cartes blanches, on devisait en gens posés, on buvait sans honte, on retournait ses poches, qu'importait, on avait de quoi, et à mesure que tournaient les aiguilles on réveillait les confidences de cuisse et de trafic. On se comprenait. Côme posséda vite les ficelles de ce monde-là. Les cercles masculins diffèrent moins par les propos qu'on y tient que par le ton et le décor. Côme en trois séances ajusta son personnage, homme d'action et de culture, bousculé par le sort mais point abattu, résolu à refaire sa vie en Guyane et déjà familier du pays. Il parla finance, agriculture, fret, musique, politique et alcôve, tint la banque avec entrain, étonna par sa virtuosité au billard. Séduire sans y paraître. S'imposer sans inquiéter. De son ambition il ne montra que le versant positif, j'ai quelques connaissances, si je puis un jour vous être utile, oui, je m'installe, oh modestement, enfin qui sait ce que l'avenir réserve, vos conseils me seraient précieux, à vous la main, mes amis sont rarement mécontents de moi, comment? certes j'étais marié à Paris, mais la vie coule et les femmes d'ici ont un déhanché... je passe, merci, pour ce que vous pensez je suis bien introduit, d'ailleurs si cela vous était agréable...

La Lézarde, à qui il rapportait minutieusement ces conversations, riait à dents de lune, lisses et luisantes dans la pénombre.

– Bientôt ils te mangeront dans la paume. Comme les autres, n'est-ce pas, fils du diable, mon loup gris! Cette façon que tu as d'accrocher les gens à tes mots, à tes yeux, et tous ils te veulent. Apprends-moi.

– Tu sais déjà.

Elle se glissait contre lui, longue, tiède, rondeurs ambrées. Jouait avec ses doigts.

– Mon premier a nom Eliane, seize ans et la croupe bien fendue. Café léger, la bouche petite, très bien pour les soirées du préfet. Il a peur des Noires, le pauvre, elles ont trop d'appétit. Mon second est la sœur de Rose, âge inconnu, muette et vicieuse. A recommander aux hésitants. Tu essaieras mon troisième, qui devrait te plaire. Je ne t'en dis rien. Mon quatrième a ma taille, des seins comme des mangues et la peau cacao.

– Trop foncé.

– Détrompe-toi. Tu n'as pas assez fait parler tes messieurs. Ici on épouse les Blanches et on reluque les Négresses. Les vrais Blancs, ceux du continent, le bon Dieu doit se cacher les yeux de ce qu'ils font, et crois-moi, s'ils osaient ils feraient encore pis. Le Noir on ne le salue pas, à l'église on le laisse debout dans le fond, mais quand il s'agit d'acheter sa sœur on a moins de rigueur. D'ailleurs Blancs, Noirs, tout ça grandit côte à côte. On ne se fréquente pas mais on se connaît. Du palais du gouverneur à la Crique tu marches moins de dix minutes. Les nourrices, ces dames blanches les choisissent chez nous, belle Noire, belles mamelles, de la résistance mieux qu'une chèvre, les bambins elles les allaitent jusqu'à un an passé. Tant qu'ils ne parlent pas tous les enfants rampent ensemble dans le jardin, frères de lait, et la dame joue la marraine, c'est si joli un négrillon, elles font aussi des cadeaux à l'aînée, la grande sœur qui a des yeux d'abeille, et quand celle-ci grandit elles la prennent à leur service. Le mari touchote, le mari poussote. Ces dames se gendarment à peine, il faut bien que leur homme trompe l'ennui. Quand la fille tombe enceinte, on me l'envoie. Si elle est jolie, je la garde. Je connais deux vilains pécaris qui raffolent des ventres ronds. Les petites dont je t'ai parlé. Eliane et puis les trois autres, tes messieurs t'en seront obligés. Tu verras, ils t'en redemanderont. Les gros préféreront passer par toi. Ceux de la Tentiaire, le préfet. Plus discret. Leur position, leur femme. Ils n'aiment pas venir jusqu'ici, et choisir ça les met mal à l'aise. Tu verras.

Côme ne dédaigna pas l'office. Se rendit précieux. A mesure, on s'accoutuma à recourir à lui. Brouille, tracas d'affaires, sang chaud, dette de jeu, projet ambitieux, il trouvait toujours le conseil, le geste qui dénouait les fils et calmait les fièvres. Il devint indispensable, voyez Halloir, Halloir saura, un drôle d'homme, tend juste un doigt et vous arrange votre histoire, tripote sans se salir, un virtuose, des comme ça il faut les ménager, un mystère ce gars-là, depuis qu'il est en ville on se sent moins crispé, moins crispé vous ne trouvez pas ? et pour le coup de fusil pas son pareil, comment vous ne le connaissez pas encore.

Les pluies revinrent. Déjà un an. Côme les accueillit avec un mélange d'amusement et de résignation. Il guetta les urubus et les nègres Bosch, piqués au coin des rues, le cou tendu vers les nuées. Pareillement nus, noirs et fatalistes. Rit de se sentir complice, presque cousin. La Guyane devenait sa terre. Il avait loué une bicoque sur le bord du canal Laussat, côté Ville Blanche, qu'il prêtait occasionnellement aux solliciteurs en rut. Les Géants prenaient soin de sa concession, la Lézarde de ses relations, Ticuna repérait pour lui les territoires de chasse, Gorge d'Amour écoulait ses fruits, ses légumes et distillait un rhum exquis qu'il revendait grassement. Il passait la première semaine du mois dans son carbet, les deux suivantes à Cayenne, la dernière à battre bois et savane. Un an. Ses souvenirs Halloir se superposaient à ses souvenirs del Prato, madras vert et jaune sur velours rouge et or, sous le passé les bourgeons perçaient. Sa vie sortait de terre. Il n'avait aucune nouvelle d'Aimé.

– Tu aimerais passer Noël en Guyane anglaise ?

Côme leva le nez. La Lézarde souriait.

– Comment sais-tu ?

– Je devine tout. Et puis le second du commandant ne tient jamais sa langue. Il dit que tu lorgnes une place sur le prochain courrier, et que tu lui chauffes les oreilles pour qu'il t'aide.

– C'est vrai. Le drôle nous doit de l'argent. Il finira bien...

– J'ai blanchi son compte. Nous partons vendredi.

– Nous ?

– Toi tu vas jusqu'à Georgetown, moi je m'arrête à Paramaribo. J'y ai un galant, qui cultive le coton. Hollandais mâtiné de nègre Boni, un bel homme, que j'ai un peu aimé. Je m'arrêterai chez lui, tu me reprendras au retour. Je te ferai visiter la Guyane hollandaise, et nous rentrerons avec le bateau. Tu veux ?

La route on n'y songeait même pas. Hors le « tronçon du malheur », que les forçats empierraient de leurs os et qui progressait de moins d'un mètre par semaine, plus quelques sentes poudreuses qui reliaient Cayenne aux communes avoisinantes, Baduel, Montjoly, Montabo, le pays n'avait pas de voie carrossable. Les marchandises, les lettres et les personnes devaient transiter par la mer. Deux fois le mois, si le temps le permettait, la marine coloniale chargeait un bâtiment à vapeur de vivres, matériel agricole, médicaments, vaches et bœufs à l'anneau, animaux en cage, malles, meubles, chiens, singes, soldats goguenards, nègres ravis, nonnes de Saint-Paul de Cluny, pères jésuites, cantinières dépoitraillées, bagnards en transit, et après avoir interminablement fait chauffer ses machines mettait le cap sur les îles du Salut. Première escale. On débarquait des légumes, du vin, de la viande séchée, des toiles, un médecin. La chaudière sifflait. Le soleil déclinait. Cap sur Saint-Laurent, trois heures de traversée. Côté poupe, là où les paquets de mer n'osaient grimper, les passagers blancs et créoles s'abritaient sous une manière de tente, les dames assises de biais sur des tabourets cannés, un mouchoir sur le nez, les messieurs raides dans leur costume immaculé, attentifs à leurs chaussures luisantes, causant de riens essentiels et fumant beaucoup.

Dans l'aube trouble, l'embouchure du Maroni bâillait comme une gueule géante, haleine brumeuse, sirupeux baiser, les salives de la mer et du fleuve se mêlaient sans se fondre, parfum douceâtre, ambigu, les palétuviers s'enchâssaient dans la vase, gigantesques crocs immergés, chicots creusés de caries où dormaient les reptiles, la marée montante berçait l'*Alecton* qui soufflait, glissait, roulait à peine. Des bandes d'aigrettes blanches et bleues griffaient l'air pâle. Les sauriens, dérangés, plongeaient en ouvrant les mâchoires.

Côme, accoudé au bastingage, pensait à Aimé. Pénitencier de Saint-Laurent, de Saint-Louis, de Saint-Jean, forestier, marmiton, sarcleur, corvée au fond du bois, corvée au baraquement, la gamelle, la fièvre, les coups, où avait-il échoué, l'autre lui-même, le géant blond qui désormais portait son nom, ses fautes, son châtiment ? Côme s'étira. Pauvre dupe, qui à l'abattoir s'était laissé mener. Il sourit. A la prochaine escale, il veillerait à ne pas se montrer.

Le bateau resta deux jours au mouillage. Échangea sacs et passagers. Déchargea tonneaux et bêtes de labour. Remplit ses chaudières et redescendit vers la mer. A trente lieues au nord du Maroni s'ouvrait la rivière de Surinam. Mêmes berges frisées, nattées de végétation, sans un pouce de terre visible, mêmes oiseaux luxuriants et criards, mêmes troncs à la dérive, mêmes eaux brunâtres. Sur la rive gauche, à une vingtaine de milles de l'embouchure, Paramaribo étirait ses quais pavés et ses rues blanches. Dignes et souriantes façades, balcons ouvragés, corbeilles d'hibiscus. *Paramaribo*, champ de fleurs, disent les Indiens, prairie où dans l'ordre et la joie se fécondent les âmes droites, les âmes travailleuses, les âmes méritantes, où prospèrent dans un même élan vers le bien les cœurs purs et les bourses. La Lézarde en descendant à terre glissa sur la passerelle et se tordit le pied. Un métis de haute taille, vêtu et chapeauté à la mode des riches planteurs, jaillit d'une calèche couverte et la prit dans ses bras. Elle cligna de l'œil vers le pont avant, où Côme la guettait, et se laissa béatement emporter. Son ombrelle dérivait. On ramena les ancres et les boutes.

– Venez donc au sec. Il n'y a plus que vous, et un vieux camarade à moi, vous ne ferez pas de jaloux.

La moustache du capitaine formait gouttière. Rousse, énorme, mangeant les narines, la bouche et la moitié des joues. Des filets d'eau claire coulaient le long de ces crins, giclaient sur les épaules, et se perdaient dans l'entrebâillure du col. Le capitaine pestait, serrait sa vareuse sous son menton. Essorait sa touffe droite, sa touffe gauche. Riait du regard de Côme.

– En avez pas souvent vu, des pareilles! Je la soigne, si vous saviez comme je la soigne! De l'huile, santal, cédrat, je masse pour que ça pénètre bien. Le Nègre regardez ça, il a pas de poils sur la lèvre. Alors un renard vous pensez! un vrai renard d'Écosse, les mignonnes par ici elles veulent toutes s'y frotter. Allez, venez au sec.

Le poste de pilotage ouvrait sur un appentis aveugle où l'on entrait en courbant la nuque, pour s'asseoir aussitôt faute de pouvoir redresser la tête. Sur les murs plaqués de rubané-moucheté se balançaient, crête de vague, creux de vague, des dizaines de masques nègres, des verroteries et des amulettes innombrables.

– Vos chaussures, si cela ne vous fait rien. Le tapis par terre c'est ma famille qui l'a natté. Vous comprenez.

Vautré sur les sofas, un homme barbu ronflait. Le capitaine se coula près de lui et le rencogna sans le réveiller.

– Venez donc. J'espère que celui-là n'a pas tout bu.

Il servit Côme. Se pencha vers lui, le regarda sous le nez.

– J'avais un fils, un gars costaud, qui vous ressemblait un

peu, le menton carré et pas trop de cheveux. L'était venu avec moi depuis Toulon. De ce temps j'avais posé volontaire pour la station navale de Cayenne, avant j'avais fait capitaine de frégate dix ans en eaux froides, la Manche, tout ça, j'aimais bien. Mes aïeuls ils sont de là-haut, plein d'aïeuls rouquins, mais bon, je traînais le rhume toute l'année, voilà j'ai demandé les tropiques et mon fils il a voulu partir avec. Un beau tour, vrai je vous le dis, Gibraltar, Cadix, ensuite les îles Canaries, c'est là qu'Armide elle a séduit Renaud, ou c'est Renaud qui a rusé, je ne sais plus au juste, enfin on les appelle les îles Fortunées tellement elles sont plaisantes, pas trop chaud, pas trop froid, et il pleut moins qu'ici. Ici j'y suis depuis douze ans. Mon garçon il s'est toqué d'une Négresse, il avait pas dix-sept ans, voyez ça, elle lui a tiré deux petits, tout café, rien de l'Écosse, quand je lui ai jeté le soleil j'en peux plus, je vais demander une autre affectation, il a dit pas question ma famille c'est ici. Je l'ai un peu battu, je regrette maintenant, mais quoi c'était mon fils. Il a tenu bon, c'est vrai elle avait des seins sa noiraude, des seins qu'on voudrait les sucer en mourant pour avoir l'avant-goût du Paradis. Et puis un crocodile a bouffé mon garçon, il y a cinq ans de ça, une saloperie de planqué dans la boue, mon fils il pêchait avec sa femelle, et le caïman il lui a bouffé les jambes et le ventre où la vie elle niche. Je l'ai même pas vu, ils l'ont enterré en vitesse, ici on peut rien conserver. Moi je suis resté pour veiller sur lui, maintenant même si je le battais à pilonner le grain il pourrait plus partir. Bien sûr. Je lui garde sa femme et les petiots, elle m'aime bien la noiraude, même elle m'en fait aussi, des petits, à nous deux mon fils et moi ça nous en compte cinq. Une vraie famille. Le tapis c'est la Muguette qui l'a tissé avec ses amies. Juste pour que je sois bien ici, bien presque comme à terre. Les trucs de sauvages, là, sur les murs, j'y ai pris goût aussi. Je saurais plus partir. Pourquoi je vous raconte tout ça. Les eaux montent, et mon troisième il a la fièvre. Pourtant d'habitude je cause pas tant. Santé.

Le rhum sentait le bois rance et le pétrole.

– Vous je sais. Enfin je devine. Mais dites un peu quand même.

– Je viens de Paris. Et je compte rester.

– Parce que ça vous chante ou parce qu'il faut ?

– Un peu des deux. Déportation politique. La Commune, vous avez entendu parler ? Je suis libre, mais en exil.

– Sur un mouchoir crotté. La Guyane française, c'est pas un avenir. Vous avez l'air d'un monsieur, moi je sais reconnaître, et d'un monsieur qui réfléchit, je vous ai regardé. Faut songer à vous élargir. La Française, c'est un marigot. Des grenouilles, des crocos et des abrutis. Pensent qu'à s'huiler le gosier et à s'alléger la braguette. Le reste du temps dorment ou se bouffent entre eux. En plus, ceux qui comptent ils vous accepteront jamais tout à fait. Vous caresser, oui, surtout si vous faites la fortune, et le service par-ci, et la complaisance par-là, mais ils vous donneraient pas leur fille à marier. Le gouverneur avant qu'il vous invite à sa table vous aurez les cheveux blancs. Pas un avenir. La Hollandaise et l'Anglaise, là, je veux. Les gens ils ont de l'ambition et de la tenue, et quand ils balayent le scrupule ils gardent le panache. Ils ont la façon, quoi. Vous aussi vous devez avoir la façon, je sais pas au juste comment vous la tournez, mais la façon sûr que vous l'avez. Santé.

L'*Alecton*, émergeant du chenal qui balisait l'entrée du Maroni, abordait la pleine mer. Les bancs de sable le forçaient à incurver sa route. A neuf milles de l'embouchure de la rivière Demerara, un bateau-feu montait la garde de la passe. On se signalait, on s'ancrait, et on attendait que la marée montante permît d'entrer dans le chenal.

– Ho ! mon Continental ! Extirpez-vous un peu, et venez voir.

Côme, qui sommeillait dans l'annexe du poste de pilotage,

sortit sur le pont. On venait de doubler les bouées et le phare qui annonçaient Georgetown. Sur la rive droite, en amont, on apercevait une forêt de mâts coiffée par des clochers pointus.

– Ça, croyez-m'en, c'est la ville pour ceux qui veulent le meilleur de la vie. On y trouve tout, on y fait tout. Ces Anglais ils ont le poil du commerce comme personne, et la manière, je vous disais hier, la manière. Quand on aura livré le courrier et les autres babioles, je vous montrerai. La manière, ça compte.

Georgetown vivait sur et par le fleuve. Trois longues rues parallèles à lui, veines blanches saignées d'une infinité de ruelles rousses terminées par des warfs, ponts flottants où se chargeaient et se déchargeaient les marchandises. Le trafic autour de ces pilotis évoquait le ballet des bancs de menus poissons. Canots étroits, à peine plus lourds que des jouets, barques ventrues à voile carrée, interminables pirogues enflées d'une tente en cloche, deux-mâts timides, hésitant à se faufiler, chaloupes emplies de matelots, canards à tête jaune et négrillons rasés grouillaient à l'abord des pontons sans jamais se heurter. On déversait sur les planches huileuses toutes les denrées de la terre, en sacs de chanvre, en ballots noués, en paniers d'osier blond ou de palmes tressées, en jarres, en tonneaux, en bouteilles irisées, en malles de carton. Des ânes et des hauts Nègres attendaient, pareillement paisibles, que sur le quai minuscule on ne pût rajouter un pot. Arquaient leur dos, et au même pas mesuré s'en allaient porter fioles et paquets au marché. La halle regardait l'eau d'un œil, et de l'autre Water Street, où logeaient quantité de magasins. Il régnait là-dessous un bruit et une odeur inconcevables. Chaque galerie couverte affichait une spécialité, que chaque marchand vantait à tue-tête dans un patois nègre où Côme eut peine à reconnaître l'anglais. Sur Water Street il croisa des commis juifs très pressés, de jeunes miss à joues laiteuses et pudique collerette, flanquées de nanies compassées, des marchands à gros favoris blonds, la chaîne à lourds maillons pendant du gousset, des Créoles sous voilette et des femmes noires accoutrées à l'européenne, le postérieur furibond et le sein épuisé, marchant avec précaution pour imiter les ladies. Le capitaine souriait sous sa moustache.

– Les fleurs de ces climats, elles doivent vivre nues. Leur chair elle appelle ça. Les pauvrettes, ici, elles font à l'anglaise, faut pas montrer son corps, *shocking*, ils disent, ces corniauds, je me demande si leurs wifes ils les baisent avec un bandeau sur les yeux. Alors nos Négresses elles se déguisent en dames, elles s'efforcent, mais elles savent bien que leur corps il rigole. Ici on s'emmitoufle, pas un carré de peau entre la cheville et le menton, on sue mais on se tient. Ces protestants, quand même, c'est des gens. Moi je pourrais pas. Il y a que les Indiens qui continuent à leur idée, tout nus à part leur *calimbé*. Les Anglais ils y tiennent aux Indiens. Ils leur refilent leur mauvais alcool, les bridés au fond du bois ils voient pas la différence. Des clients pareils, ça se ménage. Alors on les laisse promener leurs fesses, et aux demoiselles roses on dit c'est pas des hommes, à peine plus que des singes, et elles regardent même pas.

Dans les magasins de Water Street, Côme retrouva l'atmosphère des épiceries savoyardes, fourre-tout crasseux où bottes molletonnées côtoyaient rasoirs et courges, dans un fumet de saucisse sèche, de camphre, de laine, de poussière, d'olives et de caoutchouc. Chère enfance, tante Edmée. Ici cela sentait l'opulence et la cannelle. On vendait bien de tout, comme en Savoie, mais à l'utile on joignait le superflu. Porcelaines fines, cirage, fromage de Chester, allumettes chimiques, confitures de gingembre, rideaux froncés, robes de soie, crinolines, chapeaux emplumés, ombrelles, cannes, brodequins, lorgnons, cartes à jouer, vingt races de whisky, rien ne manquait de sans quoi un Anglais de bonne souche eût dépéri. A côté s'alignaient toutes les productions locales, salaisons de viande et de poisson, fleurs artificielles, animaux naturalisés, teintures, farines et piments, graines, masques, cotonnades et bijoux. Les belles Créoles, les bourgeoises à friselis et les filles d'affranchis marchandaient avec le même entrain. Côme observait, questionnait, palpait. S'amusait beaucoup. A cinq heures, comme les vendeurs tiraient les rideaux de bambous pour fermer boutique, il s'attardait encore, à tripoter les étoffes. Le capitaine, qui défaillait de soif, s'énervait.

– Bon. Moi j'ai à faire. Vous vous débrouillerez. On lève l'ancre ce soir, quand la mer sera pleine. Traînez pas comme maintenant, hein! je manquerai pas la marée pour vous.

Côme revint à l'heure juste, les bras encombrés de paquets.

– La mer est calme et j'ai acheté quelques vieilles bouteilles. Pour votre hospitalité. Voulez-vous?

Il déboucha un cognac ambré. Le capitaine leva sur lui un regard soupçonneux. Grogna.

– Vous préférez autre chose?

Ne répondit pas. Côme emplit deux timbales.

– Capitaine, je me trompe ou je vous plais moins, tout d'un coup?

– C'est qu'il y a des bestioles qui me chatouillent. Autant vous dire. J'étais pas trop bien avec vous, en ville. Dans les boutiques. Vous êtes un drôle de lascar. Ça paraît un monsieur, un qui prépare de grandes choses dans sa tête, et ça renifle les étals comme une cousette. Vous faisiez dans la confection, avant?

– Non, mais j'ai toujours aimé les dames, et les tissus me font souvenir d'elles. Je m'occupais de mes maîtresses, leurs gants, leur coiffure, leurs dessous, même leurs chiens de compagnie. Plus elles me plaisaient, plus je les modelais afin qu'elles me plussent mieux encore. Aussi suis-je familier des comptoirs. Les hommes de ma sorte s'y pressent peu, c'est vrai. Cela vous choque?

– Choquer non, mais je me demandais...

Le capitaine partit d'un grand rire.

– Vous savez, l'humain ici il suit la nature. Le mâle il court pas le mâle. Le singe ça lui viendrait pas dans la queue, le Nègre non plus, alors le Blanc vous pensez! C'est pour ça... Vous voir fourré dans les chiffons... Vous... Enfin ça m'aurait fait bizarre, surtout que vous ressemblez à mon fils! Maintenant vous pouvez ouvrir boutique à Georgetown, à Cayenne ou en pleine brousse, je vous bénirai!

Il leva sa timbale.

– Fameux, votre cognac. Santé. D'ailleurs vous faites votre soupe à votre idée, c'est pas moi qui la mange. Dans ces pays-ci faut pas se braquer. A Georgetown, la moitié des Blancs c'est des anciens forçats, libérés ou évadés. S'emploient comme les autres, on est tolérant chez les Anglais, on les rejette pas, même certains ils se refont une santé, ils s'emplument mieux que les natifs! Ça il faut y penser. Même pour vous, rapport à votre avenir. Vous extendre. La Guyane anglaise c'est la patrie pour s'ouvrir les ailes. Le commerce, vous sauriez sûrement. Mon fils il aurait su. Le paquebot de Southampton il vient deux fois le mois, avec les marmelades et les institutrices anglaises, et puis le courrier bien sûr, et les visiteurs. Ça bouge, ça vit, ça rebondit vers Paramaribo, avec le vapeur du service postal que les Hollandais ils envoient aux mêmes dates, comme ça on se croise, on échange. A Cayenne il se passe rien. Les magazines ils arrivent avec une saison de retard, les femmes elles savent rien des élégances, et les hommes ils sont que des parents de province, la prétention mais pas le goût! Même moi ces choses-là je les vois. Je les trimballe à mon bord, tous, je les pose et je les reprends. Ça saute aux yeux. Tout ce qu'ils ont c'est de la morgue et de l'argent. Le talent, rien. L'astuce, rien. Faut pas que vous restiez dans leurs jupes. S'ils vous laissent partir, installez-vous chez les Anglais. Là vous ferez des affaires. Quand on se verra vous me ferez un petit cadeau, ça vous coûtera peu, un petit cadeau d'amitié, en souvenir. Moi je serai content que vous soyez content, je me dirai mon fils il aurait réussi comme ça. Je serai bien content. Santé. On virera vers Paramaribo dans trois heures. Je m'en vais dormir un peu.

La Lézarde ne remonta pas à l'escale. Côme, vaguement inquiet, arpenta la jetée jusqu'au dernier sifflet de la sirène. Les matelots rempilèrent les sacs de courrier, les passagers se chamaillèrent pour reconquérir le nœud de cordage qui les avait calés à l'aller. Le temps se levait. Côme reprit sa place contre le bastingage. De fort méchante humeur. Elle aurait dû rentrer avec lui. Comme elle l'avait annoncé. Il était déçu. Elle avait promis Noël en Guyane hollandaise, on était le 25 décembre et il se retrouvait dépité et furieux. Une putain tatouée, une maquerelle en boubou! Il avait tant à lui raconter. A elle seule, puisqu'il n'avait qu'elle. Il sourit de son agacement. Elle lui manquait, soit. Il avait oublié cette sensation-là. Ce n'était pas déplaisant.

Côme tout au long de la traversée réfléchit. Il entamait sa deuxième année d'exil. Les produits de sa concession s'écoulaient sans encombre, ses parties de chasse et ses conseils financiers se vendaient bien, il avait des relations, des introductions, des soutiens, quelques zélateurs fidèles, et sans l'afficher arrondissait la pelote qu'il avait emportée de France. Il ne manquait ni de compagnons de jeu, ni de compagnes de plaisir. Et maintenant? Le campement au carbet, le cigare rituel avec le commandant, au poker tricher sans s'amuser, la chaleur étale, promenade avec la préfète place des Palmistes, battues, ragoût de tatou, opium, moustiques, même les surprises de la chair noire s'émoussaient. Et maintenant?

Sitôt débarqué il se rendit chez Gorge d'Amour.

– Je compte affermer ma concession en forêt. Tu la connais, elle rend bien. La veux-tu?

– Ma foi faudrait voir. D'abord tes gars de la Tentiaire, ils disent quoi?

– Je m'en charge. Tu la veux?

– Ils refuseront. Ton commandant, tu en tireras rien

d'autre que des champs à défricher. C'est déjà une loterie qu'il t'ait donné une forestière dès ton arrivée, la plupart ils attendent des semaines. Mais une urbaine y songe pas. Le commerce c'est pour les couples bagués, la bague ils vérifient. L'homme et la femme, à l'église, le certificat. S'il y a des petits c'est encore mieux. Ça pose, ils se disent que tu vas te démener pour les nourrir correctement. Enterre-moi ça. Tu peux même pas te choisir une dinde ici, la Lézarde elle dit que tu es marié, tu as aucune chance. Je t'assure, enterre.

– J'ai des projets, des solides. S'ils acceptent, tu les prends, mes bananiers ?

– Ça, vraiment tu es têtu. Je te dis ils refuseront.

Ils refusèrent. Le commandant se tortilla, Halloir je vous aime bien, franche nature, et puis quand la chasse rouvrira, je voudrais mais là pas moyen, le règlement, les forçats ne sont pas des gars comme vous, si j'entrebâille la porte ils m'écraseront dans la boue, en ville on donne au compte-gouttes, des petits commerces, rien de très excitant, cela vous tente quand même ? Ah, bien sûr si vous étiez marié ici... Je comprends que vous soyez déçu, je regrette, votre Viviane divorcera certainement, toutes elles demandent le divorce, elle vous écrit ? non ? réglé bientôt, rarement plus d'un an, les juges comprennent, dès que la notification arrivera revenez me trouver, les petites ne manquent pas ici, une fille blanche non, mais une jolie Créole, hein ! avec des longs cils, le maire serait ravi, et ensuite tous les deux on arrangerait ça, mais pas d'impatience mon garçon, pas d'impatience.

Et la Lézarde n'était pas là.

Le *Revanchard* achevait de vider ses cales. Une jeune femme brune, au pied de la passerelle, tirait de son sac des gâteaux secs. Deux petits, blottis contre ses genoux, pleurnichaient. A reculons, les marins descendaient les dernières malles. Le soleil déjà haut faisait gonfler et battre les veines. Les enfants refusaient de manger et pleuraient tout à fait. La jeune femme se retenait de les gifler.

Côme pour la centième fois accrochait des rideaux neufs à la fenêtre de sa chambre d'hôte, celle à l'ouest, qui donnait sur le canal Laussat. Les gens de la Crique avaient beau l'admirer, le respecter, le craindre un peu, aussi, lui qui était en ville depuis si peu de mois et déjà si ancré, ils ne pouvaient se retenir de le voler. Les rideaux ne leur servaient guère, la plupart des chapardeurs n'avaient même pas de toit. Ils les volaient malgré tout.

Une silhouette massive s'encadra dans la porte, voilant la lumière. Se moucha, s'essuya, éructa une toux gênée. L'adjoint du commandant venait rarement chez Côme. Sinon pour certaines affaires dont le souvenir lui donnait des bouffées de chaleur. Il s'essuya encore. Côme, les bras levés vers la tringle, ne se retournait pas.

– Pardon mais le commandant m'a dit de venir chez vous. Vous prévenir. La grille du jardin était ouverte. Il est bien tenu votre jardin. Vous devriez y regarder, il y a une surprise dans votre jardin, c'est pour ça que le commandant m'a envoyé. Une surprise arrivée de ce matin. C'est pour ça. Votre femme, monsieur Halloir, avec vos petits. Voilà. Bon. Je vous laisse. Leurs bagages suivent. Je vous laisse. Bien mon salut, et les félicitations du commandant.

La jeune femme était là, au bout du couloir, sur le seuil. Côme ferma les rideaux et descendit lentement de son escabeau. Il ne distinguait d'elle qu'un ovale un peu lourd, sous le halo friselé des cheveux sombres, noués en chignon haut. Sa silhouette se découpait à contre-jour, très en formes, la taille pincée, les épaules rondes et les hanches pleines. Le cou bien droit, elle attendait qu'il se rapprochât. Elle fixait les rais jaunes, obliques, pailletés de poussière, qui les séparaient. Une fillette bouclée, suspendue à sa main droite, se tortillait en tirant sa jupe. Fasciné, tout le sang rassemblé sous les paupières, Côme restait dans l'ombre.

– C'est comme cela que tu m'accueilles ? Il y a trois ans tu avais plus de chaleur ! Marion, va embrasser ton père.

Côme se pencha, reçut un corps tendre et collant de sucre. Rendit le baiser, sonore. Laissa glisser l'enfant, qui s'enfuit dans le jardin.

– Et le deuxième, tu ne me demandes rien ? C'est un garçon. Le commandant me l'a envoyé à l'infirmerie, il a pris un coup de soleil. Je l'ai appelé Jean. Comme tu souhaitais. Aimé ? Sors de ton coin, je ne te vois pas. Tu es malade ?

Côme sans s'approcher tendit les bras. Elle comprit le mouvement. Rit, avec un roucoulement de gorge. Avança à tâtons, encore éblouie, vers le fond de la maison, vers le fond de la pièce. Se coula contre la poitrine de Côme. Les yeux clos le respira, rappelant le souvenir. Côme du coude écarta le rideau. La détacha doucement de lui.

– Bonjour, madame Halloir.

Elle s'arracha.

– Où est mon mari ?

– Ici même. Devant vous.

Elle éclata d'un rire entier, un rire de femme qui méprise l'absurde. Recula et le toisa.

– Qui êtes-vous ?

– Le commandant vous l'a dit : votre mari.

Le monde se fissurait. Les tempes de la jeune femme se couvrirent de gouttelettes, elle parut manquer d'air, regarda avec affolement autour d'elle. Ouvrit les doigts, la bouche. Se maîtrisa. Dévisagea Côme, cherchant sur ses traits le signe, le sourire.

– Qui êtes-vous ?

– Asseyons-nous, je vous prie.

Il fallait agir vite. Côme avança les deux fauteuils cannés et prit la carafe d'eau d'oranger, sur la table de nuit. Viviane était livide.

– Écoutez-moi attentivement. Aimé Halloir et moi avons joué aux cartes, sur le *Revanchard*, pendant la traversée. Nous avons joué notre pécule, notre paquetage, puis le seul bien qui nous restât, qui était notre nom, et avec ce nom le sort qui lui était attaché. Le détail importe peu. Nous avons échangé nos identités. Notre matricule, notre passé, notre condamnation. Votre mari a misé de son plein gré. Il convoitait mon nom, il l'a gagné. Je voulais sa peine, je l'ai.

– Où est Aimé ?

– Je ne vous le dirai pas. D'ailleurs je ne le sais pas moi-même.

– Et vous pensez que je vais gober vos sornettes comme l'hostie le dimanche ! et que je vais dire *amen* ! Après dix semaines de bateau avec les enfants, la fatigue, le tracas ! Tout ça pour vous trouver en remplacement de mon mari ! D'abord des preuves, vous en avez ?

– Tous les papiers administratifs au nom d'Halloir. Le reçu de débarquement, la carte d'immatriculation établie à Cayenne, avec ma photo, le bail de ma concession forestière, et beaucoup d'autres moins signifiants. Plus la lettre envoyée à

Saint-Martin-de-Ré, avant votre accouchement, et aussi la médaille de votre mari, que je ne quitte pas. Mes papiers de France, j'ai déclaré qu'on me les avait volés à bord, avec mon baluchon.

– Qui me dit que vous n'avez pas tué Aimé ? Pour lui prendre sa médaille, son nom, et tout le reste ? Vous devez être un méchant droit commun, un assassin peut-être, vous avez repéré Aimé, perpétuité comme vous mais sans fers, vous l'avez tué pour vous glisser dans sa peau ! Et vous voilà à me verser tranquillement du sirop, à me dire bonjour madame Halloir, votre mari maintenant c'est moi ! Mais je vous dénoncerai, moi, je vous dénoncerai !

Elle s'était levée, furibonde. L'épuisement creusait ses joues luisantes de sueur. Son chignon s'affaissait. Côme la prit par le bras.

– Ah ! ne me touchez pas, en plus !

La maintint, la rassit. Elle tremblait de rage et de fatigue.

– Allons, ai-je la figure, ai-je les manières d'un assassin, d'un détrousseur ? Et votre mari, ce grand gars, vous croyez qu'il n'aurait pas eu la carrure pour se défendre ?

Elle leva les yeux. Côme était mis avec soin, pantalon blanc, chemise large à rayures comme en portent les colons, ceinture et gilet de soie, souliers de peau fine parfaitement cirés. Les mains petites, carrées, soignées. Le menton dur, rasé de frais. La pièce sentait le bois chaud et l'orange piquée de clous de girofle. Une cotonnade et des coussins sur le lit sculpté, des rideaux à fronces, sur le plancher des peaux tannées, quantité de bibelots étranges et gracieux, un chat roux endormi, des livres dans une petite bibliothèque tournante.

– Dites-moi où est mon mari.

– Je ne le puis.

– Alors je le trouverai toute seule. Aimé, je demanderai Aimé, on saura bien m'indiquer où il loge. Le commandant m'aidera, c'est un brave homme. Des « Aimé » il ne doit pas y en avoir beaucoup, et la Guyane ce n'est pas si grand.

Côme sentit une main froide sur sa nuque. Le commandant. Tout dire, elle pouvait tout dire. Deux ans d'efforts, patiente construction, un gars d'avenir ce Côme Halloir, la vie qui déployait ses ailes, sa vie arrachée au sort, poker d'âmes, et en cinq phrases cette femme le rendrait au néant. Côme del Prato, la chaîne, la honte. Elle ne sortirait pas de la maison. Piquée sur ses ergots, poule noire échevelée, le menton comme un bec, il la briserait. Il baissa les yeux, gris d'épée, implacable, je la tuerai si elle résiste, ses yeux de couperet afin qu'elle n'en vît pas le tranchant. Essayer encore. Avant de. Toutes elles finissaient par céder. Chercher la faille.

– Trouvez donc votre mari. Rien n'est impossible. Mais il ne voudra pas de vous. Il vous a rayée, vous n'existez plus pour lui. Vous l'avez tellement déçu. Il m'a parlé, vous savez, cette femme-là ne m'a jamais aimé, elle trahira, vautrée dans d'autres draps, et il disait que vous obtiendriez le divorce et qu'il fallait tourner la page. Il n'avait plus rien à vous offrir, pourquoi seriez-vous venue ?

– Avec les deux enfants je ne pouvais pas m'en sortir, il s'en doutait bien. Après sa condamnation mes parents m'ont fermé leur porte, et puis ma belle-mère est morte. Le propriétaire rue du Petit-Jour exigeait son terme. Il me traquait dans les coins, un vilain rat jaune, et en me menaçant il me tripotait. Cela m'est venu d'un coup, j'ai décidé de partir. Les autorités ont accepté ma demande tout de suite, j'étais même étonnée. Le bateau appareillait la quinzaine d'après, si j'avais écrit, l'enveloppe serait arrivée avec moi. En plus je pensais il m'attend forcément, je n'ai pas besoin de prévenir.

– Il ne vous attendait plus. On se lasse, à force.

– Enfin trois ans ce n'est pas si long !

– Dès le dépôt de Paris vous l'avez lâché. Deux courtes visites, rien que deux, et vous le regardiez à peine. Ensuite à la gare, quand on a chargé tout le monde pour Ré, personne. Il vous a cherchée sur le quai, il vous espérait. Et à Saint-Martin, une seule lettre, une seule en cinq mois, pas un colis, pas un signe. Il s'est rongé les sangs, il a pleuré, il vous a crue morte en couches, il n'en dormait plus, et puis il vous a maudite et cela a été fini. Il m'a donné votre lettre, sa médaille, il disait je ne veux rien garder de mon ancienne vie, Aimé Halloir est mort, je n'ai plus de femme, plus d'enfant, plus d'amour, si Viviane débarquait aujourd'hui, je la chasserais.

– Vous mentez. Je le connais. C'est un gentil gars, et je le tenais complètement.

– Vous l'avez connu. Vous ne pouvez pas mesurer comme l'humiliation et l'épreuve changent les gens.

– Je ne vous crois pas. C'est vous qui avez tout manigancé. Je ne comprends pas bien, mais je sens. Mauvais homme, vous êtes un mauvais homme, je sens ça, mon pauvre Aimé, jamais il n'en serait venu là.

Elle tourna les épaules vers la porte, la lumière, dans le jardin Marion traquait les sauterelles, sortir de ce piège, le commandant, se lever, si Aimé vraiment la rejetait ? Et cet homme-ci, avec sa voix mate et ses yeux comme des serres, le désarroi lui montait aux paupières.

Si elle m'échappe je la tue. Accrocher son regard. Elle pliera.

– Allez trouver le commandant. Allez, personne ne vous retient. Mais réfléchissez avant. Vous êtes une femme de caractère, intelligente. Voyez les choses en face. Vous me dénoncez. Première hypothèse, l'Administration pénitentiaire vous croit. Elle vous aide. Vous retrouvez Aimé, qui vit sous mon nom. On l'appréhende, on le juge pour usurpation d'identité. Normal, vous me l'accorderez. On le condamne, on l'enferme. Le bagne, le vrai bagne. Et vous, là-dedans ? S'il voulait encore de vous, cela vous avancerait à quoi ? Bien. Deuxième hypothèse, vous m'avez dénoncé mais vous ne retrouvez pas Aimé. Vous demeurez épouse Halloir, et moi je croupis sous les verrous. Cayenne, fin de l'épisode. Vous reprenez le bateau avec vos enfants, vous retrouvez votre terme impayé et les pattes de votre propriétaire. Je passe sur la suite. Riant avenir.

– Je veux mon mari.

– Allons, ne me dites pas que vous l'aimiez.

Elle plissa les lèvres, souvenir gourmand.

– Je l'appréciais.

Côme rapprocha son fauteuil.

– Ces qualités-là se remplacent. Regardez-moi, et lâchez ce coussin, vous allez le déchirer. Vous pouvez rentrer, et demander le divorce. Vous avez vingt-deux, vingt-cinq ans. Des appas, je vous l'accorde. Mais deux enfants en bas âge. Pas de fortune, pas de famille. Rien de très affriolant pour hameçonner des partis. Il vous reste l'hospice ou la couche de votre logeur, qui vous conduira dans d'autres alcôves. Où vous aurez du succès, je n'en doute pas, mais goûterez-vous vraiment ces plaisirs-là ? Maintenant regardez-moi. Là. Bien. J'ai trente-huit ans, et plus de flèches à mon carquois que votre pauvre Aimé n'en eut jamais. Je suis ici depuis trente mois. Je m'y suis fait un nom, une réputation, des alliés, je mange du pain blanc, je loue cette maison sur ma bourse et je bats chaque jeudi au poker le commandant de la colonie pénitentiaire. J'ai des projets ambitieux, et besoin d'une femme pour les servir. Vous ne me déplaisez pas. Vous êtes forte, décidée. Et brune, avec des yeux qui en disent long. Le choix vous appartient. Si vous restez avec moi, dans deux ans vous roulerez en voiture attelée, vous tiendrez table d'hôte et vos enfants joueront avec ceux de la préfète. Ce ne sera que la Guyane, mais Cayenne avec un beau jardin, des robes et des serviteurs vaut bien, me semble-t-il, la rue du Petit-Jour. Et puis je ne désespère pas, si vous épousez mes ambitions avec ma personne, de quitter ces régions quand l'heure sera propice.

– C'est comment votre nom ?

– Côme.

– Et le reste ?

– Côme Halloir.

– Non, le vrai.

– Vous ne le saurez pas. Votre Aimé seul pourrait vous

l'apprendre, et votre Aimé est perdu pour vous. Je m'appelle Halloir. Votre époux en légitime mariage, c'est moi.

Viviane se leva, écarta la moustiquaire qui protégeait la fenêtre.

– Cette rivière de boue, en face, avec les cochons et les vautours, c'est quoi ?

– Le canal Laussat. La frontière entre le monde de la misère et celui de l'aisance. Regardez bien et demandez-vous sur quelle rive vous voulez faire votre vie. Cette frontière-là existe dans toutes les villes du monde. Vous la retrouverez où que vous fuyiez. Regardez, cela vous éclaircira les idées. Côté fumier et gamins nus nous avons le quartier de la Crique. Des Blancs déchus, des Nègres guenilleux plus toutes les formes et toutes les teintes de prostituées. Un endroit piquant, mais au propre et au figuré un bourbier. J'y ai quelques fidèles amis. Sur mon bord commence la Ville Blanche. Des fonctionnaires suffisants, des Créoles hautains, un chapelet de mondanités tropicales, thés, pique-niques, bals et musique, enfin des parterres de fleurs comme vous n'en avez jamais vu. Une société orgueilleuse, fermée, assez divertissante à forcer. J'y mène entreprise de séduction, à laquelle je ne demande qu'à vous associer. A Cayenne, pour qui en a la stature, tout est à prendre.

Côme s'approcha de Viviane, du torse effleura son dos. Elle sentait la vanille et la peau moite. Une odeur de brune échauffée. Il pesa un peu sur elle.

– Alors, madame Halloir, quel camp choisissez-vous ?

Elle ne bougea pas. Le corps tendu, attentif. Ce corps-là avait décidé, mais elle, elle hésitait encore. Côme posa les mains sur les montants de la fenêtre, l'emprisonnant entre le vide et sa bouche. La tension que cette femme lui imposait l'enchantait. Il la humait, et l'enjeu lui mettait la salive aux lèvres. Elle ne bougeait toujours pas, concentrée, l'esprit vibrillonnant et la peau aux aguets. Elle s'appliquait, appelait la sensation, la conviction, sans démêler que déjà elle avait tranché et commençait de jouer. A chaque inspiration davantage elle acceptait Côme contre ses épaules, contre ses reins. Son souffle lui attisait la nuque. Elle le devinait fort, dur, sans vain scrupule, le verbe et le geste ajustés à leur but, manquant rarement sa proie. Un chasseur. Un homme à sa mesure. Pauvre Aimé. Elle tourna la tête, la tête seulement, pour ne pas rompre le charme.

– Où peut-on se laver, chez vous?

Côme ne remua pas un cil. Il savourait. Dans le jardin, la petite Marion criait de joie en poursuivant les papillons. L'air, harassé de chaleur, se préparait à la sieste. L'heure de la plongée immobile, du néant. Pour les hommes, les bêtes, les feuilles et les pierres.

Lentement Côme s'effaça, la laissa se retourner. Il ouvrit la commode, sortit des draps, des serviettes.

– Dans quelques semaines vous aurez du linge brodé. Cette maison n'a pas de cabinet de toilette, mais vous trouverez tout le nécessaire derrière la tenture, là-bas. Ne ménagez pas l'eau, Cayenne n'en manque pas. Elle est un peu rouge, vous verrez, à cause de la poussière. Évitez de la boire. Bonaimé va vous remplir le baquet et les cruches, quand vous en aurez terminé il les videra par la fenêtre de derrière. Il a douze ans et m'est plus fidèle qu'un chien. Inutile de lui parler, il ne répond jamais. Tâchez de vous apprivoiser à la peau noire, ici pour le service vous ne trouverez rien d'autre. Vos malles ne vont plus tarder, Luce vous aidera à vous habiller. C'est elle qui tient la maison. Elle m'est précieuse. Les gens d'ici sont susceptibles, ne les brusquez pas. Laissez-les vous accepter. Ils m'idolâtrent, si vous savez les prendre ils vous aimeront.

– Et je dormirai où?

– Je n'ai que deux chambres. Celle-ci, où logent d'ordinaire les visiteurs et qui me semblerait idéale pour les enfants, plus la grande, à droite dans le couloir, qui donne sur le jardin.

Elle lui tournait à nouveau le dos. Il la sentit sourire.

– Je vois.
– Avez-vous faim ?
– Merci, le commandant nous a servi une collation. Marion aurait surtout besoin de repos. Et puis j'aimerais aller chercher son frère à l'hôpital, si vous pouviez...
– Bien sûr. Mais pas avant cinq heures, l'infirmier ne libère personne en milieu de journée. Ici, le soleil tue, il faudra vous méfier, vérifier que les petits n'ôtent pas leur chapeau et éviter de sortir sans ombrelle. Nous irons après le thé, je vous montrerai la ville.

Une Négresse joufflue, plutôt jeune, le boubou en courant d'air et la mine goguenarde, s'encadra dans la porte.

– Missié Côme ça fillette dans lé jardin çé quoi ?
– Ma fille. Et voici sa mère.

Luce arrondit les yeux, la bouche, haussa les sourcils, le nez, les oreilles, et de toute sa personne parut s'enfler.

– Missié Côme déshonnête. M'avait pas dit.
– Je te gardais la surprise. J'ai un petit garçon, aussi, tu le verras plus tard. Veille sur eux. Tu as toute ma confiance.

Côme prit la main de Viviane et la baisa.

– Je sors acheter un lit d'enfant. Demandez ce dont vous aurez besoin à Luce. Il y a toujours des fruits, des dattes et de l'eau à boire dans la cuisine. Vous êtes chez vous. Appelez la petite, elle va prendre un coup de chaud.

Viviane rougit.

Lorsque Côme rentra, Luce chantonnait en écossant des fèves, assise sur ses talons. Elle lui sourit de toutes les dents en or qu'elle s'était offertes depuis qu'elle travaillait chez lui. Radieuse et bouffante de fierté.

– Tout lé monde y dort. La Madame a point voulu lé lit dé Missié Côme. Dit trop grand, pas dérangé lé lit toute seule. A couché au fond, dans lé lit du zoum-zoum, avec pitit Marion, pauvrettes si elles savaient tout qu'il en a vu et entendu, cé lit-là !

– Tu n'as rien dit, bien sûr.

– Missié Côme qui il mé croit ? Et la pitite ça mé plait, les boucles et les baisers beaucoup. Et la Madame très belle, bien brune, beaucoup les mamelles et les fesses, qu'on dirait pas vélé deux fois, aussi regarde bien droit, tourné pas lé pot, ça mé plaît. J'y dis secret à Missié ?

– Quoi donc ?

– M'a fait cadeau.

Elle tira de son décolleté un mouchoir blanc brodé de lettres bleues.

– *Aimé*. Qu'elle m'a dit jé donnerai à mon galant le jour qu'il voudra me marier. *Aimé*. Qu'il comprendra jé veux dé lui, si lui veut bien dé moi. Pitêtre l'était pour vous lé mouchoir, maintenant l'est pour moi. Missié l'est pas mécontent ?

– Non, Luce. Très content. Tu prépareras un dîner sans épices, à cause des enfants.

– Comment il est lé nom di Madame ?

– Viviane.

– Viviane jé connaître. C'est la fée dé Merlin. Ma sœur elle nourrissait la fille dé Missié l'Instituteur, celui de Bondua, deux ans elle a nourri, la pitite elle lui déchirait les ronds dé seins avec quénottes. Missié l'Instituteur racontait tout plein d'histoires vraies, d'il y a beau temps, ma sœur aux fêtes elle mé les disait, c'est comme ça jé connais Viviane. Missié Côme il a dé la chance, Viviane c'est une fimelle. Mais Missié Côme doit s'y fier juste bout dé doigts, ça fait des sales tours la fée, Merlin qu'il s'en lamente encore.

Côme l'attrapa sous les aisselles, la mit debout et donna une grande tape sur son fessier protubérant.

– Missié l'est fâché ? Luce di bêtises ?

– Non. Mais rentre chez ton frère.

Elle le regarda de biais.

– Tu reviendras plus tard. Pour servir le thé. Je n'ai pas besoin de toi.

Luce exhiba ses chicots rutilants.

– Missié pas colère, moi soulagée. Juste mieux tout seul avec la Fée. Sûr pas besoin dé Luce pour ça! Ah! moi bonne journée!

Elle partit en se trémoussant. Côme doucement poussa la porte de la chambre du fond. Marion, enfouie dans les oreillers, ronflait avec bonheur. Ses mèches ébouriffées se mélangeaient aux cheveux dénoués de sa mère, serpents sombres sur le drap blanc. Côme passa le cou. Viviane avait tiré le bouti à ramages carmin jusqu'à son menton. Pas un carré de peau, pas une paume offerte. Dans la pénombre il ne distinguait rien de son corps. Elle respirait comme on se désaltère après la marche, à longues gorgées appliquées. Le sol était jonché de vêtements. Deux grosses valises, près de la fenêtre, ouvertes. Il faudrait acheter une armoire. La pièce sentait bon, quiétude vanillée, douce fragrance femelle. Une grosse mouche s'étourdissait de joie. Côme sourit. Il aimait les surprises. Celle-ci arrivait à point nommé. Et elle ne manquait pas d'attraits. Il referma sans bruit la porte et alla s'allonger sur son lit.

Le petit Jean ne lui plut qu'à demi. Long et charpenté, un profil d'ange de la Renaissance, la bouche serrée, des yeux noirs immenses, il posait sur toute chose un regard calme et sévère, ne demandait rien, ne s'étonnait de rien. Il considéra Côme gravement, comme un homme en dévisage un autre, et se détourna. Sans une grimace, sans un mot, Viviane ne put obtenir qu'il embrassât ce père inconnu.

– Il parle?

– Oui, mais à ses heures, et avec qui lui plaît. Sa sœur, surtout. Plus têtu qu'un âne, et besoin de personne.

– Il a trois ans?

– Il les a eus sur le bateau, la semaine passée. Le capitaine lui a donné un vaisseau dans une bouteille et un gâteau au pavot. Il m'a fait danser. Il y avait longtemps que je n'avais dansé...

Côme la regarda. Jeune encore, ayant peu vécu. De l'éclat. Les cheveux, les dents, et ces formes qui appelaient la main. La robe, usée aux coudes, reprisée dans le bas, disait la gêne, et le teint, inégal, la fatigue et la malnutrition. Viviane se tenait très droite, le menton impérieux, la démarche assurée. Elle tirait Jean par la main, furieuse qu'il lui résistât. Du caractère, et de l'orgueil à revendre. De l'appétit aussi, tous les appétits. La partie s'annonçait divertissante.

– Ce soir je souperai avec vous et puis je m'en irai. J'ai à faire en forêt. Je resterai absent quelques jours. Luce et Bonaimé prendront soin de tout, vous n'aurez à vous préoccuper ni du marché, ni de la cuisine, ni du ménage. Déballez vos robes, lisez mes livres et reposez-vous. Si vous sortez en ville, faites-vous accompager. Les Guyanais manquent de distractions, ils risquent de vous coller comme des mouches. Préparez vos réponses, ils ne vous lâcheront pas avant de vous avoir troussé la chemise. Je suis moins pressé qu'eux. Ne me dites rien maintenant, rien ce soir. A mon retour nous parlerons.

Viviane détourna les yeux, et du menton montra les urubus et les hommes en pyjama rayé qui lentement sous le soleil déclinant remontaient la rue Lalouette. Le col las, le chef poussiéreux, les os saillants, un pas, un autre, le sommeil avec l'ombre bientôt les noierait, au coin d'un puits, sous un auvent, relâche, l'oubli jusqu'à demain.

– Et ceux-là ?

– Forçats chargés de l'entretien des rues, une sinécure enviée, et vautours domestiques, une fonction honorable. Proches parents. Ne pas s'y frotter. Les premiers ont des élans imprévisibles, les seconds des poux. Les premiers aussi, d'ailleurs. N'oubliez jamais votre condition de femme blanche. Elle vous place sur le devant de la scène. Avec des privilèges et des contraintes. Mais il y a plus. Le commandant du camp est un bavard, dès demain tout Cayenne va vous guetter. Sachez que je tiens en ville une place très particulière, ambiguë, fragile encore. On m'estime, on me recherche, certains me jalousent, personne ne sait au juste qui je suis. Vous débarquez un beau matin, avec deux enfants. Viviane, épouse Halloir. Ma femme. De quoi conjecturer pendant deux semaines, puis jaser jusqu'au retour de la pluie. On va vous approcher, vous entourer, tâcher de vous circonvenir, tenter à travers vous de percer jusqu'à moi. Surveillez-vous, mesurez vos paroles et vos gestes. Pesez les conséquences, toutes les conséquences.

– Aimé...

– N'est pas ici. Et n'y viendra que si le hasard s'y prête. Or le hasard, sous ces climats... Attention à la petite.

Marion revenait vers eux, hilare et des plumes plein les doigts.

– Jette ça. Des charognards, c'est dégoûtant.

L'enfant secoua à regret les mains. Cligna de l'œil vers Côme, qui souriait, et se pendit à son pantalon. Il la prit dans ses bras, naturellement, comme il avait pris tant de fois ses nièces et les filles de ses maîtresses. Viviane se recula un peu et les regarda, narquoise.

– Touchant !

– J'aime les femmes, savez-vous, même en sandalettes, et nous nous entendons fort bien. Voulez-vous voir la place des Palmistes et l'hôtel du gouverneur ?

– Une autre fois. Je suis lasse, et il faut donner à dîner aux enfants.

Ils rentrèrent sans parler. Marché couvert, rue Chaussée-Sartines, rue François-Arago jusqu'au canal Laussat, Côme retrouvait ses pas des premiers jours, quand sous la pluie rouge toutes les pentes le menaient vers la Crique. Les premiers pas de Côme Halloir, déporté à vie, matricule 6712, sans nouvelles de son épouse, Viviane, née Volonguet, demeurée à Paris, 24 rue du Petit-Jour. Derrière les volets tirés il devinait les cous tendus, les faces curieuses, souffle rare embuant les lamelles de bois, bien tournée, la brune, au bras du Côme, et les deux petits, il en avait donc deux! cet homme! il vous avait confié, à vous, qu'il était marié? avec ça qu'il traquait ferme les jupons, une réputation comme personne en ville! pas du vice, non, qu'allez-vous croire, de l'art, de l'art comme les gars d'ici ils en ont pas idée, moi je vous dis, la brunette, elle a tiré un fier lot!

Luce avait dressé une table basse sous l'auvent et coiffé un madras neuf, qui lui dessinait une tête d'ara. Elle chantait avec ravissement en égouttant les crevettes « *Missié Bon l'a t'ouvé son coquillage, joli joli qui lui conte'a la mer, hou, hou dans les feuilles sous les feuilles, Missié Bon l'a t'ouvé sa langouste, sa langouste qui lui conte'a la vie* », et posait à mesure les plats sur l'appui de la fenêtre. La lune se levait. Viviane, abrutie de chaleur, mangeait en silence ce qu'on lui servait. Marion et Jean s'endormaient, allongés sur l'herbe sèche du jardin, bienheureux. Côme alluma deux bougies. Le souvenir trembla sous le vent léger qui taquinait la flamme, signal connu, l'heure douce, machinalement Viviane porta la main à son chignon et tira les peignes d'écaille, sa seule richesse, qui retenaient ses boucles. Les cheveux glissèrent sans hâte, la nimbèrent, la nappèrent jusqu'à la taille. Son visage dans la lumière fauve prit un contour enfantin, pommettes hautes, sourcils nets, l'arcade très bombée, joues pleines, menton ferme, la bouche petite, charnue, exquisement ourlée. Les yeux perdus dans des pensées ombreuses, vagues et familières, elle arrondissait les épaules, s'adoucissait, s'alanguissait. Un coude sur la table, les manches retroussées jusqu'au gras du bras, elle se peignait des doigts, très lentement, et la douceur du geste, le chatouillis tiède dans sa paume lui mettaient un léger sourire aux lèvres. Côme se retenait de bouger. Il la humait, gousse de vanille en peau soyeuse, l'imaginait nue, toute de courbes et de renflés, la taille fine, la jambe un peu lourde, nue noyée dans sa chevelure. Ébène et lait. S'y frotter, s'y rouler. Côme respirait fort et serrait les mains pour les empêcher de se tendre. Viviane tirée de sa torpeur lut le regard bandé, s'y noua, une seconde, deux secondes, le corps aimanté, la tête vide, et se reprenant dans un sursaut recula sa chaise. Côme se leva.

– Je dois partir.

Elle fixait les vers luisants, au pied de la haie.

– Je peux vous aider à coucher les enfants.

– Merci, j'y arriverai.

– Luce dormira dans la grande pièce, vous n'avez rien à craindre.

– Je ne suis pas peureuse.

– J'ai laissé de l'argent au fond de la boîte en cuir vert, première planche dans la bibliothèque de ma chambre. N'hésitez pas. N'oubliez pas les moustiquaires, je serais déçu de vous retrouver défigurée.

Elle restait immobile. Côme se plia devant elle, et effleura ses doigts.

– A vous revoir, madame Halloir.

La nuit était claire et bavarde, étoiles et grillons, la marche serait plaisante. Côme prit le sac préparé dans le couloir, changea de chaussures, et devant la grille du jardin siffla un trille. Le même trille lui répondit, du côté du canal. Il sourit et referma la barrière.

– Vous revenez quand ?

Il ne répondit pas.

Viviane n'admit qu'après plusieurs jours qu'elle l'attendait. Elle s'en agaça, puis à mesure y goûta un plaisir feutré, insidieux, têtu, un plaisir qui bientôt occupa ses journées. Sitôt les yeux ouverts elle pensait à lui, guettait les bruits dans la cuisine, peut-être il était là, avec Luce, à attendre qu'elle se réveillât, elle se coiffait au saut du lit, pomponnait les enfants, peut-être il arriverait à l'improviste, pendant le petit déjeuner, hésitait à s'habiller, le négligé seyait à ses rondeurs, s'habillait tout de même, à demi fâchée, il ne verrait pas ses épaules ce matin, poussait Marion et Jean dehors, Bonaimé emmène-les, et sur le seuil interrogeait l'allée poudreuse, des femmes seulement, Négresses lippues et lentes Créoles qui partaient au marché. Jusqu'à la sieste elle le cherchait dans la maison, elle visitait ses pantalons, ses vestes, ses tiroirs, pestait de ne trouver aucune lettre, aucune épingle à chapeau, rien de ce qui dénonce une présence femelle, elle épluchait ses livres, reniflait ses draps, et l'air de rien poussait Luce aux confidences. Elle apprit peu et rêva beaucoup. Le visage, le corps d'Aimé perdaient leurs contours. Elle s'apprivoisait. Elle s'impatientait.

Côme revint tard dans la nuit du samedi. Elle l'entendit qui tirait les volets de sa chambre. Le chat roux lové sur le ventre de Marion s'étira, sauta à terre, et le dos en archet se frotta contre la porte. Elle lui ouvrit, et le suivit. Côme avait posé deux bougeoirs sur sa table de nuit. Il lui tournait le dos. Immobile contre le chambranle, elle le regardait, belles épaules houleuses, les cheveux rasés sur la nuque forte, les yeux gris qu'elle ne voyait pas, les veines dures des mains, elle rajusta son peignoir d'indienne, essuya les gouttelettes sur ses tempes.

– Demain je vous mènerai à la messe. Si vous le souhaitez.

Elle entra, elle ne put qu'entrer, sans penser, sans vouloir, et se taire, se taire et se plaquer à lui, qui la reçut, l'enveloppa, l'enserra, la plia, la fondit. Sous ses paupières un vent muet, chassa, balaya, pardonna, et lorsque le soleil sur sa joue la rappela au monde elle eut la sensation de naître. Au pied du lit, Luce, un enfant sur chaque hanche, la contemplait avec ravissement.

– Ma Fée dort bien, Missé Côme bon magicien.

Côme s'encadra dans la fenêtre, rasé, talqué, la cravate nonchalante sur le col dur.

– Venez-vous ? Les cloches commencent de sonner, et les petits sont prêts.

Elle rougit de se sentir offerte, là, en nudité heureuse et en cheveux fous, sous les yeux étonnés des enfants. Elle tira le drap sur ses seins, sur son nez, rit, odorante et comblée, rester là-dessous jusqu'au soir, ce soir elle le retrouverait, vingt-trois ans, Aimé n'était plus son mari.

– Je viens. Mais ôtez-vous de là.

Ils arrivèrent devant l'église Saint-Sauveur en cohorte, Viviane au bras de Côme qui tenait Marion par la main, Luce portant Jean, et Bonaimé dans son pantalon blanc roulotté. Fraîches et bruissantes, les élégantes de Cayenne passaient le porche, œillade à droite, clin d'œil à gauche, pâles cousines du préfet et Créoles en bouton, avez-vous vu ce chapeau ! et comme elle a raccourci sa jupe ! moue exquise, regardez-moi, admirez-moi. Dociles, les jeunes gommeux en canotier et moustache courte, les Nègres aux pieds plats, les surveillants de la Tentiaire sanglés et suffocants, les libérés étiques, les notables rengorgés pivotaient, chaussaient leurs meilleurs yeux et murmuraient des éloges confus. Ils s'inclinaient dévotement, ombrelles et pieds menus passaient, second rang à gauche, poussez-vous donc, je suis qui je suis. Viviane retint Côme.

– Je ne peux pas entrer.

Il la regarda, surpris. Elle était pâle de dépit. Son chignon natté sommairement croulait, ses paupières et ses lèvres gonflées, sans fard, disaient la nuit d'amour et le lever hâtif. Sa robe délavée, reprisée dans le bas, la serrait au buste. Elle respirait mal et rentrait l'estomac. Point de gants, et sur les boucles rebelles un bibi comique. Elle tortillait son mouchoir.

– Le rouge vous sied divinement. Redressez-vous. Vous me plaisez. On nous a aperçus, maintenant nous devons aller. Menton haut !

Viviane prit place à la moitié de l'église avec les enfants. Luce et Bonaimé restèrent debout, dans le fond. Côme, assis du côté droit, avec les hommes, saluait sobrement ses voisins. On se penchait, on lorgnait, on chuchotait. Le cousin du maire

– mon cher Côme enfin vous! et en quelle compagnie! nous qui ne soupçonnions rien! – lui embuait l'oreille. Le sacristain allumait les cierges sur l'autel.

– Cette jolie dame, c'est donc...

– Ma femme. Elle vient d'arriver, nous n'avons pas encore déballé les malles.

– Ah... Oui, j'avais entendu quelque chose là-dessus. Mais...

– La pauvre chère n'avait que des tenues de frileuse, le printemps a tardé à Paris, n'est-ce pas étonnant pour nous qui rêvons de glace à longueur d'année! Bref elle a dû emprunter une robe à la cuisinière.

– Je comprends... Elle pourrait...

– J'y songeais justement. Comme c'est aimable à vous. Votre épouse lui serait d'une amitié précieuse, et d'un conseil irremplaçable.

– Je voudrais vous dire...

– Pour vos soucis de dédouanement soyez serein, je veille à tout. J'ai quelques accointances au Trésor et à la Douane, j'arrangerai la chose.

– Je dois...

– Aller chez notre ami Vernet, à Rémire, la semaine prochaine? Je sais, il m'a prié aussi. Un bel endroit, et quel hôte délicieux. Vous mènerez vos petites filles, je suppose.

– Avec leur nurse, elles se tiennent encore si mal.

– Nous pourrions voyager ensemble, ma fille Marion a juste l'âge de votre cadette. Ces dames deviseraient, et nous nous causerions entre hommes.

– Ma foi...

– Consultez votre épouse, et dites-moi. Le commandant du camp m'a déjà proposé sa voiture, et aussi Grenoir, l'armateur, je ne suis donc pas en peine.

– Votre femme se nomme?

– Viviane.

Le lendemain, Côme rentra pour souper les bras chargés de cartons. Viviane s'était fait coiffer par Luce, à la mulâtre, avec des rubans et des perles. Chair fiévreuse sous l'ample robe créole, décolletée jusqu'à la pointe des seins, elle le guettait par la fenêtre de sa chambre.

– Réveillez les enfants, et amenez-les ici.

Ce sourire, qu'elle aurait voulu dévorer. Marion et Jean, touchants fantômes en longue chemise blanche, vinrent se blottir dans le grand fauteuil à bascule.

– Maintenant ouvre, et étonne-nous.

Viviane déchira le carton, froissa le papier, déplia une robe, deux robes, une paire de souliers hauts à lacets de cuir vert, des blouses de batiste, des caracos brodés, des jupons ajourés, des bas fins et moelleux, des pantalons courts bouffants, des corsets et de surprenantes culottes qui lui enflammèrent les joues. Les yeux brûlants, elle se rongeait les lèvres. Les petits applaudissaient. Elle essaya, demi-nue, grisée. Côme buvait un ponche liquoreux sans la quitter des yeux. Quand elle laissa glisser son jupon pour qu'il la contemplât, juchée sur ses talons, et qu'il vit le sang, au coin de sa bouche, le sang qu'elle suçait en riant, paupières mi-closes, les reins tendus vers lui, il la poussa vers le lit et la prit, là, sans fermer la porte. Les enfants se balancèrent un moment sur leurs petites jambes, main dans la main, et à reculons retournèrent se coucher.

Viviane pendant quelques mois ne sut plus très bien. Qui elle était, ce qu'elle vivait. Elle avait adopté Côme comme antan elle avait adopté Aimé. Avec une fougue à laquelle son esprit pratique s'était empressé d'accorder sa bénédiction. Lorsque Côme s'absentait, seule dans son lit tiède elle récapitulait, soupesait, et se félicitait. Nouvel homme, nouvelle vie, elle avait gagné au change. Lorsque Côme était là, elle l'aimait. Elle l'aimait de chair et d'âme, sans restriction ni regret. Tout de lui, ses élans, son vice, ses froideurs, sa violence policée, sa prodigalité, sa voix enrobante comme une eau, cet art qu'il avait de séduire et d'affider les êtres sans rien donner de lui, le regard qu'il portait sur elle et qui la dénudait, le désir, surtout, qu'il lui mettait au ventre, et cette ferveur qui l'étreignait à son approche. A Cayenne elle avait pris son rang, on la saluait de loin, voilà la femme du Côme, ses enfants jouaient dans les jardins voisins et Luce prenait des leçons de couture avec la bonne du commandant. Côme manœuvrait posément. Il avait mené Viviane chez l'instituteur, chez deux planteurs cossus, au presbytère et chez l'adjoint du commandant. Lorsque reviendraient les pluies et qu'on s'ennuierait ferme en ville, on la prierait chez la femme du maire et chez la préfète. Il suffisait d'attendre, d'ajuster son ton, ses toilettes, et de donner les dehors d'un couple uni. Marion et Jean s'allongeaient à l'image du jeune bananier derrière la maison. Luce les gavait. Ils dormaient la moitié du jour, parlaient créole entre eux et prenaient soin de ne jamais déranger les grandes personnes. Ils appelaient Côme « *Papa* », et ne posaient pas de questions. Viviane souvent les oubliait.

Noël approchait, Noël tropical, vêtu d'étoiles et de linge blanc. Jean fit l'ange bleu à l'église Saint-Sauveur. Marion pour écrire au père Noël apprit son alphabet. Viviane au pied de l'hibiscus enturbanné leur annonça qu'elle attendait un bébé. Ils se tortillèrent, gênés, et refusèrent les baisers qu'on leur demandait. Côme les envoya au lit.

– Ils sont étranges, tes enfants.

– Je ne peux pas les refaire. Ils te plaisaient, au début.

– Oui... Marion, surtout. Mais je les saisis mal.

– Ce sera plus facile avec le tien.

– Peut-être...

Il l'attira contre lui.

– J'ai besoin de toi.

Elle se redressa, surprise.

– Quand tu es arrivée je caressais des projets que je ne pouvais mener à bien sans femme. Les mois ont passé. Je ne voulais pas te brusquer, il fallait que nous nous installions. Maintenant il est temps. Je veux affermer ma concession en forêt, en prendre une en ville et me lancer dans le commerce avec la Guyane anglaise. L'Administration réserve les concessions urbaines aux couples mariés. Demain tu mettras ta robe verte, et nous irons trouver le commandant. Au printemps dernier il a repoussé ma demande. Fais-toi caressante, parle de ta grossesse, de ton espoir dans ce pays. Il cédera.

– Le commerce... La chasse ne te suffit pas ?

– J'en ai épuisé les ressources. Je connais tous les bons territoires et tous les bons fusils du coin. Maintenant il me faut autre chose. Changer de statut, surprendre. Je suis loin encore des objectifs que je me suis fixés. D'ici deux ans je souhaite pouvoir acheter une maison, pour que tu t'y installes au large avec les enfants, et que nous vivions comme nous le méritons.

– Mais tu seras par monts et vaux, jamais auprès de moi. Avec ce troisième qui va naître. Es-tu sûr...

– Je voyagerai au lieu de chasser, tu ne verras pas la différence. Et puis tu auras ton rôle à jouer là-dedans. Mon idée est d'ouvrir à Cayenne un magasin comme ceux qui existent à Georgetown, un endroit où l'on peut tout acheter, depuis les bas de soie jusqu'aux filets de pêche.

– Un bazar ? Nous en avons déjà, celui de Chang, sur le port, et puis celui du père Jaquot, plus des tas de petits à la Crique.

– Ceux-là sont des fourre-tout pouilleux. Je veux un endroit raffiné, qui rappelle le continent. Les gens d'ici rêvent de Paris, de Londres. L'exotisme pour eux c'est la grande ville, celle d'avant l'exil. Le juste ton se donne, comme en musique. Si tu convaincs les femmes que le « la » est ce qu'auparavant elles appelaient le « ré », elles déplaceront leur gamme et te béniront de leur avoir épargné le ridicule d'une fausse note.

Crois-moi. Je m'y connais en engouements féminins. Si la balle est lancée à propos, toutes les femelles d'ici se battront pour la saisir. Et les hommes, qui ne voudront pas rester sur la touche, suivront. Au faubourg Saint-Germain on se tuait pour être « à la mode ». Tu vas voir. Je vais souffler ce virus-là dans les poumons de nos dames. Chère amie vous seriez tellement exquise ainsi ! Je leur montrerai des magazines récents, choisissez, je vous enverrai une retoucheuse, pas plus d'un mois de délai, vous les éclipserez toutes, même l'épouse du gouverneur, j'aime que les femmes soient éclatantes, des comètes, à la messe tout le monde se retournera. Te souviens-tu le premier dimanche, à l'église Saint-Sauveur ? Comme tu t'es sentie gênée devant ces coquettes qui exhibaient leurs chapeaux ? Ce feu-là prendra, je te l'assure, on ne fait pas de bois plus sec que l'ennui. Oisifs, orgueilleux et riches. Ils flamberont. Et ils ne pourront plus se passer de moi. Je serai leur arbitre. Ne souris pas. Je connais les êtres. Je sais comment on les harponne. Je commencerai par le vêtement, et puis je glisserai, je les envahirai, la décoration, le jardin, le maintien, les jeux, les boissons, l'éducation des enfants...

– Tu ne changeras pas les gens d'ici à ce point. Ils sont trop paresseux, et ils détestent se contraindre.

– C'est vrai. Mais on ne leur donne rien qui les stimule vraiment. Il faut gratter au point sensible. La vanité. Tu n'imagines pas comme cette puce-là peut démanger.

– Et moi ? Tu me mettras derrière le comptoir ?

– Jamais. Tu es ma femme. Mon associée. Tu seras leur modèle. Tu porteras les toilettes, tu te promèneras beaucoup, tu feras des visites, tu montreras en confidence tes dessous, tu promettras le secret, tu diras je passerai la commande à votre place, mais si, cela vous ira divinement, votre mari en sera fou, tu les flatteras, et les liens que tu tisseras ainsi doubleront ceux que moi j'aurai noués.

Viviane, le front plissé, grignotait sa lèvre inférieure. Dans la fumée des bâtonnets parfumés qui brûlaient dans la coupe, à ses pieds, elle cherchait son image en diva des tropiques, tournait sous les soupirs flatteurs, se dévêtait un peu, un peu plus, fermait les yeux, se renversait sur la poitrine de Côme. Les boules de papier colorié, sur le gros hibiscus déguisé en sapin, s'agitaient avec des chuchotis joyeux. Le chat roux miaula vers le ciel.

– Le vent se lève. Il pleuvra demain. Tu crois que ma robe verte plaira au commandant ?

Côme reçut en concession une échoppe rue Christophe-Colomb, avec droit d'ouvrir une cave et d'effectuer tous travaux de rénovation qu'il jugerait séants. Gorge d'Amour prit en bail les neuf hectares plantés, et pour fêter l'accord régala la Crique pendant trois jours et trois nuits. Viviane refusa de s'associer à la bacchanale. Pour la première fois, elle eut quelques mots vifs et ostensiblement bouda. Marion et Jean pleurnichaient. Côme sortit, agacé. Il but sans compter, s'égara dans les bras d'une protégée de Rose, et s'étonna d'y trouver tant de plaisir. Il demanda qu'on lui ouvrît la chambre de la Lézarde, inhabitée depuis un an. Poussière et cannelle. S'allongea sur le grand lit, barque d'heureuses dérives, et pensa aux doigts fins, mon démon, personne ne nous ressemble. Elle n'avait pas écrit. Paramaribo, alanguie sous l'étreinte de son planteur métis. Ce soir elle lui manquait. Quand il rentra chez lui, Viviane dormait dans la pièce du fond, avec les enfants. Il n'alla pas la voir.

Le capitaine de l'*Alecton* l'accueillit comme on retrouve un fils. Sa moustache avait blanchi.

– Ma Muguette est malade. La poitrine. Notre troisième, celui qui avait la fièvre quand je vous ai mené aux dernières pluies, il en est mort, et son petit frère juste après, il avait pas un an. Si elle me lâche, elle aussi, j'aurai plus qu'à chercher le croco qu'il a bouffé mon fils et lui souhaiter bon appétit. Plus le cœur de rien, vous me comprenez, une vieille chose je deviens, la Muguette et les enfants c'est tout ce qui me reste de mon garçon, alors si même eux ils me quittent pourquoi je resterais ? Le sorcier il a tout essayé, il m'a seriné deux coqs et un porc, du sang il en giclait partout, j'ai dégueulé comme si je crachais mon âme. Mais ma noiraude et les petits, ça les a pas guéris. Tenez, j'ai un fond de cognac, pas la mer mais quand même, ça fera un distraiement. Un gros rose pâle qui me l'a laissé le mois passé, je lui donnais pitié qu'il disait. J'aime pas trop les aumônes, mais vrai, ce jour-là j'étais triste, et puis le cognac il en passe pas souvent. Où c'est que je vous pose, cette fois ?

– Georgetown.

– Ah... Vous voudriez pas vous arrêter avant ? Votre amie, la grande en boubou avec des mains tatouées, elle m'a passé un message à votre endroit, que si vous reviendrez elle vous attendait à Paramaribo, elle vous ferait visiter le pays hollandais, que le coton ça devrait vous intéresser rapport à vos affaires. Elle a dit que vous demandiez la plantation à Van Zeulen, le premier venu vous y conduirait les yeux fermés tellement cette possession-là elle est connue. Je vous confie comme ça, en cas.

– Il y a longtemps qu'elle vous a parlé ?

– C'était pas elle, c'était le cocher de son gars, mais il venait de sa part. Il y a de ça cinq, six mois, je sais plus trop, mais il pleuvait pas. J'ai pas transmis parce qu'on m'a appris que votre dame elle avait débarqué avec vos enfants et que vous viviez bien ensemble. Alors je me suis méfié du pétrin, je doutais de vous trouver seul et votre dame peut-être ça l'aurait fâchée. Et puis je me suis pensé il est content, pas la peine de lui rabâcher l'autre, une Noire face à une Blanche ça tient pas, son boubou il en voudra plus, je causerai plus de remuement que de plaisir. Je tapais juste, non ?

Côme rit.

– Si on veut. Mais je descendrai quand même à Paramaribo. Rien ne me presse, je viens glaner des idées. Je peux bien commencer par là. Combien de temps restez-vous à quai ?

– La consigne elle compte deux jours, mais prenez votre aise, je vous attendrai. Vous devrez remonter la rivière de Comewyne, qui traverse les régions à coton. Je la connais, on y navigue comme sur un lac. Un beau coin, vous verrez. Comptez pas le temps, dans la vie faut pas compter. Si vous tardez on réparera les voiles, ça donnera le prétexte. Une semaine, tenez, une semaine ça vous irait ?

– Merci.

Gilles Van Zeulen devait mesurer deux mètres. Un buffle couleur vanille, la démarche ample des coureurs de bois, le rire avenant, les yeux bleus, le nez droit, les cheveux crépelés tirés en catogan, les lèvres grosses, les mains admirables. Il parlait indifféremment l'anglais, le flamand, le dialecte boni et le français, gravait à la pointe sèche et renversait un cheval d'une poussée de l'épaule. La Lézarde à son bras ressemblait à la liane sur le chêne. Elle avait minci, ses traits s'étaient lissés. Elle regardait cet homme, qui penché sur elle la buvait et l'abreuvait. Elle lui murmurait des mots dans sa langue à elle, celle de sa mère indienne, qu'il comprenait sans la connaître. Ces mots-là, qu'il vit plus qu'il les entendit, pincèrent Côme au cœur. Il regretta d'être venu.

– Ne repars pas. Admets-moi. Et aime-moi encore, à ta façon. Tu es mon frère, mon fils et mon meilleur rêve. Ne nous gâche pas. Reste un peu. La floraison commence, je voudrais t'emmener voir les champs.

Côme restait muet. Le pli au coin de sa bouche se creusait, amertume oubliée, il froissait un à un des brins de citronnelle, et dans leur parfum aigrelet cherchait l'indifférence.

– Elle est belle, cette femme qui vit avec toi et que tu dis ta femme ?

– Comment sais-tu ?

– Tu m'intéresses, même de loin.

– Oui, elle est belle, comme sont les brunes qui ont un peu trop de sang. Elle me plaît, et pour ce que je veux en faire elle me convient.

– Tu t'en lasseras.

– Bien sûr.

– Alors tu restes ?

– Jusqu'à samedi.

Van Zeulen fit tuer deux porcelets, qu'on rôtit devant la longue maison rose, frisée de fleurs grimpantes. Du balcon, à l'étage, la vue portait à travers les arbustes d'ornement et les pelouses tendres jusqu'au ponton, sur la rivière, où accostaient les pirogues. Les fenêtres du bas ouvraient de plain-pied sur une terrasse couverte, où l'on soupait à la tombée du jour. Quatre hautes Négresses drapées de jaune s'affairaient autour du feu. Elles chantaient des mélopées venues du fond des âges. A leur plainte douce répondait la voix mate de leurs hommes, cachés dans l'ombre et qui les admiraient. Côme se pencha sur la balustrade ouvragée. Le grand bois lui remontait à l'âme, feulement, tendre menace, la pipe du Sourd André, les seins pointus de la petite Noria. La Lézarde, allongée sur une méridienne cannée, savamment couverte et découverte de lin safran, se taisait, silence de paix, nostalgie langoureuse, elle regardait le dos de Côme, courbé vers le chant grave. Côme qui dormirait seul, cette nuit, et dont la peau brûlerait comme d'un baiser d'ortie. Elle pressa la main de Van Zeulen, parle-lui, va, je t'en prie. Le Hollandais remplit deux verres ambrés et vint s'asseoir contre les genoux de Côme, sur les marches de bois peint qui descendaient vers les pelouses.

– Ces femmes ne sont plus des esclaves, vous savez. Libres depuis 1863, douze ans déjà. Celles-ci se marieront à la pleine lune de mars, ce sont leurs promis que vous entendez dans les buissons. Devant moi ils ne les approchent pas. Mais la plus grande, avec des yeux en biais, est déjà enceinte.

– Vous avez perdu beaucoup de bras au moment de l'abolition de l'esclavage ?

– Très peu. Une dizaine sur cent cinquante âmes, des natures frondeuses, je ne les ai pas regrettés.

– Et chez vos voisins ?

– Ceux qui traitaient bien leurs Nègres les ont gardés, les maîtres abusifs se sont retrouvés seuls avec quelques invalides. Nous avions tout droit sur ces gens, voyez-vous, et certains satisfaisaient sur eux leurs instincts. J'en connais un qui faisait sa couche d'une esclave nouvelle chaque nuit, pubère ou non. Il avait une plantation immense, près de six cents âmes, il tournait l'an sans tâter deux fois de la même croupe. Sa femme, qui était jalouse, surveillait le ventre des élues. Lorsque l'une d'elles menait à terme une grossesse, elle s'emparait du fruit et le noyait de ses mains, sous les yeux de la mère. Un de mes voisins vers l'est fouettait ses hommes et leur coupait les oreilles. S'ils se sauvaient il lançait des chiens à leurs trousses, et une fois rattrapés leur tranchait le tendon d'Achille et les suspendait contre un tronc par des crampons de fer plantés dans la chair du dos, le corps nu barbouillé de sirop. Les insectes prenaient le relais. Les malheureux mettaient parfois quatre jours à mourir. Je n'ai jamais toléré ces façons. J'ai du sang noir, par ma lignée maternelle, et j'ai étudié cinq années les lettres et le commerce en Hollande, où vit encore le père de mon père. J'ai beaucoup observé, et réfléchi du mieux que j'ai pu. Le Nègre est une race d'indolence, de joie et de douceur. Il exige peu. Traitez-le décemment et vous l'attacherez pour la vie. Il ment, vole, mais ne trahit pas. Donnez-lui du pain en suffisance, mesurez les coups, et vous serez son dieu. Il n'a guère d'ambition pour lui-même. Sitôt que son travail lui a rapporté de quoi nourrir sa famille, il se repose, il chante, il rêvasse. Il ne voit pas plus loin que le jourd'hui, et la satisfaction de ses besoins primaires jointe aux jouissances qu'il tire de la nature lui suffisent. Le temps ne pèse pas, c'est à peine s'il existe. De la naissance à la mort il n'y a qu'une boucle, une longue boucle commune aux hommes, aux bêtes et aux plantes, un cycle qui se fait et se défait, à l'image de la forêt d'où sont issus ces peuples. Une philosophie qui rend ces gens-là plus heureux que nous, qui cherchons toujours à atteindre ce que notre main ou notre esprit ne peuvent saisir. Ils ne se révoltent pas contre la nature, ils ne cherchent ni à la vaincre, ni à la transformer. Ils vivent à son pouls, selon sa loi, qui est d'insouciance et d'acceptation. Des sages, à leur manière. Leur seul vice est l'alcool. Sauvages ils boivent du *cachiri* et du *pivori*, qui sont des liqueurs fermentées à base de cassave hachée, d'oranges aigres et de poudres aphrodisiaques, et chez les Blancs ils s'enivrent de tafia ou de genièvre jusqu'à oublier le nom de leurs parents.

Les femmes, au pied de la maison, décrochaient les cochons rôtis et ranimaient les flammes, anguilles couleur de leur robe, qui lançaient des giclées claires jusqu'au faîte des arbres. L'une suivant l'autre, souples et souriantes, elles portèrent la viande et le riz mêlé de légumes sur de grands plats en palmes tressées. Les purées de haricots rouges et de patates douces fumaient dans des pots de terre émaillée. Le vin dans les verres fins, cristal des Flandres, changeait la couleur du sang frais pour celle des rêves blonds, celle des voix chaudes, alentour, qui disaient la mélancolie de l'être à l'approche de la nuit, et le poignant bonheur d'exister. Toute chose était à sa place, en parfaite beauté et harmonie. Côme, renversé dans son fauteuil, guettait les étoiles qui zébraient le ciel fiévreux d'une poussière pressée, trait de poudre brillante, nervure irisée, fin tracé d'une larme sur une joue fardée. Les images au fond de ses yeux s'accolaient et se déprenaient, passant et s'effaçant comme les figurines d'un théâtre d'ombres. Flottant il se sentait, libre de tout ancrage, libre d'elles, qu'il avait voulues et qu'il voudrait encore, elles toutes, la Lézarde qui s'alanguissait contre son Gilles, la blonde Mathilde de Chalancay, Séverine, Viviane, les autres, toutes les autres. Chairs de désirs et de cris. Côme sur la paix qui descendait ferma les paupières et se laissa bercer.

Le lendemain son hôte vint le réveiller à l'aube pour l'emmener visiter la plantation. Une *tent-corrial*, sorte de gondole longue et mince, proue relevée à la vénitienne et poupe sculptée, les attendait au ponton. La Lézarde était tête nue, les cheveux noués bas sur la nuque et tressés de fleurs blanches. Elle embrassa la main de Côme et la porta à sa joue.

– Je t'ai manqué ?

– Juste assez.

Elle sourit, et plia sa personne sous le dôme de toile fixé à l'arrière de la barque. Deux négrillons apportèrent des paniers odorants et une table légère. La Lézarde servit le café, les galettes au miel, les fruits. Une buée rose montait de l'eau. Des bandes d'oiseaux silencieux griffaient la surface d'une aile raidie dans l'espoir maniaque des premiers moucherons. Le canot froissait les vaguelettes, bruissement ténu, comme une étoffe entre les paumes. La rivière se rétrécissait par endroits au point que les avirons des six rameurs, dos lisse nimbé par le soleil levant, frôlaient les bords. Derrière le rideau de palétuviers blancs, dont les racines immergées abritaient des colonies d'huîtres, moutonnaient les champs de coton. Van Zeulen passa sur le banc de Côme.

– Nous avons ici quatre cents akkers, qui font cent quatre-vingts de vos hectares environ, dont les trois quarts sont sous coton. La terre est bonne, riche en sable, calcaire et argile, et facile à drainer. J'ai renoncé à planter les parcelles ferrugineuses. Champ rouge, mauvaise récolte, le peroxyde de fer qui donne cette couleur passe dans les sucs et teinte le coton. Le cotonnier est plus capricieux que la canne à sucre. Il aime certains sols, certaines expositions, en particulier la proximité de la mer, sous le vent des brises du large.

Ils accostèrent sur une berge dégagée, où s'alignaient charrettes et tonneaux. Un chemin longeait la rive. Immédiatement derrière s'ouvraient des canaux d'irrigation coupés de saignées peu profondes, dont la trame dessinait un damier. En noir frissonnait l'eau dormante, en blanc les plates-bandes en fleurs. Chacun des *lits* plantés, large d'une vingtaine de pieds, était traversé par une chaussée. Des madriers moussus joignaient une chaussée à l'autre, afin de ménager les souliers fins des visiteuses. Les hommes, bottés jusqu'aux genoux, s'engluaient en riant dans la boue et sautaient les fossés à l'aide d'une longue perche.

– Voyez-vous, tout notre effort porte sur le drainage. Irriguer. Tant que vous autres Français n'admettrez pas cette nécessité, votre coton restera médiocre. Nous creusons les canaux, nous arrachons les mauvaises herbes, et à la saison des pluies, vers la mi-avril, nous labourons menu, mais en surface. Nous creusons à la main des trous espacés de trois pieds, où nous jetons une vingtaine de graines. La plante germe au bout de trois semaines, et croît comme une tige de haricot. Quand elle atteint deux pieds de haut on éclaircit, et jusqu'à la récolte on sarcle pour arracher cette graminée que nous appelons *tiger-ston*, un vrai lierre qui étouffe les plants.

Côme caressa une fleur, papillon blanc piqueté de jaune, et la froissa lentement entre ses doigts. Peu de suc, et un parfum douceâtre, si léger qu'on le rêvait plus qu'on ne le sentait. La Lézarde le regardait entre les branches avec une insistance curieuse.

– Le cotonnier fleurit d'août à septembre, puis de janvier à février. C'est la période dangereuse, celle qu'affectionnent les parasites. Vous n'imaginez pas comme les insectes aiment ces arbustes. Tous, les crabes de terre, la fourmi manioc, le courtilier, le puceron. Notre hantise est un éphémère jaune à peine plus gros qu'un ongle, qui s'abat en nuage, pond dans les fleurs des milliers d'œufs d'où sortent presque aussitôt des chenilles minuscules. En trois jours elles ont rongé jusqu'aux tiges, la plantation évoque un bois après l'incendie. Un vieux Nègre de mon père conseillait de planter autour des carrés de coton des plants de tabac, dont l'odeur attire ces sortes d'insectes, et dont les sucs narcotiques les empoisonnent. Mes gens le font toujours, les malins, et après la récolte ils sèchent le tabac pour leur compte. Regardez l'intérieur des fleurs. Chacune d'elles en se fanant laisse place à une coque fermée que nous appelons *plomb*, dans laquelle mûrissent les graines. Lorsque six semaines après la floraison ces capsules s'entrouvrent, nous commençons la cueillette. L'an passé, les pluies ont tant tardé que les *plombs* ont refusé de s'ouvrir. J'ai dû déverrouiller mes écluses et laisser l'eau recouvrir les champs le temps d'une marée. Mes voisins ont fait de même, toute la région ressemblait à une plaine flamande inondée. Les coques ont éclos, et nous avons eu une récolte admirable. Ce remède-là est souverain, mais on ne peut en user qu'une fois. En mars, lorsque tout est engrangé, nous coupons les plants à un mètre du sol, et en avril nous remplaçons ceux qui ne donneront plus. Un arbre vit quatre à cinq ans en moyenne.

– Pour quel rendement ?

– Peu gratifiant à première vue. De nos jours un akker rapporte une demi-balle de coton par an, cent soixante-cinq kilos environ, soit à la vente le tiers du produit d'un akker sous cannes. Mais le labeur sur les champs de coton est beaucoup moins pénible que dans les plantations de cannes, la mortalité moitié moindre, et depuis l'abolition de l'esclavage ce que le planteur perd sur les cours, il le regagne sur les salaires. J'aime les gens qui travaillent chez moi, certains vivent sur ce domaine depuis trois générations. Je les veux heureux, en bonne santé, qu'ils fassent des enfants et qu'ils ne me quittent pas. J'ai acheté une première machine à vapeur hollandaise l'an dernier, pour leur épargner de la peine et améliorer les rendements, et je viens d'en recevoir une autre d'Amérique. Je vous les montrerai. Après la cueillette il faut séparer les graines du flocon blanc qui les enveloppe. Jusqu'aux dernières récoltes nous utilisions pour l'égrenage des moulins à pédale ou à bras, qui épuisaient les hommes et donnaient à peine deux cents kilos de coton en neuf heures d'effort. Avec ma machine à hérisson, celle qui vient de Hollande, je fais quatre cents kilos par jour, et avec l'américaine, qui est une sorte de peigne à dents obliques, presque six cents, sans altérer les fibres. Nous vendons du coton longue soie, le plus recherché. Avec cent kilos de coton brut on obtient vingt-huit kilos de coton à traiter, que la machine nettoie, sèche, presse et met en balles elle-même. Les graines servent de combustible, ce qui économise le charbon. Vous devriez réfléchir à ce système, chez vous. Les colons français ne savent ni observer la terre ni en tirer profit. Sélectionnez vos sols, importez des machines, et pour les amortir louez-les à vos voisins, comme je le fais. Votre gouvernement souhaite relancer l'industrie cotonnière, il subventionne largement les planteurs, et encore vous autres tordez le nez!

Côme, pensif, observait Van Zeulen. Statue colossale, crottée jusqu'aux cuisses, la pipe de bambou entre les dents éclatantes, le geste et l'âme amples. Cet homme-là lui plaisait. Ces champs-là aussi, blancs, souples, doux, frémissants comme un sein sous la main. Si loin que portât son regard il ne voyait que des corolles fragiles, baisers éclos sur les branches capricieuses. On rêvait de rester là, de se coucher à même la terre molle, les yeux perdus sous cette voûte idéale, et d'oublier.

– Tu songes?

La Lézarde lui soufflait dans le cou.

– Et si je m'installais ici?

– Dans la région?

– Oui, ici, près de toi, près de ton Gilles. Si je me laissais vivre, un peu, si j'arrêtais de vouloir.

– Cela durerait le temps d'une saison. Tu es du bois dont on fait les navires, pas les maisons. Fait pour les élans et les arrachements. Lavé par toutes les eaux, toutes les sueurs, toutes les larmes. Tu ne t'ancreras jamais bien longtemps. Et puis je te préfère loin de moi, à me désirer parce que tu ne m'as pas, parce que tu ne me vois pas, parce que je te dis retourne auprès de ta Viviane, va jouir d'elle, divertis-toi à l'aimer mais ne ralentis pas ta marche. Notre route serpente jusqu'au couchant, mon loup gris, je la vois dans les veines de tes mains, blanche et noire, jusqu'au couchant. Mon couchant, qui précédera le tien. Pars demain. Pars, je te garde en moi. Ici je veillerai à tes intérêts. Tu veux acheter, je trouverai l'argent, j'achèterai pour toi. Tu auras tes fleurs blanches et tes machines sifflantes. J'enverrai quelqu'un te porter les papiers et les comptes. Ta place n'est pas ici. Tu es un homme de mots, ta force est dans ta bouche, dans tes yeux. Va à Georgetown. Là tu trouveras.

– Et quand je reviendrai te voir, pour nos affaires ?

– Quand tu reviendras me voir pour nos affaires...

Dents de lune, elle lui effleura l'oreille, croqua doucement. Van Zeulen, qui ne la quittait pas du regard, se détourna.

Côme rentra de Georgetown sur Cayenne sans descendre à l'escale. Impatient, concentré. Tandis que l'*Alecton* rechargeait ses chaudières, plié dans l'appentis, derrière le poste de pilotage, il écrivait.

– *Contacter Julien Desforges, correspondant de* La Parisienne *pour les colonies britanniques. Se faire introduire auprès de ses homologues anglais et hollandais. Obtenir abonnements. Mode. Spectacle. Vie mondaine. Londres, Paris, Bruxelles, Amsterdam, Vienne. Voir si expédition possible à Cayenne, se proposer comme correspondant pour la Guyane française.*

– *Fournitures : suivre Diggie Hobbes (vieux beau, aime les hommes et l'argent, le compromettre; tissus de luxe, crinolines, corsets, doublures); Ismaïl Hugh (tonnelet juif, rusé, sanguin, l'amadouer par sucreries fines, se méfier de lui; tous dessous féminins, chaussures deux sexes, confection enfants, jolies dentelles d'importation; vérifier ses liens avec le continent); Long John (inclassable, à étudier, certainement habile, avare, toqué de la petite métis qui tient le comptoir chez lui; accessoires en tout genre, beauté et pharmacie, partitions, divertissements de salon et de plein air, cannes anglaises, ombrelles); Rusty Mac Guiny (faux blond, se croit idéal, devrait m'adorer; armes, alcools, jeux, parfums; bien introduit; trouver son vice).*

– « Personnages » locaux : Samuel Livingbone, attorney général, compétent au civil et au pénal, chauve, protestant, bigot, redoutable, deux filles à marier, femme nerveuse, riche, à circonvenir absolument; Osmond Magway, gouverneur, sourd, bienveillant, épouse à confitures, pas d'enfant, piqué de culture française, adore la musique baroque et les rosiers grimpants; se faire présenter; pouvoir aux mains du conseil colonial, voir qui on peut aborder là-dedans; Master Cox, chef de la police, hercule bonhomme, façons de gentleman, habit noir, tilbury, whist, commente la Bible le dimanche, fort comme deux bœufs, tire au six coups, supplée la police française si demande d'extradition reconnue motivée, imbattable sur nos bagnards en cavale, porte des boucles d'oreille.

– Georgetown : trente mille âmes, toutes couleurs, moins d'Indiens qu'à Cayenne. Quantité de temples, une église jésuite, une synagogue pour les juifs portugais (pullulent, très riches). Tribunal actif. Hôtel du gouverneur genre maison bourgeoise gardée par des zouaves vêtus à la française (apparemment le « genre » français a bonne cote). Peu de familles françaises pure souche, généralement mâtinage anglais ou irlandais. Le consul de France est fils d'horloger, horloger lui-même, enseigne en forme de montre cachée sous les plis du drapeau, archives du consulat dans le fond de sa boutique. Les deux tiers des Français sont d'anciens forçats, libérés ou évadés. Ici on regarde peu à l'origine. Tout se blanchit.

– Pour le commerce : le paquebot anglais arrive de Southampton le 5 et le 20 de chaque mois. Porte courrier et voyageurs. Peut se charger de tous colis, même volumineux. Trouver correspondant pour l'acheminement France-Southampton. Relais sur Paramaribo pour le service postal, par paquebot hollandais. Chemin de fer jusqu'à Berbice. Entre les deux rives de la rivière Démérara, liaison quotidienne par petits vapeurs.

– Remarques : tout est à faire. Gens accueillants, ouverts

aux idées, ont l'amour du commerce, ne répugnent ni au risque, ni à l'effort. Mais pas le goût formé. Pas de modèle. Produits et façons « désordre ». Jolis articles pour dames, peu pour les messieurs, rien ou quasi pour la décoration. S'attacher les fournisseurs. Peuvent importer et faire fabriquer dans l'arrière-pays. Voir coûts main-d'œuvre locale. Ont des tissages plus serrés qu'en Guyane française. Se renseigner sur les modalités douanières.

A Cayenne, Côme trouva le ventre de sa femme arrondi, ses enfants fort polis, ses relations empressées et les travaux de son magasin presque achevés. Viviane dans les trois semaines qu'avait duré son voyage s'était ubiquisée, surveiller les maçons, le peintre, les menuisiers, houspiller, flatter, menacer, se changer, sortir aux heures codées, se montrer, beau chapeau, gants fins, marcher dos droit, place des Palmistes jusqu'au bout, une fois, deux, saluer, sourire, Marion ne traîne pas les pieds, un tour sur le port, ces messieurs de la Douane pouvaient se révéler utiles, la halle couverte, l'église, air gracieux, affairé, nostalgique, mon grand homme de mari, oui je suis seule mais point abandonnée, on se retournait, on la regardait, peut-être me désire-t-il, elle se sentait neuve, si forte, et sa pensée joyeuse se tendait vers Côme. Côme qui avait les yeux, les mains, l'âme de son ambition.

– Décidément le spectacle du ridicule d'autrui me met en appétit. Ma mère disait c'est la race, tu feras un bon chasseur. Je suis un loup, que veux-tu, les agneaux je les croque. On ne va pas contre sa nature, et cette nature-là me sert bien.

Côme, sa cravate nouée haut, se taillait les ongles devant la fenêtre. Dimanche, les cloches sonnaient un galop joyeux.

– La bonne de la préfecture, la grosse avec une loupe sur la joue, elle se marie.

Il sourit en plantant le bout de la lime dans le bois tendre.

– Le préfet bientôt me mangera dans la main. Sa femme

me doit six cents francs, en babioles et pommades. La malheureuse s'endette pour lui plaire, et elle lui donne la nausée. Le brave homme. Quand elle s'approche de lui il croit voir sa mère. Il fuit, il s'enferme, parfois il nous rejoint au cercle, il me tire à part, mon ami, cette grosse femme, je voudrais bien pourtant ne pas la peiner, mais comment m'en démêler ? me voici tout changé comprenez-vous, si j'osais, si je pouvais, et quand je lui propose mon aide il me serre le bras comme un enfant en mal de sucre d'orge. Depuis six mois que je lui ai mis la petite Banette sous le ventre il vit une seconde adolescence. Et sa femme, à qui j'ai fait renifler l'adultère, se dépense à tout vent pour le reprendre. Nous avons de longues conversations à la promenade, maintenant c'est elle qui me recherche. Je l'entretiens avec un air grave, et à pas mesurés j'attise ses alarmes. Le scandale, l'abandon, si son mari commettait quelque sottise qui le fît démettre, sa position ruinée, une retraite honteuse dans la Picardie familiale, les condoléances vinaigrées des cousins, enfin tu vois. Chère Élise. Avant le tournant de l'an elle s'épuisera. Je lui aurai fait manger le pécule qui lui reste de sa dot en parfums, gaines et culottes à jours, et avec le soin que tu mets à m'extraire les échardes, je lui arracherai ses derniers espoirs. Ensuite je lui trouverai un amant. Elle est fraîche encore, et préfète. Je les tiendrai tous les deux. Nous nous amuserons bien.

Viviane, adossée à ses oreillers, le regardait.

– J'aime que tu sois ainsi.

– Je sais. Et c'est parce que tu m'aimes ainsi que tu me plais. Ma plante carnivore. Remets-toi vite, que nous pliions ensemble cette ville à nos genoux.

Léon François Marie Halloir, quatre kilos deux cents grammes, était né l'avant-veille, 13 novembre 1875, sous la pleine lune et le signe du Scorpion. Il criait et tétait considérablement. Viviane, encore très pâle, le touchait, le retournait, jamais satisfaite. Celui-ci elle l'aimerait. Il était à Côme, de Côme. Elle l'en admirait, et déjà à ses menottes serrées elle nouait ses désirs.

Côme près du lit s'affairait, le sourcil mobile et la mâchoire brutale. Une famille. L'idée le dérangeait. Un licou. Lui prenait l'envie de s'ébrouer, de rejeter pêle-mêle ces vies qui s'accrochaient à la sienne. Il ne ferait plus d'enfant.

Le magasin rue Christophe-Colomb, ouvert depuis Pâques, ne désemplissait pas. Point d'enseigne, on n'avait pas besoin d'attirer le chaland, des boiseries blondes, un parquet marqueté, deux longs comptoirs cirés, une seconde pièce, à l'arrière, qu'éclairait une verrière et qui ouvrait sur un patio ombragé où les dames pouvaient prendre le thé. Viviane avait choisi les tentures, les tapis, les arbustes qui s'arrondissaient autour de la fontaine, les poissons du minuscule bassin, les parfums à brûler, les lampes et les vendeuses. D'instinct. C'est à peine si Côme avait retouché le tableau. La composition empruntait à tous les rêves, à toutes les sensualités. Cela sentait l'Italie langoureuse, l'Angleterre douillette, les fastes du Second Empire, les raffinements de l'Orient, les ombres du harem. On se posait là, sur un pouf galonné, on promenait son regard, et sans remuer un doigt on voyageait. Loin de la poussière rouge de Cayenne, que la pluie achevait de fondre en boue, loin du ciel têtu, de la mer crémeuse, de la forêt vorace, des peaux noires suantes, du bagne voisin, des jours sans horizon. On était entré par curiosité, on revint par désœuvrement, puis à mesure que coulaient, identiques, les semaines et qu'on se passait le mot, par un goût qui se tourna en habitude. On s'arrêtait chez Halloir entre le thé et la promenade, et puisqu'on y était bien, qu'on y retrouvait des gens fréquentables, on s'y attardait. Entre deux emplettes – il fallait bien justifier sa présence –, on tenait salon, on causait affaires. Côme à dessein se montrait peu, mais l'esprit partout butait sur lui, et lorsque, rentrées en leur chambre, les dames déballaient jupons et thés fumés, elles lissaient le papier de soie en y cherchant le pli de son sourire. Aimerait-il ? jugerait-il convenable, seyant, parisien ? Leur mari, harassé de questions, de pressions, ne hausse pas les épaules, cette façon de mépriser les choses de femme! toi aussi tu devrais prendre les conseils de Monsieur Côme, je te trouve d'un province! et si nous l'invitions un soir prochain? il est tout ce qu'il y a de mieux, déporté et alors? lui au moins il a combattu, sa femme relève de couches, les aînés sont charmants, tu m'écoutes? je l'inviterai, et tu viendras demain changer tes bottes jaunes, et aussi je veux un nouveau tissu pour ce lit, et redessiner le jardin comme ils font dans la campagne anglaise, Monsieur Côme m'a montré des modèles, le mari saoulé de mots finissait par suivre, et toute honte bue revenait de lui-même.

Très vite il fallut s'agrandir. Séparer les comptoirs, les secteurs. Côme aménagea l'étage au-dessus de son magasin, et prit en bail la maison voisine qui possédait un grand terrain. On joignit les jardins et les redivisa dans la longueur, pour les planter côté ouest à l'anglaise, côté est à la française. L'idée plut tant que Côme promit pour l'an suivant une moitié façon Japon et une autre façon l'Alhambra de Grenade.

A l'étage, dames et messieurs essayaient les modèles dans des cabinets particuliers. Côme sur demande y passait, et en toute discrétion donnait son avis. Deux petits salons de toilette permettaient de se rafraîchir et d'échanger quelques secrets. Chacun d'eux ouvrait sur une sorte de boudoir où les clientes abandonnaient leur peau sèche et leurs muscles affligés. En sirotant du thé vert sucré elles se laissaient masser, épiler, raboter, enduire, défriser, colorer, natter. Sortaient bienheureuses et le surlendemain, à la même heure, reprenaient sur la même méridienne la même pose d'odalisque. Les messieurs avaient leur royaume sous les combles, une enfilade de pièces capitonnées dont on jasait extrêmement. Monsieur payait pour la teinture des favoris et repartait fort satisfait des seins de la coiffeuse. Il poussait rarement l'avantage, craignant Madame, qui sous ses pieds choisissait un fichu. Mais l'endroit, la situation tout ensemble convenable et canaille, lui mettaient au corps l'illusion d'une nouvelle jeunesse. Madame, déjà rentrée et qui l'attendait sur son lit, s'en trouvait aise. Soucieuse d'entretenir ce charme qui la servait, elle l'encourageait à retourner se faire dénouer les muscles – c'est ainsi que vous dîtes, n'est-ce pas mon ami ? – par les demoiselles de Monsieur Côme. Tout était bien, et le compte ouvert par Côme à la banque de Cayenne enfilait les zéros.

– Tu les essaies, tes masseuses ?

– Bien sûr.

– Tu les essaies... complètement ?

Côme sourit, fine couleuvre, Viviane n'aimait pas cette bouche-là.

– Crois-tu que j'ai besoin de cela ?

– Les hommes comme toi n'ont pas besoin. Tu n'as jamais besoin. Tu as envie. Et tu prends.

Il la regarda. Sa femelle ambitieuse, gourmande et sans scrupule. Il la connaissait bien, maintenant, ses attaques, ses détours, ses mensonges et ses naïvetés, il l'avait fait rire, crier, pleurer autant de fois que la mer a de vagues, il l'avait goûtée à toutes les heures du jour et de la nuit, il avait soigné ses fièvres, lavé son sang, enduit ses piqûres, et même une fois en forêt il avait sucé le venin du serpent, deux trous minuscules au-dessus de sa cheville, bouche collée à la blessure élargie au couteau il avait aspiré la mort âcre, et bu dans sa chair le poison pour qu'elle ne mourût pas. Il aimait son ton cassant, ses égoïsmes, ses sursauts, son front haut, son menton d'avant la colère. Son orgueil et ses élans. Le sort en la lui offrant l'avait bien servi. Telle, brutale et rouée tout ensemble, elle lui permettait de continuer à la désirer. Sotte, il l'eût trompée davantage.

– Je t'emmène en ville ?

– Tu ne m'as pas répondu.

– Ne cherche pas à me faire dire ce que tu crains d'entendre.

– Je ne crains rien.

– Si. Et tu as beaucoup à perdre.

La chambre, encombrée de meubles incrustés de nacre, était tendue d'une percale vieux rose dont les fleurs se reflétaient dans les miroirs vénitiens. Théâtral, le lit abritait sous la soie lourde de ses rideaux une profusion de coussins damassés. Un épais tapis blanc feutrait les pas. Trois pékinois, la queue troussée en véhément plumeau, attendaient près de la porte. Devant sa psyché, Viviane s'agaçait à fixer son chapeau. Aux marbrures sur sa nuque, là où s'échappaient les friselis bruns, Côme devinait sa colère. Si ces plumes-là s'obstinaient à glisser, elle ne se maîtriserait plus. Il se leva, lui prit l'épingle des doigts, ajusta la capeline, et à travers le tissu chercha le chignon. Dans la glace, la tête penchée sur l'épaule, elle lui coulait un regard mauvais.

– Écoute-moi. Je t'ai donné la vie que je t'avais promise. En quatre ans, comme je te l'avais annoncé. Une maison, deux calèches, des servantes, tu n'as à t'occuper ni de tes enfants ni de ta cuisine, on t'envie tes robes et ton mari. Ne gratte pas, Viviane. Sous la peau tu trouveras toujours le sang. C'est toi seule qui te feras pleurer. Et je ne viendrai pas te dorloter, les femmes malheureuses m'ennuient. Ne perds pas ton temps. La jalousie prête à sourire, tu vaux mieux que cela.

– Je ne suis pas jalouse. Je me renseigne. Je ne veux pas passer pour une dinde. La dernière au courant. Je trouverais déplaisant que derrière ton dos et par ta faute on pût jaser de moi.

– Pense ce qui t'arrange.

– Ah ! Monsieur est las peut-être ! mais je suis ta femme, sais-tu, et tu m'entendras ! Cette Lézarde qui t'a écrit, c'est quoi ? Je veux bien te passer des filles de magasin, mais tu ne vas pas en plus fréquenter les maquerelles !

Il eut envie de la gifler. Il ne détestait pas la battre. Elle criait et sanglotait avec une justesse parfaite, et ces jeux la ramenaient à lui épuisée, les sens et l'âme à vif. Ils en tiraient l'un et l'autre un succulent parti. C'était cela, peut-être, qu'elle cherchait, la rupture de cette digue, pour que dans les larmes et le plaisir la tension cédât, pour qu'il lui revînt, mon mari, mon homme, pour qu'elle crût le posséder, bien à elle, je suis Mme Halloir. Mais il faisait si doux, dehors, trêve après six mois de pluie. Côme n'avait pas le cœur au drame. Il finit d'arranger le chapeau, et tourna Viviane vers lui.

– Tu es belle. Je t'emmène en ville.

– Non. Montre-moi cette lettre.

Alors il la prit par les épaules, la poussa dehors, les pékinois jappaient, dehors jusqu'à l'escalier, lâche-moi! tu me fais mal! la poussa dans les marches, colonnes blanches, balustre compliqué, elle trébucha, tords-toi le pied et cesse de miauler ou je t'arrache les griffes! rentré dans la chambre claqua la porte, les injures ouatées descendaient le degré, lança sur la pelouse l'ombrelle, le sac de dame, les gants taupe, et penché à la fenêtre, d'en bas elle lui dardait des yeux à lui infecter le sang, il plissa la bouche.

– Ma pauvre amie. Je ne t'aime pas ridicule. Je partirai en voyage demain, et cette nuit je dormirai en ville. A vous revoir, ma chère.

Il ferma la croisée. S'étira. La pièce sentait bon, vanille et giroflée. Il passa dans le bureau attenant, caressa les reliures, pensa à sa petite bibliothèque tournante, canal Laussat, dans la chambre du fond, la chambre du zoum-zoum Missié Côme, ma Fée jamais je lui dira, Luce montrait ses dents dorées en époussetant les livres. Il coucherait là-bas, ce soir, et il passerait un moment chez Rose. Dans le jardin il entendait Viviane appeler le cocher. On finissait d'atteler. Les paons, effrayés, marchaient sur le toit et se plaignaient très haut.

Côme avait acheté cette maison à Pâques de l'an passé, Pâques 1877, en plein déluge. Viviane eût préféré Cayenne, une demeure coloniale avec une terrasse couverte où elle eût rendu leurs invitations aux élégantes qui maintenant la recevaient. Mais la situation ambiguë de Côme avait restreint les choix. Il était fort en cour, certes, riche un peu plus chaque mois et à ce titre envié. Cependant son statut de déporté, matricule 6712, ressortait en certaines occasions comme la tache sanglante sur la clef de Barbe-Bleue. Il lui fallait répondre à l'appel, au mois de janvier, et donner à viser sa carte. Malgré l'entremise du préfet, le gouverneur de Guyane ne le priait ni à ses bals, ni à ses audiences. Enfin en ville, où tout le monde le saluait, une raideur unanime l'empêchait de résider dans le quartier blanc. Il avait décoré chacun de ces salons, planté chacun de ces jardins, sa femme buvait le chocolat sur ces pelouses lisses, mais pas un de ces fonctionnaires repus, de ces négociants cossus, ne lui eût vendu la moindre cabane. Restait la frange du quartier créole ou la campagne. Le bourg de Rémire, à une courte heure de Cayenne, offrait pour un moindre coût l'agrément et la respectabilité. La maison qu'on lui avait proposée était vaste, claire. En passant le portail on marchait deux cents pas et on rencontrait la mairie, l'église, les deux écoles. Des magnolias centenaires ombrageaient la place. Le bedeau y campait en attendant l'office. Il était musculeux, emphatique et épris de poésie. Mme Bertods tenait salon le jeudi après-midi, la veuve Tanpuis le dimanche soir, la belle Mme de Fraches priait à goûter tous les mardis. Les messieurs blancs étaient obèses ou infirmes, et les vigoureux planteurs créoles passaient en calèche sans s'arrêter. Côme pensa que Viviane sans doute s'ennuierait un peu, les premiers temps, mais qu'avec quelques pique-niques où l'on convierait ce qu'on trouverait de mieux, elle s'y ferait.

Côme s'approcha de la fenêtre. La calèche doublait le coin de l'allée. Les coulées de soleil à travers les feuilles faisaient danser sur la robe de Viviane des pièces d'or. Son ombrelle en tombant tout à l'heure sur le gravier s'était cassée au manche. L'orgueilleuse n'avait pas voulu remonter pour en choisir une autre. Elle aurait chaud. Côme tira le rideau et s'assit devant le bureau plat. Entre les deux fenêtres, une série de gouaches reprenaient les bosquets du jardin, et sur le mur, devant lui, les yeux de ses trois enfants lui souriaient.

Ses trois enfants. Les trois enfants Halloir, bien jolis, Monsieur Côme, bien polis, sauf la petite, qui soulève toujours sa jupe devant mon fils. Huit, six et trois ans. Marion s'allongeait comme une liane. Elle étudiait chez les sœurs de Saint-Joseph, qui lui trouvaient le caractère frondeur et l'âme rebelle aux choses de la religion. Des talents certes, mais guère d'application. On lui donnait les verges au moins une fois le mois. Elle regardait les messieurs avec un drôle d'air, et affectait à l'endroit de Côme une froideur qui, sitôt qu'il la gourmandait, fondait en larmes. Elle adorait sa mère, qui à travers Côme n'aimait qu'elle-même. Et lui, qu'elle jalousait, qui la troublait, elle croyait le détester. Elle l'appelait « Papa » et jamais n'avait hasardé une question. Autant qu'elle le pouvait, elle l'évitait. Côme ne s'en offusquait ni ne s'en peinait. Les femmes à mines et à bouderies le lassaient vite. Marion depuis longtemps ne le câlinait plus. Aussi l'oubliait-il, s'agaçant seulement un peu qu'elle prodiguât aux jardiniers des chatteries équivoques. Elle devenait jolie, les épaules et les genoux ronds, la peau duveteuse déjà, des nattes couleur d'acajou roulées en conque sur les tempes, l'œil mordoré, long, très ombré. La femme perçait sous la fillette avec une précocité étonnante. Les mères du voisinage semonçaient leurs garçons, à qui ce bourgeon donnait des suées soudaines et des rêves dont la moiteur ambiante renforçait l'illusion. Viviane trouvait sa fille insolente et se félicitait que les bonnes sœurs la déchargeassent de son éducation. Le dimanche Marion rentrait à la maison après la messe, les domestiques et les chiens la fêtaient, elle se changeait et sitôt le déjeuner avalé se sauvait pour quelque promenade. C'est à peine si sa famille la connaissait.

Les garçons donnaient plus de satisfaction. Jean, qui était haut, brun, et de traits réguliers comme sa sœur, avait troqué ses humeurs distantes des premiers temps pour un tempérament doux et généreux. Il s'ingéniait à plaire et s'émouvait d'un rien. Une caresse, un mot tendre, la joie bourdonnante d'une abeille, la senteur têtue de l'herbe après la pluie, les gambades des biches qui venaient boire à la rivière, derrière le jardin, le plongeaient dans des émerveillements béats. Il se sentait indistinctement amoureux de Marion, de Viviane et de la Vierge Marie, dont il jugeait bouleversant qu'elle eût conçu un fils sans avoir usé d'un père. Il attendait d'autrui un océan de douceur et de connaissance, et le peu qu'il en recevait lui fertilisait le cœur. Côme s'amusait de ces dispositions et lui glissait des livres dans sa table de nuit.

Trois enfants. Côme plissa les yeux. C'est à peine si maintenant il faisait la différence entre Léon, qu'il avait engendré, et les deux aînés, dont les traits par bonheur rappelaient peu ceux d'Aimé. Tous trois l'intéressaient sans l'occuper. Leur petite vie crochue, gourmande, n'éraflait pas la sienne.

Il ouvrit le tiroir, devant lui, et chercha l'enveloppe. La Lézarde avait écrit. Depuis deux ans il lui donnait des nouvelles par l'entremise du courtier Jabott, chargé de leurs affaires cotonnières. Sur le trajet pour Georgetown, il descendait tous les trois mois à Paramaribo, mais il ne la voyait plus. Elle avait acheté pour lui un domaine de deux cents akkers, qu'elle avait confié en fermage à un contremaître de Van Zeulen et dont elle lui versait fort exactement les revenus. Ils s'étaient aimés, quelquefois, dans le kiosque au croisement des allées cavalières où Van Zeulen les soirs de pleine lune faisait jouer de la musique. Retrouvés tels qu'aux jours déjà anciens, de fièvre et de poussière, mon démon t'en souvient-il, il baisait les longs doigts tatoués.

– Gilles veut m'épouser, sais-tu ? Peut-être je devrais...

Il se moquait doucement, il lui disait pas toi, elle le repoussait, le regardait au front, sérieuse, et il sentait Viviane se glisser entre eux. Jamais la Lézarde ne prononçait son nom. Jamais il ne lui parlait d'elle. Mais lorsque la Lézarde lui annonça son mariage pour le printemps suivant, lorsque penché sur elle il déchiffra les creux d'ombre au coin de ses yeux, touchantes meurtrissures, lorsque à la tombée du soir il la vit bâiller et tirer le châle sur ses seins, il partit et ne revint plus. Van Zeulen mieux que lui aimerait la regarder vieillir. Il n'écrivit pas. Elle non plus. Il ne sut pas même si elle s'était mariée.

Côme déplia la lettre, gros papier un peu raide, jaune et sillonné de fibres, la lumière coulait en larmes claires dans les pliures, un cœur battait là, sous l'encre. Déjà il connaissait chaque mot.

La vie coule, mon loup gris, et je m'essouffle, Gilles est malade, d'une fièvre qui le recroqueville comme un pétale fané. Un baiser de moi l'emporterait. Il l'attend, il le souhaite, et je ne peux m'y résoudre. Il mourra avant le retour des pluies. Je me dissous aussi. Si je savais encore désirer tu me manquerais. Quel âge ont tes enfants? Je reviendrai, peut-être, après. Je me reconnais à peine. Le grillon dans mon ventre ne chante plus. Ce que je cherche, ce que j'ai toujours cherché m'échappe. Et toi, me fuiras-tu?

Volets clos, chiens à la chaîne, la longue maison rose se taisait. La glycine qui sous le balcon sculpté laissait goutter fleur à fleur ses grappes trop lourdes disait une lassitude infinie. L'air tremblait, si dense qu'en serrant le poing on croyait le pétrir. Les bougainvilliers dardaient des milliers de langues obscènes. Septembre 1878. En Guyane hollandaise jamais de mémoire d'esclave on n'avait connu pareille chaleur. Il ne pleuvrait pas avant deux grands mois. Les *plombs* des cotonniers, tout racornis, prenaient la couleur des graines de cacao. La terre se fendait de désespoir. Côme abrita son boy dans la remise à outils et grimpa la terrasse. Les portes étaient verrouillées. Sur le seuil, de longues tiges fleuries tressées à des palmes achevaient de pourrir. Le bol de miel posé dessus grouillait de fourmis. Les piments rouges et verts, alignés avec soin et qui devaient composer un dessin, avaient éclaté. Côme dévala les marches et courut à l'embarcadère. Les pirogues amarrées s'allongeaient sur l'eau, immobiles comme de grands chiens endormis. Un frisson parfois les parcourait, caprice d'un poisson sous la coque, hoquet des profondeurs, et la surface ondulait avec elles. Sous la capote de la barque vénitienne, un vieux Nègre dormait. Côme le secoua. Il avait les cheveux blancs, les yeux bleus, délavés, qui n'y voyaient plus.

– Missié j'y sais, l'est venu voilà beau temps, j'y reconnais la voix, ma Lézarde l'aimait beaucoup Missié. Ma Lézarde l'est partie mois passé, beaucoup larmes. Plus personne ici. Missié Gilles tout changé, tout rongé, son oncle venu, très fort et brutal, m'a pas plu, pas di tout. Missié l'Oncle décidé mener Missié Gilles hôpital, très loin autre joue d'océan, Missié Gilles voulait pas mais pouvait plus parler. Ma Lézarde tant pleuré, moi l'a pris dans mes bras, pitite fille, moi lui chanter berceuse, moi lui dire tu restes, moi te servira, tous ici nous te garde, mais l'Oncle beaucoup s'exclamer en l'hollandais, et tous les deux embarquer avec lui. Domaine il porte le noir, Missié il voit les cotons, moi toucher tous les jours, pas progrès, les cotons ils s'empoisonnent du souci qu'ils se font pour notre maître. Missié vous repartir. Ici mauvais vent, malheur y souffle. Ma Lézarde rien dit, rien laissé pour vous, pour moi seulement bracelet, mais moi pas vous le donner pardon.

Dans les rides parcheminées de son bras s'incrustait un jonc d'or mat sans ciselure. Clin d'œil ourlé, j'aime les bijoux silencieux mon démon, qu'ils se taisent sur moi pour mieux me célébrer, je suis un autel, sais-tu, et à la lune rouge une idole... Dents d'étoiles, chair de nuit, une fois il lui avait offert un serpent jaune et lisse qui en se mordant la queue s'était plaqué sur son cou, un serpent barbare qui lorsqu'il l'embrassait le narguait de ses prunelles d'émeraude. Côme serra les mains, prière rageuse, Dieu n'était qu'un sorcier distrait. Ota sa chemise, l'enfila au vieil homme qui balbutiait, prends-la, si elle revient elle la reconnaîtra, dis-lui... – mais quoi lui dire, à elle sur qui les mots glissaient –, entretiens les fleurs, change le bouquet devant la porte, des fraîches tous les jours, le vieux pleurait doucement. Côme posa une bourse sur ses cuisses et à grandes enjambées s'en fut.

Il voulut tromper son désarroi en chiquant, quelle sottise de s'émouvoir ainsi, langue pâteuse, salive noire, le capitaine de l'*Alecton* lui tapotait l'épaule, ça va mon Continental ? l'immonde bâtonnet tournait à la guimauve. Où était-elle partie ? Jusqu'à Georgetown il resta sur le pont, dans l'ombre de la première cheminée, à diluer dans les vagues le sel de ses souvenirs.

Au point du jour suivant, chaudières pleines et le courrier anglais descendu à la cale, l'*Alecton* sifflait. Une jeune fille monta la passerelle en courant, rieuse, elle baisa le capitaine sur sa moustache, je vous ai retardé ? retroussa sa jupe pour enjamber les paquets et d'une ondulation médusante se lova au creux d'un cordage.

– J'ai bien faim, et déjà un peu chaud.

Elle avait ôté son chapeau. Elle regardait le capitaine, et le capitaine comme une liqueur sentait ce regard-là l'emplir jusqu'aux boyaux. Des mangues, des pistaches, un paquet de dattes, et pour protéger le teint délicat une tente de toile bleue. La petite babillait, et remerciait avec dans la voix tous les grelots de Noël. On roulait doucement, sur les flancs de la marée. Le ciel pâle, lavé par l'aube, rosissait.

Côme sortit de l'appentis vers midi. D'humeur épineuse. Il avait oublié son nécessaire à barbe dans un bouge de Georgetown, et ses joues râpeuses le grattaient. Le rictus, au coin de sa bouche, creusait un pli profond. Il trempa sa tête jusqu'au menton dans le seau d'eau douce réservé au rinçage du pont, s'ébroua, jeta un regard mauvais au soleil qui cherchait à tuer, et avisa la tente bleue.

– Ho! capitaine! que cachez-vous là-dessous?

– Elle dort. Ne la réveillez pas.

– Diable! l'affaire est donc d'importance! Vous trafiquez des esclaves, maintenant?

Il passa le nez sous la toile. Dans la lumière bleutée, la jeune fille respirait avec la hâte des rêves joyeux, grimpait le mur adossé à la tonnelle du couvent, et le cœur emballé volait les raisins blonds, gorgés de sucre, qui dans la poche de son tablier tandis qu'elle courait vers le dortoir lui chauffaient le ventre. La sœur tourière agitait son martinet. Les narines pincées, la dormeuse eut un soupir profond. Côme s'accroupit. Très jeune, presque une enfant. Le cou long, les bras minces, les mains d'une finesse de jouet. Elle avait fourré ses bas blancs dans ses souliers et, les genoux de biais, cachait ses pieds nus sous la dentelle de son jupon. Une grosse natte tressée d'un ruban lui barrait la poitrine et venait s'enrouler autour de son poignet. Des poussières jouaient dans l'air chaud, contre ses joues. Elle reposait avec cette confiance glorieuse qui donne honte au mal et écarte son doigt. Le front haut, bombé, les sourcils tracés d'un fusain magistral, les narines transparentes, la bouche ouverte, demi-sourire, sur un secret heureux. La peau d'ambre clair, pâle et mate tout ensemble, se veloutait de parme là où l'effleurait la lumière. Les paupières plus foncées s'étiraient vers les tempes. Côme se pencha davantage.

– Monsieur! je vous prie!

Derrière lui, sèche silhouette caparaçonnée de violet, une femme d'âge incertain le toisait. Sa voilette, trop épaisse et trop raide, l'enfermait jusqu'aux lèvres dans une cage d'où sortait, accusateur, un menton en levier. Elle agitait son face-à-main.

– Je suis la tante. Je veille sur elle.

– Côme Halloir, madame. Votre obligé. Notre capitaine vous a-t-il dit tout le bien qu'il pense de moi? Questionnez-le, il est intarissable. Et rassurez-vous, je ne me soucie pas de troubler le sommeil de votre protégée. Je la contemplais seulement, car elle fait un bien joli objet.

– Bien joli, certainement. Elle ne le sait pas encore, *dear angel*, mais les messieurs, eux, le savent.

Le chaperon avait un fort accent anglais. La part de sang noir marquait plus franchement ses traits que ceux de la petite. Elle avait la bouche plus grande, plus large, une lourdeur au bas du nez, une crépelure dans les cheveux soigneusement tirés, un velours dans la voix qui disaient ses ancêtres. Tout le reste, le maintien compassé, les gants gris, les bottines haut lacées, l'absurde chapeau, les gestes brefs, l'œil sans réplique, la tranquille conviction d'incarner le bon droit, était britannique.

– Vous parlez un français parfait.

La duègne rosit aux tempes, s'inclina comme font les automates, et relevant son grillage envisagea Côme.

– Je remercie votre indulgence. Louise prononce mieux que moi.

Elle s'appelait Louise. Côme entrevit le moyen de noyer le temps, et dans le même baquet l'amertume qui lui séchait la gorge. « *La vie coule, mon loup gris, je m'essouffle...* » Sept heures de traversée jusqu'à Cayenne. « *Et toi, me fuiras-tu ?* » Il invita la tante à la table du capitaine, et avec mille prévenances la fit boire et parler. Miss Banett avait cinquante ans, un fiancé perdu en mer en 1822 et qu'elle pleurait encore, de l'éducation et des espérances considérables. Elle habitait à Georgetown avec son frère qui était armateur, veuf, cardiaque, puritain, richissime et fort préoccupé des mystères d'outre-tombe. Louise emplissait leur vie. Elle les éclairait et les nourrissait. Pour elle ils voulaient le meilleur, la rosée des fleurs, la lune à son dernier quartier et les plus douces caresses des alizés. Qu'elle rie toujours, avec ces lèvres qui entrouvraient le ciel. Ils venaient de la retirer du couvent, où de sept à dix-huit ans on lui avait enseigné ce qu'une jeune fille accomplie doit connaître et ignorer. Elle ne rêvait pas aux hommes, mais souhaitait voir du pays et s'appliquer à quelque chose d'utile. Aussi la tante la menait-elle à Cayenne où les sœurs de Saint-Joseph cherchaient une personne qui pût apprendre l'anglais aux fillettes.

– Je resterai un peu, je louerai une maison commode, les premiers temps Louise rentrera pour dîner et dormir, et puis quand elle sera apprivoisée à son métier je retournerai à Georgetown. Je ne puis laisser mon frère longtemps. Vous comprenez.

– Certes. Mais vos bonnes religieuses n'habitent pas Cayenne. Leur école est à Rémire, je la connais fort bien. La meilleure, sans doute, des trois Guyanes, votre nièce s'y plaira. Cependant elle ne pourra loger avec vous, ni vous la voir chaque soir. Il y a cinq lieues entre Rémire et Cayenne, soit une grande heure de calèche à deux chevaux. Et puis la route n'est pas sûre, des traîne-la-faim y arrêtent souvent les voitures, sans compter les bagnards que je ne recommanderais pas à une dame seule.

– Aoh! Comment donc ferons-nous?

Parfum sucré, sommeil et jasmin, approchée à pas silencieux Louise se pencha et embrassa la duègne dans le cou.

– Voyons, ma tante. Nous nous quitterons plus tôt que prévu. Nous pleurerons beaucoup, cela nous fera des souvenirs, et lorsque vous aurez rejoint Père nous nous écrirons chaque jour. Cela sera si gai de nous aimer à distance.

Pas très grande, toute en cils et en velours de peau. Galamment, Côme s'inclina.

– Mademoiselle...

– Oh! pardon! Monsieur...

La révérence fut parfaite, incongrue et charmante, la grosse natte lui caressait le bout du pied. Elle n'avait pas remis ses souliers. Elle rit, et prenant la main qu'il lui tendait vint s'attabler.

A Cayenne ils se quittèrent grands amis. Le surlendemain, qui était un dimanche, tante et nièce arrivèrent à Rémire, enchantées de la voiture commandée par Côme et surtout du cocher qui les avait diverties de fables et de chansons. On se présenta, on se congratula. Viviane portait une robe de faille poussin un peu trop voyante. On s'extasia sur les roses du jardin, la clémence du temps et la bonne mine des garçonnets. Marion regardait Louise comme si elle eût été la lune entrée dans le salon. Et puis on se hâta vers l'église, car les cloches sonnaient.

Le bedeau resta déjeuner, et aussi la veuve Bertods, qui détestait les dimanches, un jour mort, je n'y puis rien, je m'y ennuie encore davantage. Son mari, qui avait été député de Guyane sous le Second Empire, l'avait installée ici et, prétextant ses voyages obligés, l'y avait oubliée. A mesure que passaient les années et que l'épouse s'épaississait, il avait raccourci ses séjours, jusqu'à ne plus la visiter qu'au Nouvel An. Puis il était mort, lui laissant davantage de fortune que de souvenirs. Et elle, dont l'embonpoint étouffait les désirs, n'avait pas songé à rentrer en France. Son jardinier nègre la servait jusque dans l'alcôve avec une humilité qui la contentait. Elle écrivait beaucoup, se piquait de philosophie et de politique, et sur toute chose émettait des opinions aussi sonores que ses rots d'après-souper. Comme elle avait de l'esprit on lui pardonnait sa méchanceté, et le beau Cayenne montait en calèche pour se presser dans ses deux salons verts. Elle invitait rarement Viviane. Mais elle cousinait avec Mme de Fraches que le député entrant courtisait, et elle avait l'oreille du gouverneur. Aussi Côme souhaitait-il qu'on la ménageât. Viviane craignait ses humeurs vipérines et l'étendue de son bras dont on prétendait qu'à travers l'océan il portait jusqu'au Palais-Bourbon. Dieu sait les commérages qu'une nature pareille pouvait colporter. Quand la grosse femme proposa à Louise de loger chez elle le temps de meubler son appartement chez les sœurs,

Viviane eut un réflexe d'enfant protégeant son jouet neuf, se récriant que la chambre de Mademoiselle était déjà arrangée au second, celle de Miss Banett aussi, et que toute la famille se réjouissait tellement. Côme la regarda, surpris, et tourna les yeux vers Louise, qui aussitôt baissa les siens. Miss Banett se déclara enchantée, remercia effusivement, et pour dédommager la Bertods assombrie promit de venir tous les jours prendre le thé.

Viviane se repentit vite. Au bout de la semaine elle n'était plus maîtresse dans sa maison. La cuisinière, la femme de chambre, le cocher, l'homme de peine, la nounou, le petit boy, le coursier, les pékinois blancs, le mainate et les trois perruches ne songeaient qu'à attirer les regards de Louise. Sans autre audace que son sourire et cette grâce désinvolte qui donnait à son pas des airs de chanson, elle les nouait à ses cils. Un battement long, pouls suspendu, jamais on ne se lasserait de la regarder, un battement court et souffle retrouvé on riait d'émotion. Elle ne calculait rien, ne remarquait rien. Il lui semblait naturel qu'on l'aimât.

La tante Banett repartit à la mi-décembre, lestée de larmes, d'assurances répétées et de galettes au gingembre. Les élèves et les sœurs de l'école Saint-Joseph raffolaient pareillement de la nouvelle institutrice. Marion parlait anglais dans sa baignoire. Jean et Léon guettaient des heures sur le perron le retour de Louise. Viviane tournait à l'aigre et le ciel à la pluie. On fêterait Noël somptueusement. Tout Rémire serait là, même Mme de Fraches, et, hors la famille du gouverneur, on espérait le meilleur de Cayenne. En sept années, le déporté Halloir avait fait du chemin. Viviane attendait la moire de sa robe, commandée tout exprès à une fabrique lyonnaise. Quand elle apprit que Louise porterait de l'organza, pour la première fois elle se sentit vieille, et détesta Côme.

Lui désirait la petite. Avec une ardeur amusée et patiente, rien ne pressait, cette enfant-là ne ressemblait à aucune des femmes qu'il avait courtisées, il cherchait le biais, la clef, Louise ne se troublait pas. Tandis qu'il s'éployait dans tous ses détours pour l'encercler, elle l'envisageait calmement, cils recourbés frôlant les sourcils, et lui tendait la main afin qu'aux siens il mêlât ses doigts, comme si cette étreinte eût été la plus innocente du monde. S'approchait-il qu'elle tournait le dos, et avec une nonchalance de plume déposée par le vent appuyait son corps contre le sien. Ils se respiraient, lui penché sur elle, elle renversant la tête et de la joue cherchant la chaleur sous la chemise. Elle avait une manière de rire, de bouger, de toucher, de se taire, de s'offrir sans le savoir et de se dérober sans le vouloir qui affolait et apaisait dans le même instant. Côme tâtait de ce charme-là ainsi qu'il eût goûté un alcool étrange. Louise le menait en pays inconnu et cette surprise-là lui suspendait le souffle.

Vint le carnaval, qui en Guyane s'ouvre dès la mi-janvier. On s'attela aux déguisements. Chaque famille riche ou pauvre taillait les siens dans le plus grand secret. On chantait, tard dans la nuit, derrière les moustiquaires, on salivait pour enfiler son aiguille et l'on jurait gaiement en se piquant le doigt. Les couloirs des maisons sentaient la colle, les plumes, le velours et la sueur. Côme fit préparer par Rose et Luce deux habits à l'italienne avec un manteau ample tombant jusqu'à mi-cuisse, une large collerette plissée, des pantalons bouffants noués par des flots de rubans, des bas crème, des chaussures à boucles et un masque cousu à un tricorne. Il rangea son costume, qui était anthracite, dans la maison du canal Laussat et envoya l'autre, qui était ivoire, à Louise. Les enfants n'iraient pas à Cayenne. La nounou craignait pour eux la presse et les débordements. Chaque année on ramassait quelques morts et on avortait une dizaine de filles engrossées sur le coin d'un trottoir, par elles ne savaient qui. Ces spectacles-là plantent de mauvaises graines dans le cœur des petits. A Rémire on se tenait comme il sied, Monsieur et Madame pouvaient partir sereins. On fêterait Mardi gras entre soi, avec le bedeau, les impotents, les sœurs de Saint-Joseph et les jeunes élèves.

Les deux chevaux attelés, peints en noir jusqu'aux paturons, poils et crins ras, les oreilles plaquées par un casque, avec sur le chanfrein une corne de rhinocéros argentée, piaffaient devant le perron. Le cocher, troublé par ces créatures extraordinaires, n'osait lever le fouet ni appeler Missié, qui en diable coiffé d'éclairs poursuivait Jean et Léon sur les parterres de fleurs. Viviane, reine des abeilles, s'impatientait.

On arriva à la nuit tombée. A l'angle des maisons, des garçonnets allumaient de hautes torches dont la lueur se tordait en léchant les façades. Les défilés se terminaient. Les bandes d'instrumentistes et de danseurs nus, couverts de grelots, se défaisaient, se mélangeaient et s'agrégeaient plus loin aux vendeurs de beignets et aux montreurs d'oiseaux. En forme de barque, de lézard, de tapir, de faux, les chars s'alignaient sur le pourtour de la place des Palmistes. Par une grâce spéciale du Ciel, il ne pleuvait pas. Des airs de danse, syncopés, martelés, tournaient le coin de chaque rue et comme des fumées ondulaient dans l'air lourd. Des silhouettes étranges couraient ci et là, s'abordant avec de grands rires. Les capes de soie coulaient le long des corps avec des vagues luisantes, et langoureusement dodelinaient des couronnes de plumes, de feuilles et d'yeux innombrables. Sous les rostres, les mufles, les becs, les crêtes et les tatouages rituels on ne reconnaissait personne. Il n'y avait là ni Nègres, ni Blancs, ni Créoles, ni riches, ni mendiants, mais seulement des gorilles, des fleurs, des dieux païens et des sorciers. Même les voix changeaient. Sinueuses, rauques, inquiétantes, elles trahissaient ce que les mots taisaient. Les nuages coiffaient Cayenne d'une ouate presque palpable. La lune ne se lèverait pas.

Côme déplia le marchepied de la voiture. Prit la main de Viviane et, l'ayant baisée, la posa sur le bras d'un colosse couvert d'écailles vertes qui caressait les chevaux.

– Menez Madame, voulez-vous, là où l'on s'amuse. Et prenez grand soin d'elle, je ne la cède pas encore. A vous revoir, ma mie, dans quelques heures.

La maison du canal Laussat, Luce qui l'attendait, j'ai préparé la chambre Missié Côme, le lit du cas-zou, et aussi des compotes et du ponche cannelle. Il l'embrassa au front, se dévêtit, et entré en velours rouge sortit en satin gris. Erra. Une silhouette fine en culottes bouffantes dansait seule, juchée sur une table du marché couvert, au son d'un guitaron taillé dans une calebasse. Dès l'entrée de la halle Côme la reconnut. Le mantelet ivoire, la boucle d'argent aux souliers. La danseuse se tourna vers lui, vit le tricorne, sauta à terre, écarta d'un geste léger la foule qui la pressait. Les masques semblables se penchèrent l'un vers l'autre et, très doucement, accolèrent leurs lèvres de carton.

Louise s'offrit simplement, avec cette grâce parfaite qui ne la quittait jamais. Elle était vierge. Lorsque tout fut fini elle resta là, nue, le ventre bombé, les cuisses longues, sans songer à tirer le drap. Elle n'avait pas dénoué sa natte. Côme prit sa main et la posa sur sa poitrine à la manière des antiques gisants. Des lueurs cornues, crochues, couraient sur le plafond et se tordaient en embrassements brutaux. Du côté de la Crique les tambours s'enfiévraient, des cris griffaient la nuit opaque. Bientôt devant les cafés on enfoncerait les fûts de bière d'orge et les tonnelets de rhum jeune, on boirait à même le flot, vautré dans la boue rouge, guenilleux et puant, et on se chevaucherait là, à tâtons, en bramant son désir. Côme, au bord du sommeil, coulait en lui-même. Haute salle silencieuse. Personne n'habitait là. La voix du rêve chuchota il faut y mettre des fleurs, une femme, un peu de toi. Il serra les doigts frêles. Louise avait fermé les yeux, mais sous les paupières closes elle le regardait encore. Leur paix était ronde comme une perle.

Le ciel las de se contenir creva. Des lanières roides fouettèrent les corps égarés, débraillés, pâteux d'un fouillis de plumes et d'étoffes poisseuses, fondirent les fards qui par traînées grasses coulèrent sur les habits, décollèrent les faux cils, les faux nez, les postiches, poussèrent à gifles puissantes les animaux humains, tout coulants, hébétés de luxure et d'ivresse, sous les auvents où, grelottants malgré la touffeur de l'air, ils se serrèrent humblement, et tête basse attendirent que les dieux voulussent bien pardonner.

Luce glissa dans l'entrebâillure une lippe attendrie.

– Missié Côme! Le minuit l'a sonné et Là-Haut s'est fâché. Si vous allez pas, fée Viviane peut venir. Sûrement elle cherche du sec à cette heure, moi je dis qu'elle pensera à chez nous.

Ils sautèrent du lit, se rhabillèrent gaiement, Chérubin blanc, Méphisto rouge. Louise baissa le masque sur son front de madone. Ils ne s'embrassèrent pas.

Très vite Côme n'y tint plus. Les sœurs de Saint-Joseph surveillaient Louise avec une sévérité espagnole. Il fallait pour se voir trouver des expédients qui irritaient la passion sans l'enrichir. Côme se lassait, non de sa jeune maîtresse mais de l'inconfort et de la hâte de leurs rencontres. Il vanta au préfet les mérites d'une institutrice particulière, le vrai chic parisien, les petits parleront anglais à table, bien sûr je connais quelqu'un pour vous. Et Louise, quittant Rémire sans en avoir averti sa tante, s'installa à l'angle de la place des Palmistes, dans une aile déserte de la préfecture. Côme lui apporta des meubles, des tentures, un lustre, un chat à longs poils avec des yeux comme des lacs d'or. Mon beau sire remportez ces bibelots, quel besoin avons-nous des choses que désirent les autres? Je vous ai connu sur un bateau, je ne veux rien qui nous rattache à la terre. Elle garda seulement le matou et reçut Côme dans d'immenses pièces sonores traversées de vents coulis et de mulots, où les murs écaillés se renvoyaient leurs soupirs poudrés de poussière blanche. Côme ne savait au juste ce qui le jetait si fort vers elle. Sa désinvolture, sa nonchalance, son mépris des convenances et des contingences l'agaçaient souvent. Elle était moins jolie que certaines, moins lascive que d'autres, à ses manières manquait le vernis du monde et à son esprit l'aiguillon des salons. Il complotait de la réformer, de la modeler comme il en avait usé avec toutes ses femmes, mais la main tendue se gardait de l'effleurer. Bien qu'il refusât de se l'avouer il l'aimait exactement ainsi, et tenait à elle immodérément.

Louise chez le préfet rencontrait les têtes coiffées de Guyane. Sans qu'elle fît rien pour plaire sa réputation s'enflait comme la marée montante. Bien que tous les hommes fissent autour d'elle la roue, toutes les femmes chantaient sa louange. On congratulait Mme la Préfète, et remontant à la source on félicitait Côme. Avec des poignées de main entendues, sûr, on vous comprend, mais pas un mot – on crachait dans le vase voisin –, pas un mot. A Cayenne la plupart des couples attelaient à trois ou quatre. Depuis sept ans que sous le manteau il remplaçait la Lézarde, Côme savait tout d'eux. Les vices et les faiblesses des maris, les rêves enfouis des grasses épouses. Quels que fussent l'heure et le caprice, il fournissait. Le plaisir et le secret. Rien, jamais, ne transpirait. On le payait en complaisances diverses. Convenable et commode, pour les diverses parties.

A Louise qui découvrant ce commerce s'en étonnait, Côme répondait mon père se lavait les mains dans la boue jusqu'aux coudes, mais ses manchettes restaient impeccables, et il se parfumait. Je ne tire pas honte de mes compromissions. Rien ne me réjouit comme de tirer les ficelles d'une poignée de pantins. Je flatte leurs bassesses, c'est vrai, mais grâce à moi ne sont-ils pas mieux heureux qu'avant ? Est-ce mal, est-ce bien ? Ma jeunesse m'a forgé à ne rien respecter, à ne rien ménager du monde ni de moi-même. Je porte Dieu sur ma poitrine et Satan dans mon dos. Les traditions sont des couches de tourbe. Que les faibles et les sots s'y vautrent, s'y embourbent et y perdent leur vie. Moi je suis né debout. Mon chemin s'ouvre au-delà des enclos, rien ne me retiendra jamais d'aller vers lui.

Côme frétillait de projets. Trois mois après le carnaval la tante Banett lui avait proposé de s'associer aux affaires de son frère, qui déclinaient. Accessible aux seules nouvelles de pommade lénifiante et de visite sacerdotale, le pauvre homme végétait entre son bol de tisane et l'au-delà. Mrs. Banett avait naturellement songé à Côme. Elle le voyait tous les trois mois lors de sa visite aux fournisseurs, prévenant, le verbe beau et le portefeuille avantageux. Elle connaissait sa situation, obligation à résidence, appel annuel, mais un condamné politique n'est pas un malfaiteur, et celui-ci, qui avait si gentiment accueilli sa nièce, méritait bien quelques égards. Avec un peu d'argent et d'entregent les barreaux s'écartent volontiers. Elle écrirait à qui de droit, qu'on lui fournît seulement les noms et les titres, elle mettrait à la disposition de la famille Halloir une maison à Georgetown, et Côme viendrait résider en Guyane anglaise à mi-temps.

Viviane ignorait ces belles ambitions. Louise était son furoncle, Côme lui cachait ses démarches. Qui d'ailleurs s'enlisaient. L'affaire relevait du gouverneur, sans son accord pas d'avenir, et le gouverneur boudait toujours les Halloir.

Louise ne renonçait pas.

– Si moi, je lui parlais ?

– Tu le connais donc ?

– Je l'ai vu plusieurs fois. Sa femme m'a donné des boucles d'oreilles, très lourdes et très laides.

– Et lui ?

– Lui me dit qu'il m'offrirait l'Amazone et tous ses affluents si je les lui demandais, et encore Paris, et New York, et des diamants.

Côme regardait le soir se couler entre les troncs des palmiers. Là-bas, dans l'hôtel du gouverneur, les domestiques tiraient les moustiquaires et allumaient les flambeaux.

– A la fin du mois de juin j'organise une grande battue derrière le point d'eau du Rorota. Nous serons trois jours en forêt, puis le dimanche en savane. Le préfet, le commandant, l'armateur Grenot, le fils du député Boucard. Les terres finiront de sécher, Ticuna promet des merveilles de gibier. Parles-en autour de toi. Et viens donc avec nous, tu nous feras grand plaisir.

Elle se déplia, souple comme une fumée.

– Je m'habillerai en homme! Tu verras leurs yeux! Et je ne serai qu'à toi.

Le matin de la chasse, Louise arriva escortée du préfet... et du gouverneur. Côme mima une surprise réjouie. Louise l'embrassa, glorieuse, tu ne t'y attendais pas! tu vois que je sais te servir! Il y eut des poignées de main réservées et des hochements de tête soucieux d'éviter les discours. On chemina dans l'aube grise, en silence. La terre ouatée d'un léger brouillard absorbait les pas, et les cœurs dans les poitrines résonnaient. Côme pensait aux clarines des alpages savoyards, aux brumes attardées sur les pentes et qui s'effilochaient aux arbres. Louise marchait devant lui. Le préfet, lorgnon tressautant sur le poitrail bombé, lui écartait les branches avec des gestes de père attentif. La petite l'attendrissait, vrai, sans guère songer à plus il l'aimait bien. Le gouverneur, enflé, l'œil aigu, le cheveu blond gominé avec soin, les lèvres gourmandes et la joue couperosée, affectait une indifférence benoîte. Aux passages difficiles il enlaçait Louise et la soulevait en s'excusant beaucoup. Il avait des allures de matou engraissé dans un grenier à blé, dont les moustaches seules trahissent l'appétit.

On tua tant d'animaux qu'on dut en abandonner aux fourmis sur le bord du chemin. Le dernier soir il plut à verse. Abrité sous une cabane de fortune, le gouverneur regardait Louise qui avec Ticuna attisait le feu. A genoux, cambrée, la chemise de planteur retroussée jusqu'aux épaules, sa natte balayant la poussière bourbeuse, elle riait aux éclats. Le gros homme, un peu pâle, les yeux étirés vers les tempes, se caressait les joues. Côme lui offrit à boire.

– Merci. Tenez-vous beaucoup à cette enfant-là?

– Plus qu'à d'autres.

– Cher ami je suis un homme pratique. Je vous connais par ouï-dire. Vous avez des envies de voyage. J'ai des envies de jeunesse. Donnant-donnant. Un autre verre, peut-être ?

Louise la semaine suivante trouva Côme bougon. Il arrivait tard, l'étreignait distraitement et ne s'attardait pas.

– Tu n'es pas content. Pourtant la chasse...

Faussement enjouée, elle lui caressait les épaules.

– D'ailleurs à propos du gouverneur tu ne m'as rien dit.

Elle se forçait à rire.

– Même pas merci !

– J'ai à te remercier ? Ton gouverneur est un gros cochon albinos très malin.

Ce soir-là ni le lendemain elle n'obtint rien de mieux. Côme coulait le long d'elle comme une eau morte, et lorsque sans un mot il se délaçait de son corps il lui semblait qu'il laissait en elle un trou d'ombre où entraient les fantômes. Elle chercha comment le rejoindre. Le gouverneur la pressait, allons votre Halloir et moi nous comprenons, il est d'une race qui sait s'accommoder. Elle crut, ou voulut croire. Elle voulut, ou crut vouloir. Elle se prêta au gros homme blond. Sans trop de gêne sur le moment, car elle était curieuse et aisément distraite. Mais avec sitôt rentrée dans sa chambre une stupeur qui tourna à l'horreur d'elle-même. Ce n'était pas tant l'acte, dont elle gardait un souvenir fade, que le fait d'avoir pu. Qu'elle, pour Côme qui ignorait son offrande, qui peut-être ne voudrait pas l'apprendre, en fût arrivée là.

Le gouverneur adressa à Côme une lettre presque cordiale, j'arrangerai votre affaire d'ici la fin de l'année, je m'attendais à votre compréhension, les hommes comme vous connaissent les priorités, votre chasse était divine, et viendrez-vous à ma réception du premier août ? mon épouse se réjouit de connaître la vôtre, bien sûr notre jeune amie ouvrira le bal à mon bras.

Côme ne parla de rien. Une nuit il fustigeait Louise de caresses et de mots orduriers, la suivante manquait leur rendez-vous pour la surprendre dans son sommeil et la bercer contre lui, les dents serrées et les yeux fixes. Elle savait qu'il savait. Elle attendait. Qu'il déchirât le voile d'orgueil, de honte, qu'il la battît, la lavât, la rendît à elle-même, et qu'à nouveau elle pût le respecter. Côme évitait son regard.

Vint l'habitude. Elle voyait le gouverneur le dimanche et le mardi, entre onze et quinze heures, dans une maison discrète sur le port. Elle continuait de donner des leçons d'anglais. Le soir elle attendait Côme, qui venait sans être là. Au bal d'août il dansa avec d'autres. Lorsqu'aux premières polkas elle se glissa près de lui, il la salua militairement et quitta le salon.

Il l'aimait encore, mais jugeant qu'ils ne se méritaient plus il s'irritait du pouvoir qu'elle conservait sur lui. Il la méprisait de s'être donnée, se méprisait d'avoir suscité puis toléré son geste, et dans son tréfonds lui en savait gré. Il l'admirait, aussi, pour cette dignité qu'elle gardait et qui la préservait des salissures.

Louise se lassa. Se dégoûta d'elle-même, et de lui qui se taisait toujours. La déception érode les âmes tendres. Lorsque Côme la quittait elle contemplait ses cuisses, ses seins palpés, pétris à quatre mains, fouaillait son ventre qu'elle avait rêvé un sanctuaire, encore, encore, ces mâles qui l'un après l'autre y beuglaient leur plaisir, elle dénouait ses cheveux, mer doucement jasminée, s'y roulait, protège-moi, et dans un sursaut se giflait les flancs, le visage, les reins, je serai laide, me punir, les punir. Elle crut devenir folle. Comprit qu'elle n'était que malheureuse. Fit son léger bagage, et juste avant le carnaval de 1880, un an déjà, cet anniversaire-là lui donnait la nausée, elle rentra à Georgetown. La tante Banett écrivit à Côme comment cette chose-là se peut-elle ? la petite se disait si contente, je ne la reconnais plus, elle se peint les lèvres, dort jusqu'à trois heures et quand je la tance parle de couvent ou de voyager en Europe. Votre bonne influence lui manque. Peut-être elle est *in love*, mais je ne vois pas de qui. Le gouverneur de votre Guyane lui écrit tous les jours. Il semble toqué d'elle, un homme si poli ! Elle aurait bien dû, avant de partir, lui glisser un mot de vos embarras. Où en sont justement nos affaires ? Mon pauvre frère s'amenuise. Nous avons hâte de vous.

Dès qu'elle fut certaine que Louise ne reviendrait pas, Viviane se rapprocha de Côme. Avec un humour et un art qui ne le laissèrent pas froid.

Les enfants cette saison avaient beaucoup grandi. Jean apprenait le latin, et Léon formait ses lettres. Le fils du maire de Cayenne, qui était chocolat uniforme, rusé et suffisant, pourchassait Marion. Les dernières boutures de rosiers avaient produit des fleurs pâles, bordées d'un rouge léger, petites et capiteuses, qu'on ne connaissait pas dans la région. La veuve Bertods et Mme de Fraches s'étaient extasiées. On avait promis des boutures.

Le 10 juillet 1880, le cocher au milieu de la nuit frappa à la porte de la chambre, Missié ! Bonnedame ! vous réveiller ! grand malheur ! le ciel il pleut du feu ! Missié pitié vous lever !

Côme courut sur le balcon. Au loin, du côté de Cayenne, une lueur étrange colorait l'horizon. Les nuages par instants s'embrasaient, crachant des étincelles qui se liquéfiaient aussitôt. Les chevaux, déjà attelés, piaffaient devant le perron.

– Qu'on ne dise rien aux enfants. Je serai rentré à l'aube.

– Et si tu ne reviens pas ?

– Si à midi je n'ai envoyé personne, demande au fils Coutain de t'emmener en ville.

Il partit en telle hâte, à peine vêtu, que Viviane se recoucha en grommelant. Il aurait pu au moins l'embrasser. Il n'avait plus les mêmes gestes qu'autrefois. Elle se rendormit.

Elle ne s'inquiétait pas. Rien jamais ne pourrait atteindre Côme.

A mesure qu'on approchait de Cayenne l'air s'épaississait. Chaud, de plus en plus chaud, lourd d'odeurs mêlées, corne, caoutchouc, paille, pétrole et vase. Des petits animaux le long de la route qui coupait le bois fuyaient, la gueule ouverte et les oreilles baissées. Là-bas, là d'où ils venaient, s'enflait une rumeur indicible, transe de sorcier un soir de sacrifice, craquements, crépitements, cris d'horreur, et par-dessus, souffle énorme, comme un rire satanique, la voix du feu.

Cayenne brûlait. L'incendie avait pris dans les magasins de la Douane, sur le port, on ne savait par quelle main. Et de là, rampant dans le silence des heures quiètes, il s'était jeté sur les quartiers endormis. Le long du quai, dans l'eau fangeuse, une foule hébétée, en guenilles, à genoux, pleurait et priait avec ces balancements qu'ont les singes capturés. Les faces, les bras cloquaient, la peau se fripait, se fendait, léprant les corps noirs de plaques roses. Des bébés racornis hurlaient. Les mères les jetaient dans la mer et se noyaient avec eux. De toutes les rues il en venait, il en venait, courant bras tendus, les yeux révulsés. Les chevaux refusèrent de passer. Le cocher implorait les dieux, Missié, et les esprits de ses ancêtres. Côme continua à pied. La Crique n'était qu'un champ de flammes. Des brandons détachés des cabanes sautaient le canal et s'éteignaient avec des sifflements furieux sur les draps trempés dont on avait couvert la berge. Rose, les filles aux flancs sereins, la chambre de la Lézarde, tout au bout, près du marais Leblond. L'air crissait. On respirait la mort.

Le secteur créole flambait plus sournoisement. Contournant les jardins inondés, les flammèches s'enlaçaient par-dessus les arbres et les toits, rampaient le long des balcons pour se glisser prestement dans les lits désertés. Les larges maisons en lattes blanches s'embrasaient du dedans, et par les fenêtres illuminées comme les soirs de grand bal le feu dans un soupir terrible feulait sa joie. Côme chercha Luce, Bonaimé, parmi les poutres calcinées. Le lit du zoum-zoum, Missié Côme n'y dormirait plus, Viviane surgie au bout du couloir, juin 1872, c'est ainsi que tu m'accueilles ? ses hanches à contre-jour, huit années, l'hibiscus du premier Noël, Léon rouge et braillard, les souvenirs volant avec la poussière grise lui entraient par les yeux. Côme courait, toussait, les demeures des fonctionnaires brûlaient aussi, il heurta un chien fou qui frottait sa croupe grillée dans le caniveau, pourquoi ne pleuvait-il pas ? Place des Palmistes des êtres sans âge ni sexe, dos au carré des palmiers, arrosaient l'incendie, et dans leur colère dérisoire injuriaient les flammes. Des madriers fendus d'où suintaient des fumées chuintantes barraient la rue Christophe-Colomb. Le magasin de Côme tendait vers le ciel deux murailles ébahies. Dedans on enfonçait dans les cendres jusqu'aux cuisses.

11 juillet 1880. Le soleil, englué de fumée, tarda à se lever. La préfecture restait debout, et aussi l'hôtel du gouverneur, qui n'avait perdu que ses cuisines. L'hôpital s'était écroulé sur les malades. Le commandant de la Tentiaire trouva Côme occupé à aligner les blessés sur le môle, la brise du large caressait les plaies vives, les mourants et les vagues mêlaient leurs gémissements, Halloir venez, si, si, venez, quelque chose pour vous, le préfet est là-bas, chez le gouverneur, mon vieux, il faut vous laver, vous avez mauvaise mine.

Côme rentra à Rémire comme Viviane passait à table. Elle se dressa, et devant l'expression sur son visage fendillé, croûté de suie, recula. Il jeta sur les assiettes une grosse enveloppe marron couverte de tampons.

– Fais les malles. Paie nos gens. Tous. Et ramène Marion. Nous partons.

II

Aimé avait pris goût aux crabes. Les longs, jaunâtres, à pinces dentelées, qui sentent la citronnelle, les bruns moussus, les gros rouges couverts d'excroissances, les minuscules crabillons verts qui violent les coquillages et au premier bruit fuient sans toucher le sol, pâles et prompts comme un vent au ras du sable. Il savait tout de leurs usages et de leurs ruses. Des heures il les avait épiés, sous la pluie, sous la lune, sous le soleil qui ôte la raison. Il n'était pas fou, pas encore, croyait-il, mais presque chaque nuit il rêvait d'eux, armées silencieuses et terribles, cohortes déferlantes qui après l'avoir dépiauté et sucé le laissaient sur son lit, béant, l'abdomen et le crâne dévastés. Ils ne touchaient pas au cœur, qui continuait de battre.

Aimé voulait une fricassée de crabes noirs, ceux qui fondent sous la dent sans s'émietter dans la casserole. Attentif aux oursins et aux cailloux tranchants, les sandales de chanvre qu'il avait tressées ne le protégeaient plus guère, il retournait une à une les pierres de la petite digue, du côté est. Le vent caressait ses fesses nues et se glissait dans les déchirures de sa chemise. Des vaguelettes courtisanes lui battaient les cuisses, se haussaient un peu vers l'aine, recommençaient, jamais lasses, avec des chuchotis câlins. Un faux pas et leurs sœurs géantes qui grondaient derrière l'épaule d'Aimé le happeraient. Aspiré, fracassé, perdu. Del Prato, matricule 4566, dévoré par la haute mer.

Le soleil au ras de l'eau se levait. Écrasé, tremblotant, liquide encore. Aimé cala sa musette et s'assit de guingois sur un roc en plateau. Il avait bien le temps. 22 juin, la journée serait longue. Sans doute il ne pleuvrait pas. Il se redressa, manqua glisser, jura. Non il n'avait pas le temps. Aujourd'hui seulement il n'aurait pas le temps. On dînerait à sept heures. Ramasser les crabes, qui ce matin tout exprès se terraient, des algues blondes pour l'accompagnement, balayer, cirer, dresser la table, deux couverts, se laver, se raser, se changer, se peigner. Chanter quelque chose. Il faudrait répéter. Sept heures.

A quatre heures il était prêt. Sur un fourneau de fortune, construit derrière sa cahute avec des pierres plates et de la vase séchée, mijotait le ragoût de crustacés. Atrocement salé, comme toujours, il cuisinait avec de l'eau de mer. La grosse gamelle vingt fois rafistolée gémissait en se gondolant. Trop de braises, trop rouges. Aimé rajouta des cendres. Les cendres il les gardait d'habitude dans une jarre bancale, pour les lancer par poignées du haut de son belvédère, les soirs où le cœur lui pesait. A les regarder s'éparpiller, s'envoler sur l'aile des brises, un peu de lui se dissipait, et il rentrait dans sa chambre allégé.

L'odeur des crabes au gingembre s'enroulait à son cou. Le vent forcissait. Peut-être, au fond, allait-il pleuvoir. Autour des rochers les vagues se hérissaient, crocs géants, jamais apprivoisés. Le phare de l'Enfant perdu crissait. Dans les premiers temps, ces gémissements-là réveillaient Aimé et le jetaient, terrifié, vers l'échelle qui depuis sa cabane descendait sur les rochers. Au-dessus de lui la haute charpente métallique grinçait, il lui semblait la voir vaciller. Si le phare tombait ? Plusieurs tonnes de poutrelles d'acier, une chambre de planches accrochée à mi-pylône, et tout en haut une terrasse couverte, coiffée d'un paratonnerre et qui abritait le fanal. Tombait dans la mer, la mer forcenée, qui ouvrant ses gueules sans nombre rugissait son désir. Il restait jusqu'à l'aube, rencogné dans un trou, trempé d'embruns, sans pouvoir se raisonner. Et puis il s'était habitué. Maintenant le ciel vomissait-il qu'Aimé remarquait à peine. Au fort de la tempête, si cela bougeait trop, il s'asseyait contre un mur, et surveillant sa bougie il taillait de petites barques dans une planche échouée. Une fois équarries, il les polissait. Les vernissait. Et lorsqu'il les jugeait parfaites il les rangeait, flanc à flanc, sur la tablette au-dessus de son grabat. Il ne les mettait jamais à flot. On ne quitte pas l'Enfant perdu.

S'occuper. Aimé se déplia, épousseta son pantalon beige, le pantalon de cérémonie, effrangé dans le bas mais en roulant le revers il n'y paraissait plus. La cendre sur ses cuisses laissait des traînées grises. Il faillit s'attrister, se reprit, ôta le pantalon et dans une flaque le plongea. Le soleil en moins d'une heure le sécherait. Il l'étendit soigneusement, calé par une grosse pierre. Puis il se sentit gauche, lui accoutumé aux guenilles, de rester là, en chemise et caleçon blancs, à surveiller l'ombre du phare qui si lentement s'allongeait sur les flots. Les mouettes autour de lui dessinaient des cercles patients. Pas de poche, pas de miettes. Elles tournoyaient quand même. Il hésitait à bouger. S'il se tachait encore. A regret il retira la chemise, qui claqua comme une voile, et le caleçon de toile grossière, gardant seulement ses sandales. Plia, coinça, et avec une détermination conquérante entreprit de contourner le phare par la face sud. Vingt mètres de rochers glissants, dont il connaissait chaque niche, chaque arête. Côté couchant les blocs étaient plus hauts, plus pointus, comme si les lames, tempérées par la lumière à son déclin, eussent renoncé à les éroder. Il s'assit au creux du petit banc construit de ses mains, sous l'auvent dérisoire que chaque orage emportait. La mer s'enflait avec des ondulations nerveuses. Aimé supputa s'il se baignerait. Renonça. Ne rien faire aujourd'hui qui ressemblât à l'ordinaire.

D'habitude il savait s'occuper. Au bagne on apprend comment meubler le temps. De la cave au grenier, soupentes, cagibis et cachettes. Bourrer les heures jusqu'à la gueule, les gaver comme des oies gasconnes, ne pas laisser une fente par où s'insinuerait la pensée. Dès son transfert à l'Enfant perdu Aimé avait découpé, agencé ses journées. De petits riens qui aboutés joignaient une nuit à l'autre. L'entretien du phare lui prenait la matinée. Badigeonner les pylônes à l'antirouille, nettoyer le fanal, rapiécer le drapeau, conforter les échelles, passer la paille de fer dans sa cabane, mur et plancher chaque semaine, un coup de peinture deux fois l'an, personne jamais ne viendrait inspecter, mais lorsqu'il se couchait il avait l'âme sereine. Après quoi il se trempait dans le bassin qu'il avait creusé entre les rochers, imité de celui construit par les bagnards à l'île Royale. Il y barbotait une grande heure, la tête enturbannée d'un linge, guettant au large les bonds des dauphins et des poissons volants. Jamais il ne s'aventurait hors de son baquet. Les requins infestaient les eaux, et les vagues rendaient la nage périlleuse. Sur la ligne d'horizon, les îlots le Père, la Mère et les Filles, que les Indiens nomment *Samaoun*, *Spénézary* et *Eporcérégéméra*, se dessinaient plus nettement. L'Enfant perdu n'était qu'un écueil minuscule, un crachat de pierraille que l'océan rêvait d'avaler. A mi-chemin de Cayenne et des îles du Salut, sur des hauts-fonds. Autrefois les navires dont le tirant d'eau supérieur à cinq mètres interdisait l'accès à la rade de Cayenne venaient y mouiller. En 1863, on y avait construit un phare, qui signalait l'approche de la côte et commandait qu'on se méfiât. Les courants alentour charriaient les limons boueux des rivières, qui heurtés aux lames de l'Atlantique se solidifiaient en bancs de vase mouvants. On les croyait mous, plats et bien délimités, on les découvrait solides, affleurant à plusieurs encablures de la position annoncée. Les ressacs se gonflaient contre ces barres voyageuses et explosaient en raz de marée monstrueux. De décembre à avril, où les déferlantes redoublaient de vigueur, Aimé veillait toutes les nuits près du fanal. C'est à peine si ses signaux perçaient le déluge, mais en deux années de vigilance il se félicitait qu'aucun bâtiment ne se fût échoué.

Après le déjeuner, qu'il étirait avec un soin maniaque, mastiquant le poisson séché jusqu'à n'en plus sentir le goût, il dormait. Tuait l'après-midi à tailler un roc colossal, qu'il prétendait aménager en abri à provisions, ou à reconstruire la passerelle qui depuis son île courait au-dessus des vagues jusqu'à une plate-forme d'arrimage. Chaque tempête l'arrachait. Heureux qu'on lui fournît de l'ouvrage, il recommençait. Quand les mouettes commençaient à raser l'eau, il montait deux lignes et pêchait. Regardait le soleil se noyer avec au cœur chaque soir la même enfantine angoisse. Cuisait son dîner. A huit heures se couchait.

La mer virait du beige au jaune, avec des stries sombres dans le creux des rouleaux et, çà et là, des raies d'écume blonde. Aimé sur son banc regardait baratter cette crème infinie. Il se sentait paisible, vaguement ému. Les ombres des oiseaux s'allongeaient. Il se leva, retourna du côté est. Se rhabilla soigneusement. Il était temps. Vida la potée de crabes dans une manière de plat, lissa ses cheveux presque blancs. Poussa du pied la porte de sa chambre en entonnant « Joyeux anniversaire ». Une voix comique reprit le refrain. Un mainate pelé sautillait sur le dossier de la chaise. Devant lui, sur la table de bois blanc, deux assiettes ébréchées, une fourchette, une cuiller, deux gobelets, un tabouret à trois pieds.

– Merci Marius. Tu manges avec moi ?

Aimé servit. L'oiseau picorait avec des gloussements, éparpillant les déchets.

– Très joli, très joli !

– Je suis heureux que tu aimes.

– Belle chemise, belle chemise !

Le mainate d'un coup de bec lança sur la poitrine d'Aimé une carcasse juteuse et partit d'un rire féminin. Placide, Aimé s'essuya.

– Le gâteau, le gâteau !

Aimé alluma à grand-peine les bougies, dix cordelettes roulées dans de la cire blanche, 25 novembre 1882. Dix ans de

Guyane, dix ans de bagne. Aimé del Prato avait aujourd'hui dix ans. Marius souffla les mèches une à une, et d'allégresse piétina la galette. Aimé tira de sous son matelas un tout petit paquet plat noué d'une faveur jaune. Rangea le couvert, balaya la table.

– Pour Marius! pour Marius!

Donna à l'oiseau le ruban.

Des cartes, une dizaine, larges d'une paume, coloriées au crayon gras sur le revers. Aimé les étala côte à côte sur la table, à la façon des diseuses d'avenir. Lucarnes encore closes, face contre le bois, depuis tant de mois Aimé tenait verrouillés ses souvenirs. Ne pas regarder en soi, là où pourrissait le corps des êtres chers, où pleuraient les beaux yeux qu'il ne verrait plus, où brûlaient encore l'amour et la haine qu'il ne parvenait pas à immoler. Ce soir d'anniversaire, Aimé se voulait donner en cadeau à lui-même, dix ans qui valaient dix vies, et, vêtu de blanc comme les vierges à l'heure des noces, il se présentait au vantail et levait le marteau pour rentrer en sa mémoire.

– Vas-y mon beau. Retournes-en une. Une seule.

Marius, s'aidant de la patte, ouvrit la première porte.

Le Turc.

– Celui-là tu ne l'as pas connu. Un petit rond de partout, les cuisses, les bras, le cou dégoulinant sur la poitrine. Il secouait sans arrêt la tête, un mouvement bref, gauche, droite, pour se débarrasser de la sueur qui lui coulait dans les yeux. Il trempait son matelas, souvent il m'arrachait au sommeil pour que je lui donne le mien. Il dormait nu, il puait, et dans l'ombre sa peau ruisselait. Le jour il portait deux maillots de coton sous sa chemise, pour absorber. Il rotait en ronflant, et quand il avait fermé la case pissait sur les détenus qui l'agaçaient. Moi il m'a détesté avant de me connaître. Matricule 4566, del Prato, l'aristo, le richard, celui-là on va lui faire bouffer des termites vivants et il chiera du sang. Il m'attendait, il m'avait demandé au commandant, donnez-le-moi, je vais vous le mitonner, les tripoteurs du beau monde ça me fait bander. Del Prato. Tu te rends compte, sans l'avoir jamais vu on savait qui il était, on parlait déjà de lui. De moi. Une image collée sur la bouche. Bâillonné, dès mon arrivée ils m'ont bâillonné. Roulé dans le goudron des traits qu'ils me prêtaient, un malin, plein aux as, un qui sait vivre, qui en a profité, des valets, des cigares, des maîtresses emperlées, sale veinard, maintenant montre un peu comment tu te débrouilles, ils m'ont traîné dans son passé jusqu'à ce qu'une croûte se forme, mélange de mon sang et du sien, et je n'arrivais pas à me débattre, et l'autre, celui qu'ils huaient, ce del Prato que je connaissais à peine, m'entrait par les plaies.

Aimé tira le tabouret et y allongea ses jambes. Aux chevilles la marque des fers ne s'effaçait pas. Machinalement il gratta derrière ses genoux deux grandes plaques d'eczéma, qui purulaient. Marius, ravi qu'on lui fît la conversation, longeait le bord de la table, aller, retour, hochant le bec et ponctuant le discours de fientes jaunes.

– Très joli, très joli! Continue, continue!

– Le Turc ne venait pas de Turquie, mais comme il priait à la musulmane, sur sa couverture étalée en tapis, nous le surnommions ainsi. Très jeune il avait violé sa mère, qui en était morte. On l'avait envoyé à Saint-Laurent. Il s'était hissé porte-clés, et de là *gaffe*. Le monde pour lui s'arrêtait à la porte du camp, il ne se rêvait pas ailleurs. Il surveillait, il punissait. La liberté de soumettre les détenus lui suffisait. Je ne savais pas que des hommes pareils existaient. J'étais si naïf, de ce temps. Je me disais il ne peut être tout mauvais, il joue cette partie-là pour sauver sa mise, c'est l'endroit qui dicte sa loi. Et lui me haïssait avec une franchise joviale. Un nouveau jouet à briser. Lentement, afin de bien en profiter. Le premier soir, au baraquement, il est venu m'inspecter, tourne-toi, vide ton paquetage. On t'a volé tes effets? Tu t'expliqueras au commandant. Belles épaules mon gars, les docteurs apprécieront, et me crachant dans le nez il a ricané tantôt j'irai au bal, plus pour toi mon coco, chez le directeur du bahut, avec les officiers de ton *Revanchard*, oui monsieur, on boira des ponches glacés, et après je danserai la biguine chez Garré avec des mulâtresses que t'as pas idée. Il mentait, bien sûr, jamais ces messieurs de la Pénitentiaire n'invitaient la racaille qui touchait aux détenus. Mais il croyait ferrailler dans mes splendeurs perdues, et que cette nuit je souffrirais.

« Le lendemain ils ont sorti les troisièmes classes, ceux qui venaient d'arriver, après le départ des autres quartiers pour le travail. J'avais dormi comme on se noie. Mon sort, rendu flou par les rêves, m'apparaissait celui d'un étranger. Le Turc nous a poussés en vrac vers le milieu de l'allée, formez deux rangs, la poussière rouge me grimpait aux mollets, la peau me démangeait, surtout dans les plis, l'aine, les aisselles, ce petit gros suant qui gesticulait, je marchais, l'ombre des frangipaniers, un bâtiment à balcon blanc, murs en claustras, pas de vitres, le médecin des troupes coloniales m'a pincé l'abdomen, del Prato, trente-six ans, c'est drôle vous paraissez quinze de moins, robuste, parfait état, bon sujet, apte à tous les travaux, au suivant. Il me semblait flotter. Dans les salles basses de l'hôpital stagnait une odeur de moisi mêlée d'éther et de camphre qui soulevait les boyaux. Derrière les cloisons écaillées on devinait les chancres, les plaies, les corps rongés de vers. L'image du docteur de Saint-Martin-de-Ré, mon garçon je te garderais volontiers, tu ferais un bon infirmier avec tes gestes doux, me remontait aux yeux. Chère voix, et sa pipe qu'il ne quittait jamais.

– Marius jolie voix! Aimé jolie pipe!

Aimé sourit, et d'un pot tira une pipe de bambou et un sachet brun. Roula trois longues feuilles, les émietta dans le creux de sa main, bourra le fourneau. Marius, qui aimait la fumée, lui sauta sur l'épaule.

– A l'habillement on nous a donné une chemise et un pantalon de coton, rayés pour certains, beiges ou gris pour les autres, une vareuse, des sandales à semelle de bois, une gamelle en fer étamé – celle des crabes, tu vois, je l'ai gardée –, un quart, une cuiller et un chapeau de paille que mes bons camarades m'ont volé le soir même. Je me suis relevé en pyjama, les manches me remontaient au coude, les jambes étaient trop courtes, et malgré les lessives la toile empestait la sueur. Le Turc nous attendait dehors. Avec de l'encre il nous a marqués un par un, à la hauteur du poumon gauche. Lors de la distribution les préposés avaient déjà tatoué les effets sur l'envers, mais la consigne voulait un gros numéro côté endroit, sur le devant de la casaque, qui puisse se lire de loin. Le Turc adorait cette cérémonie. Il dessinait les chiffres avec soin, la langue entre les dents, et son visage réjoui dégoulinait comme un fromage sous le soleil. Pour moi il a pris encore plus de temps. Je le voyais de si près que je pouvais compter les cratères de vérole sur ses joues. Il avait le lobe des oreilles coupé à ras du cartilage, et sur son crâne d'étonnantes protubérances. « 4-5-6-6. Del Prato matriculé ! » Il me soufflait dans la bouche, presque collé à moi. « Il a de la chance, monsieur le comte, y a des coins où qu'on le lui aurait imprimé sur la couenne, son numéro, et monsieur le comte il aurait couiné pis qu'un cochon ! »

« Je ne le haïssais pas encore. Je ne le craignais pas non plus. Je ne le comprenais pas. L'étonnement me rendait stupide et impuissant. Je me laissais mener, palper, ficher, et aux questions une voix répondait dans ma bouche que je ne reconnaissais pas. On nous avait mesurés, tête, oreille, avant-bras, on avait pris nos empreintes, il fallait maintenant nous affecter. Le Turc, qui ne savait pas lire, poussait du coude le chaouch voisin du bureau afin qu'il lui souffle le nom de celui qu'on allait introduire. Le chef de centre lui jetait un coup d'œil, et sans échanger un mot ils s'accordaient. Le chef, que les anciens appelaient Bobo-Sec, avait une de ces longues figures sans couleur qui semblent sorties d'un caveau, le cheveu noir clairsemé, pas de lèvres et un lorgnon cerclé d'argent. Une voix frêle, pâle comme ses yeux, et des mains nerveuses, qui couraient sur les papiers avec des crispations d'araignée. Il m'a envisagé par-dessus, les cuisses, le torse, le cou, son registre disait « *dans les affaires; condamné pour crapuleries* », et le Turc en attendant le verdict salivait.

– Dommage de vous coincer derrière un bureau. Une conformation comme la vôtre, il lui faut du mouvement. Bien sûr vous savez écrire et compter, cela pourrait nous servir, mais sur le port aussi vous ferez bon usage. Docker, vous avez le dos large, très bien pour le transport des caisses. Six mois. Après vous reviendrez me voir.

« Au bagne tout se joue dans les premiers instants. Sur un regard, une attitude, la façon de jeter son sac sur l'étagère, de répondre à l'appel, de ferrailler de l'épaule, du genou et de la voix, de raconter ou de taire. On m'avait affecté au baraquement 7. Le camp comptait douze bâtiments identiques, alignés de part et d'autre d'une allée sans herbe. Béton et tôle, cinq marches, une longue salle crépie à la chaux percée de quatre fenêtres grillées, pas d'eau, pas de tinette. Là-dedans on nous entassait à soixante, une planche pour dormir, une autre pour aligner ses trésors, des fenêtres de la taille d'une serviette, où la brise entre les murs épais d'un mètre et les barreaux gros comme des anguilles renonçait à se glisser. Les moustiques attaquaient en volée dès la tombée du jour, et pour tromper la chaleur nous n'avions même pas ces écrans de toile suspendus au plafond, manœuvrés avec des cordes, que les Créoles appellent *pankas* et qui tiennent lieu de courant d'air. Pas un souffle, sinon nos haleines qui nous empoisonnaient. On nous bouclait jusqu'à ce que l'angélus sonne au clocher de Saint-Laurent. La cloche du bagne et le roulement de la diane lui répondaient. Le porte-clés tirait l'énorme barre qui verrouillait notre porte. Nous roulions notre couverture, gamelle dans le dos, et nous nous présentions à l'appel.

« Au-dessus de notre dortoir un étage plus étroit, cloisonné en petites cellules et desservi par un escalier extérieur, ouvrait sur un balcon couvert où le garde de nuit faisait sa ronde. De là on voyait d'un bout à l'autre du camp. Au fond le mur de clôture, haut comme trois hommes, à l'entrée les bâtiments administratifs et les logements des surveillants, construits sur pilotis et peints en blanc, côté soleil levant la cuisine où les hommes de plat venaient chercher la soupe qu'ils redistribuaient dans les cases, côté soleil couchant l'infirmerie. Quelques grands arbres à fruits rouges, un potager soigné par les détenus, un lavoir, une chapelle, un cachot, une cahute qui servait à entreposer les morts. Hors mutiler son voisin, voler et s'évader, dans l'enceinte du camp rien n'était interdit. Et les corvées laissaient aux forçats assez de temps pour que l'individu en eux ne meure pas tout à fait. Voyou, caïd, humble nature, forban, poule ou renard, on pouvait rester soi. Même, comme font généralement les éclairages crus, les traits s'accusaient, et chez certains de mes compagnons arrivés informes se révélaient.

« Sans doute je n'ai pas su. Encore aujourd'hui je ne saurais pas. Bourdonner, me faire valoir, me caler dans un siège et n'en plus bouger. Avoir le geste impérieux, celui qui clôt les bouches et courbe les fronts. Ce talent-là me manque. Et puis c'est vrai, mon nouveau nom m'embarrassait. J'hésitais à le manier, même à le penser. Je craignais de me trahir, et que peut-être, aussi, on prenne pour de la morgue ce qui était de la gêne. Je me taisais, je me tassais. J'offrais à mes compagnons mon dos, et à ceux qui m'abordaient un sourire timide. Une rumeur dont je ne suis jamais parvenu à définir la source leur avait annoncé un del Prato magistral, qui voudrait s'imposer et leur donnerait du fil à retordre. Et moi j'étais Aimé, un Aimé égaré, ébahi, malléable, fort de corps seulement. Ils ont ri, bien sûr, de la surprise, et se sont jetés sur moi.

« Ils s'étaient passé le mot. Avant de me connaître ils me voulaient du mal. J'étais un mondain, un nanti, un qui avait connu des plaisirs qu'eux ignoreraient toujours. Spécimen d'une espèce choyée par la vie, je les unissais contre moi. Un aristocrate, un homme riche n'est respecté que s'il tient son public. Ce del Prato qui leur arrivait avait trébuché. A terre, ravalé à l'infortune commune, il devenait une proie. J'aurais dû riposter, les écraser d'un revers de main, comme je fais des moustiques, mais j'avais beau me raisonner, je n'y parvenais pas. Leur langage de ruse et de brutalité m'était aussi étranger que le dialecte bosch à un Breton. Parfois je m'emportais, j'en rossais un ou deux qui me harcelaient de trop près, mais je n'avais pas la manière. Ces colères-là étaient franches, elles ne portaient pas au-delà de l'instant. Elles passaient comme les pluies d'été en Guyane, et me laissaient triste. Un peu honteux, aussi, des coups donnés qui servaient seulement à me faire détester davantage. Je me dégoûtais de ne pas savoir m'imposer, mais les semaines passaient et je restais le même. Sur le quai de Saint-Laurent je chargeais et déchargeais les bateaux, huit heures de tâche coupées par une sieste. Déjeuner à dix heures, dîner à cinq heures. Je portais les ballots les plus lourds, je me contentais de rations allégées, je ne me révoltais pas. Chaque jour se calquait sur le précédent. Je ne voyais pas au-delà. Je m'appliquais de toute mon âme et de toutes mes forces aux tâches prescrites. Le reste, mes pensées, mes rêves, se noyait dans une brume qu'effilochaient à peine les piques de mes compagnons.

« Je me disais j'aurais pu tirer un lot pire, je ne subis ni les serpents ni les mygales, je rentre dormir au camp, on ne me bat pas, et peut-être si j'y mets du cœur le Turc cessera de me harceler. Je croisais des détenus mieux servis que moi, qui le chapeau en arrière et les mains aux hanches ricanaient de me voir plier sous le fardeau, mais je suis ainsi fait que je ne les enviais pas. Il y avait les balayeurs assis au bord des chaussées ou appuyés, sommeillants, sur leur bâton terminé par un fagot, et aussi ceux qui gardent les bœufs de labour sur le bord du Maroni, affairés seulement à chasser les insectes et à gratter dans l'eau le dos de leurs bestiaux. Il y avait encore les employés aux écritures et les garçons de famille, que le commandant détache auprès des femmes de surveillants et dont on ne sait au juste jusqu'où vont leurs services. Avec un peu de chance et beaucoup d'intrigue, on peut se reposer au bagne mieux qu'à Paris. La Tentiaire fournit le gîte, sommaire, puant, mais à l'abri des pluies, et le couvert étoffé de quelques suppléments suffit à nourrir son homme. Pas moi, bien sûr. Par ma faute. Je voyais bien comment s'arrangeaient les autres, et j'enviais la viande fraîche, le beurre, les légumes dans le bouillon, le sel surtout, dont j'avais presque oublié le goût. Mais je ne pouvais pas voler. Ni menacer, ni intriguer. On ne peut changer sa nature. Dans les premiers temps j'ai eu faim, bien faim. Pour m'en distraire je mâchais des bouts de bois. Mes voisins de chambrée l'ont remarqué. Le richard crevait la dalle, la jolie nouvelle! Alors non contents de me bousculer lorsque je calais les tonneaux et les sacs sur mon dos, entre les courroies de cuir qui me cisaillaient la nuque, de me railler au moindre geste, à la moindre parole, ils ont pris pour jeu de me voler. Ils rognaient ma demi-livre de pain quotidienne, dont je ne retrouvais qu'un quignon, ils coupaient mon vin, et remplaçaient dans ma gamelle le lard salé par de la couenne. Ils pariaient entre eux, et celui qui me dérobait mon savon noir ou les lacets et mes godillots en récompense recevait double ration. Le Turc les excitait, et prélevant sa part des larcins la revendait pour son compte. Mon quart a disparu. J'ai récolté une semaine de fers pour m'être présenté à l'inspection sans un bouton sur ma casaque. Et puis un matin que je n'ai plus retrouvé ma Bible, le sang m'est monté aux yeux. Je n'aurais pas dû tenir si fort à ce pauvre livre moisi aux coins et que je déchiffrais avec peine, mais il me venait de mon petit docteur, en me le dérobant on avait croqué un morceau de moi, à même la chair. J'ai demandé à parler au commandant. Je ne savais pas au juste ce que je voulais lui dire. Tout était si confus dans mon esprit. Mais il fallait que je déblaie une issue. J'allais arracher le bâillon, crier, raconter. Les choses s'arrangeraient. Forcément. Je croyais si fort en la justice des hommes, qui prétend refléter celle de Dieu. J'avais péché, usurpé une identité, trompé ceux qui m'entouraient. La haine sur moi n'était que le châtiment de ma faute. J'avouerais. Je me repentais. Dieu pardonne à qui l'implore sincèrement. Je balbutiais les prières de mon enfance. Tout s'arrangerait. Tout s'effacerait.

« Les bureaux du commandant se tenaient à l'entrée du camp, en face du logement des surveillants. Deux longs bâtiments peints à la chaux, avec un petit perron, une galerie donnant sur l'allée et un toit de tuiles rouges. Des massifs d'hibiscus bordaient les angles. Des fleurs charnues, ouvertes et humides comme des bouches, avec une espèce de langue au milieu qui me faisait rougir. Tout le jour un détenu balayait les abords. Un autre savonnait le bas des murs que les vents de terre saupoudraient d'une poussière sanglante. J'ai demandé le commandant. C'est l'adjoint qui m'a reçu. Je l'avais vu plusieurs fois à l'inspection. Il ne semblait pas mauvais. Blondasse, entre grand et petit, les traits et le ventre mous. Sur toute sa personne flottait une buée d'indolence. Il portait le col ouvert qu'il n'a pas reboutonné à mon entrée, et j'ai aperçu sa braguette qui bâillait. De ses papiers dépassaient plusieurs de ces cartes à dessins érotiques que les forçats traînent dans leurs poches et qui les aident à peupler les nuits. Le carton glacé de celles-ci luisait. Elles étaient neuves, certainement. L'homme m'a toisé d'un air ennuyé. Il taillait un crayon, dont il enroulait les pelures autour de son index. Je m'étais lavé, et hors les taches sur ma chemise rayée je me trouvais présentable. Je me suis dit celui-ci paraît indifférent, il ne sait rien de moi, il ne m'agressera pas. Je me suis senti en confiance, et comme un enfant avoue la bêtise qui lui pèse, j'ai déballé mon histoire. Le *Revanchard*, les cartes, l'enjeu.

« – Matricule ?

« – 4566.

« – Nom ?

« – Del Prato. Enfin maintenant. Avant...

« Il ne m'a pas laissé achever. Il promenait une grosse loupe sur une feuille qu'il avait sortie d'un classeur gris.

« – Écoutez, vieux. Votre salade, je ne suis pas preneur. Désolé. Moi, ici, je ne veux pas de tintouin. Fermez votre gueule de beau garçon. Des boniments j'en entends à chaque livraison de nouveaux, si je les écoutais le bagne se viderait de moitié. J'ai assez de soucis avec les vrais criminels pour ne pas me trimbaler les états d'âme des soi-disant faux. Pas le temps de vérifier, et même si je l'avais, je ne le prendrais pas. C'est votre affaire, pas la mienne. Pas envie de m'en charger. La Pénitentiaire m'emploie pour gérer un camp de forçats, pas pour redresser des torts individuels, et encore moins pour rectifier la roue du sort. Si vous ne mentez pas, il fallait réfléchir avant. La vie ça ne se remonte pas comme les rivières. Vous nous arrivez 4566, del Prato, condamné à sept ans, nous vous prenons pour tel. Point. Ici vous ne serez jamais rien d'autre. Autant vous y habituer. Ceux qui discutent, ceux qui dérangent, on les colle au trou. Longtemps. Calme garanti. La maison aime que les choses restent dans leur ordre. Bien alignées. Quand cela dépasse, on coupe. Voilà. On vous a affecté où ?

« – Docker.

« – Si j'y pense, je tâcherai de vous caser à l'intendance ou au réfectoire des officiers. Vous n'êtes pas sot, et vous présentez bien. Le reste il vaut mieux oublier. Cela ne vous causera que du tort, et du tort, croyez-moi, on peut vous en causer beaucoup. Qui est le responsable de votre quartier ?

« – Le Turc.

« L'adjoint plissa les yeux et n'ajouta rien. Je voyais des ombres vagues, avec de brèves lueurs cruelles, glisser entre ses paupières. Le Turc. Ces deux-là se connaissaient, bien sûr. Peut-être j'aurais dû me taire. Présenter les choses autrement. Le Turc. L'adjoint souriait, maintenant, un drôle de sourire étiré qui lui ouvrait une fente grise sous le nez. Tout était joué. Sa main s'est tendue vers les cartes obscènes qu'elle a repoussées sous les cahiers. Il me considérait avec l'air d'un hibou qui jauge le mulot tapi au pied de son arbre. La tête effritée, j'ai salué et je me suis retiré.

« J'ai essayé de penser. A une autre tactique, à comment rattraper. Je sentais que j'avais bêché le sol en sorte qu'il se dérobe sous moi, mais je ne comprenais ni comment, ni pourquoi. Je savais si mal réfléchir. Cette nuit-là j'ai rêvé d'un puits. J'étais au fond, tordant mon cou vers le rond de lumière aveuglante, là-haut. Mes cris s'épuisaient à grimper les parois, et se liquéfiant à mesure retombaient sur mes paupières en coulées glacées. Je n'avais plus de doigts, plus de pieds, plus de sexe. Un homme-tronc, fiché dans la fange pour l'éternité. La lumière déclinait. J'entendais sonner la cloche des cuisines et la course des forçats me piétinait les tympans. On riait. Les voix se rapprochaient, se penchaient sur la margelle. On remplissait le seau. On le retournait, et l'ordure que je ne pouvais essuyer me dégoulinait sur la tête, m'entrait dans les oreilles, dans la bouche. Sourd et muet, immobile, j'attendais. Que le jour se lève. Le jour ne se levait pas.

« Le lendemain de ma visite à l'adjoint, 2 avril 1873, comme je sortais des tinettes construites en plein air, le long du mur de clôture est, je suis tombé sur eux. Six, sept peut-être, je ne les ai pas comptés. J'ai reconnu Grain d'Orge qui se tenait au milieu, le plus gros, avec son crâne luisant. Depuis le débarquement je ne l'avais pas revu. Le Turc était assis à l'écart, contre un buisson. Il caressait un chien jaune avec le bout d'un bâton. Ils ont marché sur moi sans hâte, en gens sûrs de leur fait. Je ne voulais pas comprendre. Quand ils ont été à deux pas, le Turc a sifflé. Ils se sont jetés sur mes épaules, autour de mes jambes, et sans un mot m'ont battu jusqu'à ce que je vomisse. Le Turc a sifflé une seconde fois. Ils m'ont lâché. Grain d'Orge seul s'attardait, accroupi sur mes reins, les mains pleines des cheveux qu'il m'avait arrachés. Il s'est raclé la gorge et il a craché dans ma nuque.

« – Lavasse ! Y aurait que moi je te saignerais dans ta merde et je t'y laisserais crever. Tu avais donné ta parole, roulure. Tu voulais le beau nom, moi le beau nom je vais te l'enfoncer dans le cul jusqu'à ce qu'il te gicle par la bouche. Elle a parlé la chique ! Salope ! T'y laisseras tes dents !

« Et il soulevait ma mâchoire d'une main, et il la cognait de son autre poing enfermé dans une bande de cuir. Quand le maxillaire a craqué, je m'en souviens bien, un bruit de fagot sec, je me suis évanoui.

« Je suis sorti de l'infirmerie réparé et détruit. Je marchais droit, je parlais sans baver, je mastiquais à nouveau, mais à l'intérieur je n'étais qu'une bouillie. Mon histoire avait fait le tour du camp. Tout le monde me montrait du doigt. Del Prato le faux cul, del Prato la causeuse. On m'appelait monsieur le comte avec des révérences grotesques. Le prisonnier dont on riait, j'hésitais à le reconnaître. Je n'étais plus l'Aimé d'autrefois, le brave Halloir, celui dont ses camarades vantaient la femme, les épaules solides, le lancer de ligne et le sérieux à l'ouvrage. Ni davantage l'Aimé nouveau, le joueur du *Revanchard* qui s'était rêvé del Prato. Les certitudes dont je me croyais pétri, mes rêves d'avenir, aussi, se dérobaient à moi. Je ne savais plus de quelle pâte j'étais fait, et encore moins comment il fallait me modeler. J'avais été élevé en homme simple, en cœur honnête. Je connaissais pour valeurs la franchise, l'effort, la droiture, l'affection, le dévouement à autrui, la modestie, la joie de se réveiller à la place où Dieu vous a posé, sans désir déplacé, sans rancune, sans vindicte. Naïvement j'avais espéré que sur cette terre saine le nom de del Prato planterait des graines magiques d'où, à l'image du haricot du conte, jaillirait une tige qui me hisserait vers des sommets merveilleux. Que j'en naîtrais grandi, paré de ces charmes insaisissables propres aux gens d'ancienne souche dont la fortune auréole la dignité. Je m'imaginais sorti du rang, du vulgaire, salué, considéré. Si je m'étais tenu à mon parti, avec mes épaules et mon titre peut-être mes compagnons auraient fini par me respecter. Mais j'avais lâché la ligne avant qu'ils avalent l'appât, et démasqué je perdais tout crédit. Mes privilèges supposés les avaient dressés contre moi. L'idée que j'aie prétendu les tromper et, plus encore, que je me sois trahi moi-même les dégoûta tout à fait. Le monde du bagne a ses règles. On peut s'y comporter comme une bête brute, mais la parole donnée engage jusqu'à la mort. J'avais failli, j'avais parlé. Je ne méritais que mépris et dérision. Je devins moins qu'un chien, moins qu'un ver. Un usurpateur et un lâche. Ils m'évitèrent, ils pissèrent dans mon bouillon et fourrèrent des cafards dans mon pain. Je ne savais à quelle image de ma personne me raccrocher. Je me penchais au bord de moi, j'épiais mes voisins, et je ne trouvais rien qui me convienne ni me conforte. Ceux qui m'environnaient me faisaient l'effet du chien au chat. Leurs manières me demeuraient un sujet d'étonnement et d'horreur. Les pierres et le ciment manquant pour me reconstruire, je restais informe, en butte à tous les quolibets, en proie à toutes les brimades. Ma force même me trahissait. Je n'osais riposter. Je subissais. Marius tu ne m'écoutes pas.

– Marius écoute ! Marius écoute !

– Non tu ne m'écoutes pas. Descends de cette étagère, tu vas tout renverser. Laisse les barques, celles du bout ne sont pas sèches. Descends. Si tu veux une autre histoire, tourne une autre carte.

Le mainate sauta sur la table.

Pox.

– Tu aimes les chiens ?

– Chien gentil ! Marius gentil !

– Très gentil. Pox était moins gentil que toi, mais quand j'ai dû le tuer j'ai pleuré. Il voulait manger ma fille. Il avait toujours faim, une faim de rôdeur, brutale, inquiète, qui ne s'apaisait jamais. Après son dîner, qu'il prenait à côté de moi, il partait en chasse et, sitôt rentré, la gueule maculée de plumes et de sang, il réclamait son écuelle. Avec cela maigre et pelé, le poil terne, de cette teinte jaune sale qu'a le sable sur la plage de Saint-Laurent, la langue frôlant le sol et la queue basse. Laid, tout à fait laid. Volontiers fourbe, une âme de mendiant et aucune fidélité. Pourtant je l'aimais. Malgré moi, avec une indulgence triste et des espoirs qui renaissaient de leurs cendres, comme certains pères tendres aiment leur vaurien de fils. On me l'avait donné. Le premier cadeau que personne m'ait jamais fait. Ma femme, autrefois, ne me gâtait pas. Elle disait les présents affadissent les hommes, et aussi qu'elle préférait garder l'argent pour le ménage. C'est vrai que je gagnais peu. Dans l'imprimerie, ouvrier, et ensuite contremaître. Je te raconterai une autre fois.

« Quand Pox est arrivé, je vivais dans le grand bois depuis presque un an. Mon entretien avec l'adjoint du commandant et mon séjour à l'infirmerie s'étaient soldés par une affectation au chantier de Gourdonville, en pleine forêt, entre Saint-Laurent et Kourou. On disait de ces camps de défrichage des choses terrifiantes, les insectes, les gardiens, la fièvre, les reptiles. Souvent les hommes se mutilaient pour y échapper. Moi j'y suis parti sans rien regretter. Mon dos sous le poids des caisses se fendillait en plaies purulentes et le frottement des courroies de cuir m'arrachait chaque matin les croûtes de la nuit. Je n'en pouvais plus de vider et d'emplir des bateaux qui repartaient sans moi, le rire éraillé de rhum et de débauche des équipages me coulait dans les veines, hantait mon sommeil, sept années, j'en avais pris pour sept années, même avec une réduction de peine il faudrait résister deux, trois, cinq ans, le découragement montait comme une marée et je tremblais, de chagrin et de rage impuissante. De peur aussi. Mes nuits étaient terribles. Je songeais je ne serai pas à la hauteur, le pari échouera, je mourrai ici, on m'enfouira d'un coup de pelle dans la vase pour économiser le cercueil, et encore tous ils cracheront, et ils riront. Personne ne veut de moi. Je ne sais plus qui je suis. Je fixais le mur suintant, et dans la pénombre je cherchais les dessins naïfs de mes compagnons, papillons à six ailes, mulâtresses lippues, fessues, le boubou retroussé, fleurs énormes, je m'y accrochais, s'évader sur le dos de ces dauphins hilares, sur le cou de ces mouettes noires, ne pas penser, ne pas sombrer.

« La forêt m'a sauvé. Elle tuait mes compagnons, un ou deux chaque semaine, qu'on retrouvait la panse explosée, grouillante de vers, ou l'air méditatif, yeux vitreux grands ouverts sur l'incompréhensible, assis contre un tronc, le croupion rongé par les fourmis. De ceux que les fièvres et les parasites épargnaient, beaucoup devenaient fous. Lentement. Jour après jour on les voyait s'abîmer, comme nos bœufs lorsqu'un banc de vase suceur les tient. On les secouait, on les giflait, on les promenait après la corvée en leur parlant à l'oreille de la France, de la liberté, mais rien ne servait. Ils se rongeaient l'intérieur de la bouche, des heures grattaient la terre pour s'y enterrer, échapper au soleil, aux gardiens qui les rouaient de coups. Leurs cris réveillaient tout le camp. On les assommait, il n'y avait pas d'autre moyen. La plupart mouraient au bout d'un mois ou deux. Quand ils duraient trop, les autres, les sains, murmuraient. Ils n'étaient pas contagieux, bien sûr, mais l'exemple, enfin ces spectacles-là vous ruinent le plus solide moral. On commençait de les regarder par-dessous, on les bousculait, on raflait leur pain, puis leur eau. Abandonnés à leur démence et aux surveillants qu'ils insupportaient, ils finissaient par s'éteindre. Je me souviens d'un jeune qui se débattait avec des hurlements et des larmes d'enfant enfermé dans un placard. J'ai voulu le prendre dans mes bras, le coucher sous un arbre. Il m'a mordu au sang, des dents de renard. Et je l'avoue, je l'ai laissé. Je m'en veux, maintenant. A la tombée du jour, comme je ne l'entendais plus, je suis allé voir. On l'avait égorgé.

« Moi je ne craignais pas les façons de nos pauvres malades. Je connaissais. Le frère de ma mère, autrefois, était fou, un gentil fou qui léchait les portes à la façon des foxterriers et se jetait sur les visiteurs avec des contorsions obscènes. Nous avions peu de visiteurs, et s'il jappait, il ne mordait pas. Il dérangeait peu. Je l'aimais bien. Nous causions à notre façon, et nous nous comprenions. Il ne m'appelait pas, il me sifflait. Je jouais au chien avec lui. Ma femme me trouvait grotesque. Elle ne voulait pas le prendre à la maison, elle disait songe à la petite, il pourrait l'étrangler. Je l'ai moins vu. Un matin un livreur est entré, une forte poussée de l'épaule, nous ne fermions jamais à clé. Mon oncle, qui se tenait courbé près de la serrure à flairer je ne sais quoi, a pris le pêne dans l'œil. Hémorragie, il est mort en deux heures. Ma femme a porté son deuil, mais je la connaissais, elle était soulagée.

« Au campement nos fous m'effrayaient d'autant moins que je ne craignais pas que le bois m'ôte la raison. Je m'y trouvais bien. Cela peut surprendre, mais je t'assure, je bénissais le sort qui prétendant m'envoyer en Enfer m'avait sauvé des hommes. J'habitais une case de bambous sur la rive d'un ruisselet sans nom. Chaque forestier avait la sienne, construite de ses mains. Les cabanes différaient peu, perchées sur une douzaine de piquets qui leur donnaient des allures d'araignées, avec une salle sans fenêtre, et en guise de porte un trou masqué d'un rideau en lanières de palmes. La nuit on y avait chaud, on y avait soif, on s'y abandonnait aux insectes, mais on y dormait seul. On écoutait son souffle, on respirait sa propre odeur, on ne se retenait ni de ronfler ni de se lever pour soulager quelque besoin. On se voyait pauvre à l'extrême, mais, du coucher au lever du soleil, libre. Piètre et précieuse illusion. Cette parcelle-là, quand on la lui rend, change un être. Moi elle m'a fait renaître. Dès l'instant que le canot indien remorqué par une chaloupe de la Tentiaire m'a débarqué dans la clairière, j'ai respiré différemment. J'ai cessé de trembler et de me détester. Plus de Turc, plus de Grain d'Orge. Les gens d'ici se souciaient peu de ma réputation. Trop occupés d'eux-mêmes, et dans leur course à la survie trop fatigués pour chercher des noises. Chacun recevait sa tâche le jour de son arrivée, proportionnée à sa constitution. Le responsable du chantier était brutal mais sensé. Il distribuait les corvées en sorte que le prisonnier frôle l'épuisement sans basculer au-delà. J'étais maigre, à cette époque, et ma figure depuis le séjour à l'infirmerie de Saint-Laurent gardait une drôle de teinte jaunâtre. Le chef m'a tâté le menton et l'abdomen, j'ai tiré la langue et couru autour de son bureau qu'il avait installé dans le tronc évidé d'un arbre à pain monstrueux.

« – Tu tousses ?

« – Non major.

« – Pourquoi tu as cette gueule de travers ?

« – Une chute, major, sur le quai. On m'avait mis docker.

« – Il avait des sacrés poings, ton quai ! Bon. Pas gras. Faudra braconner dans le bois pour ton compte, bonhomme, si tu veux te remplumer. Tu pêches ?

« – Oui major.

« – Bonnes eaux, par ici. Tu y plonges le pied nu, ces goulus ils mordent. Mais le fais pas, hein ! attention aux piranhas. Ici on soigne pas. T'es blessé, tu crèves. Je te le dis, à toi de t'en démêler. Tes copains ils le savent et ils se surveillent. Bon. M'emmerde pas et je te laisserai tranquille. Le boulot, pas sorcier : tu vises les arbres marqués, les grands, y pèsent cinq-six tonnes, tu t'en abats soixante, tu les scies dans la longueur par boudins de cinq mètres, tu te dégages par une voie jusqu'au fleuve, notre rivière-ci elle se navigue pas, tu te charries tes troncs jusqu'à l'eau, tu les arrimes sur les radeaux, et tu tires un coup avec les haleurs jusqu'à l'appontement des remorqueurs. Voilà. Je te donne un mois. Si tu termines en quinze jours, tu gardes ton temps pour toi. Je te conseille de t'accoupler, à deux on se prend moins de branches et de serpents sur la gueule. Méfie-toi des insectes, dans le coin c'est un bonheur de naturaliste, y sont plus gros et plus remuants que partout ailleurs. Protège tes pieds avec des feuilles de bananier, tu empaquettes jusqu'au-dessus de la cheville et tu ficelles avec une liane. Ça dissuade les araignées et les chiques. Ta cabane tu te la montes, bien sûr. Petit-Jean te donnera les outils. Tu la piques au bout, reste pas d'autre place. C'est toi qui garderas la clairière. Les fauves pour les dégoûter tu leur jettes de l'huile chaude où tu fais mariner un putois décomposé, cette odeur-là ça les débecte. Allez. Bon vent.

« Petit-Jean vivait au campement. J'ai eu peur, d'un seul coup, une de ces vilaines peurs qui charcutent les boyaux. Petit-Jean. Pourquoi le sort me le renvoyait-il, lui, justement lui, qui savait tout de moi ? Les autres passagers du *Revanchard* je les avais revus de loin en loin, aux cuisines, à l'inspection, chez le barbier, à Saint-Laurent j'en avais même trois dans mon dortoir, mais ils se fondaient dans la masse unanimement hostile des forçats. Qu'ils m'aient connu " avant " ne semblait pas dicter leur conduite. Ils s'alignaient, sans plus. Dans les tout premiers temps je m'étais inquiété, je les avais guettés. Et puis, rien ne venant, je les avais oubliés.

« Petit-Jean ne m'a pas reconnu. Je me tenais devant lui, un peu gauche, hésitant à parler. Il me regardait sans me voir. Il marmonnait, et hochait la tête avec conviction. Il semblait réfléchir à une affaire essentielle. J'attendais. Il a grommelé des outils, oui, oui, je viens, il m'a ouvert la remise, une pelle, une pioche, des courroies, des clous, deux scies, il m'a accompagné au bord de la rivière, plante-toi sur ce coin plat, personne te dérangera, je t'aiderai un peu au début, pas trop, ici faut penser à soi d'abord, m'en veux pas. Je respirais mal. Je lui ai tendu la main. Une taie a glissé dans ses yeux. Il s'est reculé, il est tombé sur une souche.

« – Ça nom de Dieu ! Toi !

« – Eh oui.

« Nous n'avons rien dit de plus. Jamais. Lui si bavard autrefois ne parlait plus que par phrases hachées qui se suivaient en désordre. De questions concernant le chantier exclusivement. Rien de personnel. Il cuisinait pour les forestiers, se servait le premier, on le caressait, sa case-bambou était plus large et plus aérée que les autres, il portait les cheveux courts, et non rasés, il ne touchait pas à un stère de bois et le matin ronflait jusqu'à huit heures. Pourtant quelque chose en lui semblait détraqué. Il s'amenuisait jusqu'à ressembler à un rat rouquin, le museau effilé, les pattes minuscules, le corps fébrilement occupé. Un banc de vase avait englouti son frère Marcel, devant lui, qui n'avait pas osé le secourir. A la fin de l'année passée, vers la Noël. Il était resté piqué là, pétrifié, et l'autre hurlait, et jurait, et suppliait, l'autre l'avait maudit, son propre frère, jusqu'à ce que la fange lui englue la bouche. Puis la boue s'était hissée au nez, colmatant les narines affolées, et Petit-Jean avait vu les yeux basculer, révulsés, sur une horreur sans nom. Quelque chose de cette horreur-là s'était glissée en lui, et malgré ses efforts pour l'étouffer y prospérait. Il s'activait considérablement, trottant tout le jour, cueillant des baies, posant des pièges, sarclant son carré de légumes, touillant et goûtant bien avant l'heure, anxieux que tout soit prêt, et bon, très bon, vous aimez ? vous aimez ? il voulait qu'on le remercie, qu'on le félicite, et quand se levait la lune il avalait une mixture nauséabonde qui l'abattait en quelques minutes. On le portait sur sa natte où il dormait sans se retourner jusqu'au lendemain.

« Très vite j'ai cessé de m'inquiéter. Ce garçon-là ne me nuirait pas. J'ai recherché sa compagnie. Presque malgré moi. Mes souvenirs m'attachaient à lui, et machinalement mes pas m'amenaient au pied de sa case. Je grimpais la petite échelle, j'écartais la portière. Il gisait, inconscient mais toujours agité, ses bras ramaient, ses jambes couraient, et d'une voix pâteuse il donnait des conseils au marmiton de son rêve. Je le contemplais longuement. Je ne saurais dire pourquoi. Mais le lendemain je revenais.

« Un jour Petit-Jean est rentré de la forêt avec un curieux visage. Marbré rouge et blanc, par plaques inégales, avec des yeux enfoncés et brillants. Il semblait plus gai qu'à l'ordinaire, ses mains sursautaient et se tendaient, il gambadait moi aussi je deviens fou, je m'en vais finir comme Trachard, en me pendant par les pieds à une branche basse ! Il se grattait sans cesse le nez et le front. Et puis il a commencé à se plaindre. Des tempes, de la nuque, cela lançait, cela démangeait, les sinus surtout, une migraine effarante, la gorge brûlait, il avait soif, si soif. Son visage enflait, se tuméfiait, les taches rouges tournaient au violet et les blafardes au jaune. Je ne savais comment le soulager. Je le cachais. Le chef n'aimait pas les malades. Le médecin est passé à la fin de la semaine. Sa tournée habituelle, ensuite il continuait sur Kourou. Je lui ai montré Petit-Jean qui depuis la veille soufflait par le nez des filaments sanglants et de drôles de choses blanchâtres, molles, de la grosseur d'un pépin de pomme. Le docteur n'a pas hésité. Des larves. Le cas était terrible mais banal. Petit-Jean avait dormi dans le grand bois, une sieste sous un arbre, ou dans un abri. Pendant son sommeil une petite mouche assez semblable à la vulgaire mouche à viande, mais que les hommes de science nomment *Lucilia hominivore*, s'était glissée dans ses narines et y avait pondu. Les œufs avaient donné des larves, des milliers de larves qui usant des sinus comme d'une ruche s'y métamorphosaient. L'essaim de là bientôt prendrait son vol. Parfois l'insecte choisissait les tympans. Ou les deux orifices successivement. La fin dans ce cas venait plus vite. Petit-Jean hurlait. Je me suis allongé près de lui et je l'ai tenu serré. Il avait entendu mouche, suppuration, méningo-encéphalite, et sans comprendre il se débattait. Le médecin, qui était chirurgien de la marine et curieux des phénomènes tropicaux, disait ce gars-là ne se lavait pas assez, sans doute aussi il souffrait du foie, notre *Lucilia* affectionne les odeurs fortes et les exhalaisons nasales qui trahissent une corruption intérieure déjà bien installée. Il lui a injecté dans les narines de l'essence de térébenthine pure. Petit-Jean a crié plus fort. Je l'ai maintenu au-dessus d'un bocal de chloroforme. Il s'est assoupi, et à son réveil a craché par le nez plus de trois cents larves. Nous avons recommencé, térébenthine, chloroforme, en doublant les doses. Les maxillaires le grattaient horriblement. Il ne pouvait rien avaler. Encore des larves, par colonies. Encore des saignements. Il n'entendait plus, et voyait des taches noires qui dansaient. Il s'endormait, se réveillait en pleurant, s'arrachait les joues. Je lui ai attaché les poignets sur le ventre. Le neuvième jour il a demandé du bouillon. Il souffrait moins. Il est mort cette nuit-là. Je l'ai enterré sans attendre, dans le noir, sous la pluie. Il puait le dissolvant et la charogne. Sans me l'avouer je craignais que les larves s'engraissant subitement du cadavre achèvent leur transformation. Je voulais les ensevelir avec lui, remplir ses narines de terre, que les mouches étouffent là-dedans, surtout ne pas les voir sortir.

« La maladie de Petit-Jean m'a ébranlé. J'ai pris à me nettoyer chaque soir, au retour de la corvée, un soin maniaque. Je me trempais dans un baquet, au bord de la rivière, tout nu, et je me récurais avec une poudre de racine qu'utilisaient les Indiens Accawaus. Quand ma provision s'épuisait je plaçais au pied de ma cabane un tonnelet où je cachais ma ration de vin de la semaine. Après la sieste, comme par miracle, le tonnelet s'était empli de savon et le vin avait disparu. Dans le voisinage de notre campement grouillait une quantité surprenante de tribus indigènes. Cuivrées, bridées, négroïdes, les pommettes saillantes ou le museau camard, de taille et d'épaisseur diverses. Tous gens doux et sociables, qui venaient rôder près de nos feux en quête de friandises et s'essayaient à des trocs enfantins d'où ils échappaient d'un bond, ravis, en secouant au-dessus de leur tête leur butin dérisoire. J'appris que les plus foncés de peau descendaient des esclaves importés d'Afrique au siècle passé, pour cultiver la canne. Ceux qui se sauvaient des plantations erraient dans le grand bois, et se mélangeant aux nègres guyanais s'y fixaient. Les Saramacaques, les Bosch et les Kouli avaient de bons gros yeux, des muscles longs, les pieds immenses et raffolaient du café. Je leur en donnais volontiers, en échange de lait frais qu'ils tiraient de leurs buffles. Mais je préférais les Indiens qui parlaient moins. J'aime le silence. Je m'y apaise. J'y écoute le bruit de mon sang, de mon souffle, je m'y emplis et m'y vide de moi. Autrefois, en France, je marchais seul des heures durant et puis je m'asseyais dans l'herbe devant un cours d'eau. D'être là, simplement, avec la nature, me réjouissait. Ne secoue pas le bec, Marius, ce n'est pas poli. Oui, je sais, je suis un drôle d'homme.

« Un drôle d'homme, mais en forêt personne ne remarquait. Il y a sous les arbres tant de bestioles, d'animaux et d'humains étranges qu'on ne s'étonne de rien. Même je plaisais à certains. Je me suis fait des amis. Chez les Accawas, qui sont des Indiens guerriers, comme les Ticunas. Ils sont très petits, la peau couleur de cannelle, sans poils, le ventre rondelet et les dents horriblements gâtées. Les femmes vivent nues. Elles ont des seins pointus qui piquent vers le bas, des hanches d'enfant et des fesses plates. Leurs mâles les maltraitent volontiers. Elles piaillent et leur crachent dans le dos. Tout ce monde vit dans des huttes basses faites de branches entrecroisées. Une trentaine de personnes, en comptant les enfants qui cousinent avec les singes à cul blanc, grimpent aux arbres aussi vite qu'eux et s'épouillent avec les mêmes mimiques. Ils rient tout le jour, se battent à coups de fruits pourris, apprivoisent des lézards qu'ils attachent dans leurs cheveux et se laissent placidement butiner les yeux par des myriades de mouches vertes.

« C'est un de ces enfants qui m'a donné le chien Pox. Un tout jeune, sept, huit ans, qui venait souvent au camp avec un homme mûr, pour proposer des feuilles de tabac et des galettes de manioc cuites dans la cendre. Il s'appelait Taïn. Son aïeul était *pïaye*, sorcier, une sorte de mage qui soignait même ce dont on ne souffrait pas encore. Le gamin raffolait de moi. De ma peau qu'il caressait avec des grimaces extasiées, glissant sa main dans ma chemise, sous les jambes de mon pantalon, jusqu'à ce que je le chasse. Il revenait, il me dévêtait, me grattait le dos avec ses ongles, me massait les cuisses, et quand je gigotais sous ses chatouilles il s'asseyait sur mes reins et me pinçait à son aise. Il m'apportait des baies, des fruits pulpeux, à la chair fade constellée de pépins, des insectes grillés enfilés sur des piques, des talismans qu'il nouait à mes membres et changeait à chaque lune. Je le laissais faire. Je lui parlais de la rue du Petit-Jour, de ma fille Marion, de l'odeur des brioches, de l'ombre des nuages sur la Marne. Il buvait la musique de mes mots, la bouche entrouverte. De la main je chassais les insectes sur sa figure, et je lui nettoyais les paupières avec un linge mouillé.

« Un matin qu'il se glissait dans ma case avec deux œufs tachetés, il m'a trouvé à demi évanoui à côté d'un seau d'eau. Ma tête pesait tant que je n'ai pu la relever. J'ai bredouillé à boire, va chercher quelqu'un, il ne comprenait pas. Je sentais mes yeux rouges et brûlants. Je bavais. Le petit ne s'est pas effrayé. Il a palpé mon cou, les veines qui battaient sur mes tempes, les glandes sous mes aisselles. Il a montré le soleil, qui se levait entre les lanières des palmes qui me tenaient lieu de porte, haussé son poing vers le ciel et cogné le sommet de son crâne. Insolation, bien sûr. J'aurais voulu rire de ses mimiques mais je me sentais mourir. Il a frotté son nez contre mon épaule et s'est sauvé. Pour revenir, une heure après, escorté du *piaye* son grand-père. Je l'ai reconnu à son costume. Un sorcier ne va pas nu. Son corps est un lieu rituel et chaque pièce de vêtement un symbole. Celui-ci portait autour des reins un pagne de léopard, aux pieds des bottines d'une peau lisse et pâle, une dépouille de python lui battait les mollets, et sur sa poitrine s'étalaient des queues d'oiseau-mouche formant collier. Le lobe de ses oreilles pendait jusqu'aux joues, distendu par des pendentifs mêlant des crocs, des osselets, des jetons de bois précieux et de curieuses racines. Au-dessus de ses coudes et de ses genoux cliquetaient des bracelets d'argent et d'amarante dont je n'ai jamais su comment on les lui enfilait. Sa peau enduite d'une substance grasse qui fixe le vermillon dégageait une odeur puissante, une de ces senteurs musquées qui tordent le nez et l'attirent en même temps. Il s'est penché sur moi. On voyait à peine ses yeux bridés, enfouis dans les plis. Sans cils ni sourcils. Il a parlé à Taïn, très vite, avec des gestes désordonnés. Le petit, parti en chasse dans l'instant, est rentré avec une bouteille d'un litre pleine aux trois quarts d'eau claire où sautiliaient trois grains de maïs et l'alliance en argent du chef de camp. Plus tard on m'a expliqué que si l'alliance était en or la magie ne prenait pas. Le *pïaye* m'a collé sur le front une serviette où il a appuyé le goulot de la bouteille. Crois-moi ou non, mais j'ai vu des bulles monter petit à petit dans le liquide, et à mesure mes douleurs se calmaient. Quand l'eau a bouillonné franchement, le sorcier a retourné la bouteille, et vite il l'a bouchée avec la serviette. Le soleil qui m'avait blessé était prisonnier là-dedans. Et moi je ne souffrais plus.

« Après ce beau tour, que j'ai récompensé en tablettes de viande séchée, nous avons causé. Avec les mains. Sans phrases on vient à l'essentiel, on ne travestit rien. Les relations d'une certaine manière y gagnent. Je me suis toujours méfié des mots. Ils enjôlent, ils endorment, ils trompent, et sous un sourire ils peuvent crucifier. Avec les mains, c'est l'âme toute nue qui converse et se livre. Ce mode-là me rassure. Taïn et son grand-père m'ont convié chez eux, le lendemain, si ma tête ne me lançait plus. Pour une fête, une messe, un festin, manger, danser, tuer, j'hésitais à comprendre. Ils insistaient avec des courbettes comiques.

« Il s'agissait de la grande cérémonie du curare, la nuit solennelle où le *pïaye* fabrique et distribue le terrible poison pour les trois lunes à venir. Aucun étranger normalement n'y assiste. Mais l'enfant Taïn m'aimait, et le vieux sorcier aimait Taïn. Je me suis assis contre une hutte, tâchant à me faire oublier. Les femmes se cachaient. Les hommes, badigeonnés de vermillon des talons aux sourcils, luisaient comme s'ils sortaient d'un bain de sang. Ils tournaient, la tête basse et les reins cambrés, autour du *pïaye* qui solennellement préparait la mixture. Six lamelles d'écorce de la racine *wourara*, deux de la racine *concassapi*, une de *baléti*, une de *hatchibali*, lancées avec des incantations rituelles dans une petite jarre remplie au tiers d'eau, posée sur un feu ardent. Un quart d'heure d'ébullition. Retirer les écorces, en exprimer le jus avec les mains. Opération périlleuse, car la moindre égratignure où s'infiltre le liquide cause une mort immédiate. Enfin tamiser le feu et faire réduire ce jus jusqu'à ce qu'il prenne l'apparence du goudron. Les guerriers de la tribu, immobiles maintenant, attendaient. Leurs narines se gonflaient. Ils respiraient très vite. Le poison fumait. Le sorcier a levé le bras. Un à un ils ont trempé dans la pâte noire plusieurs morceaux de bois de cokarito, qui est une espèce de palmier à fibres très dures. Le curare s'y agglomérait et les recouvrait d'une gomme épaisse. Ensuite ils ont glissé ces bouts de bois dans une canne creuse dont ils bouchaient soigneusement les extrémités avec des peaux. Puis ils ont crié, et bu, et dansé entre eux, et commencé de lutter en roulant dans les cendres encore chaudes. J'ai vu luire des couteaux courbes emmanchés dans des os. Les femmes ont rampé hors des huttes, nues, avec des dessins gris et noir sur les flancs. Taïn m'a ramené au camp.

« Ces peuplades du grand bois vivent du curare. Grâce à lui ils se défendent et se nourrissent. La plus infime quantité de poison passant dans les vaisseaux sanguins tue un singe en une minute. Sans souffrance apparente, sinon quelques convulsions au dernier instant. Et chose étrange, au lieu de se cramponner aux branches comme il le fait lorsqu'il est atteint par une pierre ou une balle, l'animal se laisse tomber à terre et y reste prostré en attendant la mort. Pour un homme ou une grosse bête il faut davantage de temps, une demi-heure à deux heures, et une flèche imprégnée jusqu'aux barbes de pâte noire préalablement ramollie à la fumée. On tire tous les traits empoisonnés avec des sarbacanes de six à sept pieds de longueur. La pointe des flèches est effilée, et le bout opposé garni d'une touffette de coton ou de soie végétale qui remplit exactement le tube. J'ai mis des mois avant de souffler là-dedans correctement. Mes amis indiens souvent me proposaient de les accompagner sur la piste du gibier, mais tuer me dégoûte et m'ôte l'envie de manger. Les seules flèches que j'acceptais de lancer étaient celles qui à la place d'une pointe barbelée portent une tête ronde de la grosseur d'une noix. Les Indiens en usent afin d'étourdir les aras, les ouistitis et les écureuils à queue blanche qu'ils capturent vivants pour les apprivoiser et les revendre sur les marchés créoles.

« Ce que j'aimais, c'était pêcher. Je m'y retrouvais. Tel que je m'étais toujours connu, tel que personne ne me changerait. En forêt chacun avait sa combine pour améliorer l'ordinaire, mais comme ces expédients ne flouaient ni ne lésaient personne, je ne m'en choquais pas. A Saint-Laurent pour manger à sa faim il fallait s'acoquiner avec les forçats cuisiniers, qui tambouillaient à l'écart, après la distribution des repas, ce qu'on leur commandait. Ils se ravitaillaient à Cayenne où des surveillants complices adressaient leur commande. Avec quelques achats et beaucoup de produits détournés des magasins du camp, ils vendaient de quoi satisfaire les plus exigeants. Des ragoûts au poulet, aux crevettes, des pâtes fraîches à base de farine et d'œufs volés, du nougat confectionné avec du sucre brut et de la noix de coco pilée, du thé, du café fort, du tabac, des bonbons. Deux quarts de plat chaud, quatre bananes et un café coûtaient deux francs. Ceux qui magouillaient à leur compte seuls pouvaient s'autoriser ce luxe. Moi qui étais arrivé sans un liard, qui ne savais ni entreprendre, ni racoler ni intriguer, et qui répugnais autant à chaparder qu'à mendier, je me contentais de la soupe clairette hantée de charançons et du pain noir qui collait sur la langue. Ce qui, à regarder ma constitution, faisait peu. Si l'on m'avait maintenu là-bas, sans doute je m'y serais consumé jusqu'à mourir d'épuisement.

« Dans le bois on ne trafiquait pas. On se servait, la nature n'est pas avare, et on revendait à prix fixe le fruit de sa patience. Il n'y avait pas de forts en gueule, de roublards, de profiteurs, d'usuriers ni d'escrocs, mais seulement des adroits, des observateurs, des persévérants. On ne redoutait que les trahisons de son corps, la fatigue, le faux pas, et les ruses des animaux. En deux années de forêt, je n'ai eu honte de moi ni d'autrui une seule fois. Chacun vaquait, s'efforçant de satisfaire ses besoins, et tant qu'on le laissait en paix ne cherchait pas à nuire. On avait assez à s'occuper, et sans malice on tirait de la chasse et de la cueillette un profit suffisant pour ne pas lorgner la besace du voisin. Comme se dissipe un rêve cruel, par degré j'ai oublié le langage du camp, la cruauté, la délation, l'artifice, l'humiliation. Mon état physique s'améliorait, je marchais, je m'étirais comme autrefois, avec un sourire au ciel qui voulait bien me laisser en vie. Je ne manquais de rien. L'enfant Taïn me gavait de bouillie de manioc et de lait fermenté, écrasait les insectes dans ma natte et me massait les muscles. Tout le temps que ne me prenait pas la corvée, je traquais les morphos, ces papillons bleus à reflets métalliques dont la poudre sert à composer le vert des dollars d'Amérique. Pour cela, je débroussaillais sur deux cents mètres environ deux sentes formant carrefour. Je nettoyais une petite clairière et m'y postais, en agitant dans le soleil un bâton sur lequel j'avais piqué un morpho mort ou un morceau de papier bleuté. Ces grands papillons affectionnent les chemins dégagés, et ils sont très curieux de leurs congénères. J'en prenais deux à cinq par semaine, que je vendais le troisième jeudi du mois à un inspecteur. Ma tirelire se remplissait peu à peu de pièces blanches qui me donnaient une fierté puérile. Et puis je pêchais. Les rivières du voisinage foisonnaient de poissons si goulus qu'on les attirait avec quelques pépins de papaye. A l'heure de la sieste je me pendais au-dessus d'un trou d'eau un peu profond, j'accrochais une ligne à mon pied, et sans varier un « kouma-kouma » de cinq à dix kilos me jetait à bas de mon hamac. Le soir j'immergeais un sac de farine maintenu ouvert par un cerceau de rotin, avec au fond une mixture infecte qui servait d'appât. Les crevettes longues comme la main, les langoustes, les « coulans » et les « patagails » se jetaient là-dedans. Il suffisait de tirer la courroie et je rapportais au camp de quoi réjouir mes compagnons. Quand nous devions dormir dans le bois pour être à la tâche dès l'aube, j'emmenais Taïn, et avec son aide je pêchais à la liane enivrante. C'est de lui que je tenais cette technique. Un jour que nous nous promenions le long d'une crique, il m'avait arrêté pour me montrer le manège d'un *maïpori*, qui est une sorte de cochon de trois à quatre cents kilos, avec des pattes de veau. Cette bête-là porte les yeux juste au-dessus des joues. Elle ne voit rien devant elle, mais son ouïe l'avertit du moindre danger. Nous nous sommes tapis. L'animal s'évertuait à décrocher une longue liane verdâtre qui s'enroulait autour d'un bananier. N'y pouvant parvenir, il s'est dressé sur ses pattes arrière et, ses sabots avant contre le tronc, il a commencé de grignoter la liane. Il en a mangé deux bons mètres. S'est couché au pied de l'arbre, comme quelqu'un qui va faire sa sieste. Sa panse, grise et nue, gonflait. Après quelques ronflements il est entré posément dans la rivière, et avec une pose méditative y a soulagé ses intestins. Est ressorti, frétillant, et s'est éloigné. Taïn me faisait signe de ne pas bouger. Un quart d'heure après, l'eau à l'endroit où avait opéré le maïpori s'est couverte de poissons qui tournoyaient, ventre en l'air, enivrés par l'odeur. Le rusé porc est revenu, et un à un, sans se presser, les a mangés. La leçon m'a profité. J'ai arraché de longs serpents de liane verte, qui enroulés pesaient bien quarante kilos, j'ai débité, haché, écrasé, fourré cette charpie dans un sac de jute que j'ai trempé dans la rivière jusqu'à ce qu'en dégouline un jus blanchâtre, enfin j'ai jeté ce sac dans un trou d'eau, à deux cents mètres en amont d'un coude où nous avions pied. Dix minutes, et des vingtaines de poissons faisaient la planche autour de nous. Il ne restait qu'à tendre l'épuisette.

« On connaissait mon adresse bien au-delà du campement, jusqu'à Saint-Jean, où habitaient les relégués, et même jusqu'à Kourou. Parfois, lorsqu'une fête se préparait au mess des surveillants, on me passait commande. Les chefs s'arrangeaient entre eux, et moi, j'étais relevé de corvée. Je fourrais Taïn et Pox dans une pirogue mise à ma disposition, et par la rivière je descendais jusqu'à la plage. Là je trouvais quelque pêcheur en partance pour l'île Royale et j'embarquais avec lui. Les poissons près des îles du Salut atteignent des tailles qu'on n'imagine pas. Comme s'ils s'engraissaient des corps de tous les malheureux forçats qu'on jette dans la mer pour économiser le cercueil et l'effort. Je ne tirais que les plus gros. A la ligne ou à la trappe, selon le temps, avec en guise d'appât des " gros-yeux " ou des rougets. Il m'arrivait de prendre des " vieilles " d'une à trois tonnes, des monstres que nous arrimions au palan et que nous ramenions contre le flanc du bateau, un de chaque côté, sans quoi nous aurions versé. Découpées en lamelles et salées, ces prises-là se vendaient un franc le kilo. Soixante-quinze centimes pour moi qui n'étais qu'un bagnard loqueteux, mais je m'en contentais. Au retour je m'arrêtais sur le fleuve dans la crique Pastouria, où les palétuviers sont vieux et incroyablement pattus. En une heure je ramassais dans leurs racines cent douzaines d'huîtres et cent vingt litres de moules que je gardais pour ma tambouille. Je raffole des moules aux oignons sauvages. Petit-Jean m'avait donné la recette. Si nous avions des oignons, mon tout beau, je t'en cuirais. Mais c'est vrai qu'il nous manquerait les moules. Quand je serai rappelé à terre, tu verras.

Aimé se redressa. Il se retenait de gratter les plaques écailleuses, derrière ses genoux. Sous le soleil qui les séchait il les oubliait un peu, mais sitôt la nuit venue elles s'ouvraient en crevasses et le torturaient. S'il avait pu au moins les baigner à l'eau douce, ôter le sel qui festonnait de blanc les croûtes jaunes.

– Marius tu veux du sirop ? Calme-toi s'il te plaît.

L'oiseau aimait les causeries, mais n'y pouvait tenir longtemps. Et puis l'Aimé de ce soir, avec sa voix qui se déroulait sans hâte, sans éclat, le lassait. Il avait envie de mouvement, que son maître s'emporte, rie, joue avec lui. Toutes ces cartes couchées là, face contre la table. Les ailes entrouvertes, il marchait dessus.

– Choisis la troisième et pousse-toi. Tu vas les tacher.

Monsieur Henri,

Une ombre s'étendit sur le visage d'Aimé, figeant ses traits. Chère main épuisée, qui l'avait imploré, qui l'avait adoubé, chère voix pâle qui ne le guiderait plus; et lui avait frappé, en hurlant son chagrin. Certains souvenirs, comme certaines gens, rendent graves. Marius ne comprendrait pas. Le visage tuméfié, éclaté, lissé année après année par sa mémoire, le beau front pensif qu'il n'avait embrassé qu'une fois. Il aurait mieux valu, sans doute, une autre carte. Grignon, l'ancien gardien de l'Enfant perdu. Ou Musette, la mulâtresse naine qui avait apprivoisé le mainate et qui, un soir de tendresse, avait glissé l'oiseau dans sa poche. Marius peut-être se souvenait. La pauvrette s'était sauvée en courant, serrant sous son coude ses seins en pastèques, sa seule beauté, qui ne lui servaient de rien. Aimé ne la désirait pas. Il la baisait au front, va dormir, la route est longue jusqu'au marché, il l'écartait doucement, mais si je t'aime bien. Les gars du bagne d'ordinaire ne faisaient pas tant de manières. Toute une saison des pluies elle l'avait ensucré, cajôlé, avec des chansons naïves et des présents. Sur la pointe de ses petons elle lui arrivait à la première côte. Elle allait nue, à la façon des Nègres Bosch. Aimé dès qu'il l'apercevait lui lançait un linge. Elle se drapait les hanches à regret, sans comprendre. Ses frères gîtaient derrière le mur du camp, à Saint-Laurent. Dix planches adossées à l'enceinte, et sur la terre tassée aux pieds une botte d'herbe sèche grouillante de vermine. Les bagnards, qui les connaissaient, leur jetaient les chiffons hors d'usage, raides de goudron, poisseux d'huile rance. Musette sans songer à les laver les nouait l'un à l'autre et les suspendait aux poutrelles. Les averses transformaient cette curieuse tente en serpillière mais au moins elles chassaient les mouches. Dans la famille on se réjouissait de tout. On applaudissait la pluie, le soleil et les tornades qui égarent l'homme sur les chemins avec les bestioles innombrables. L'humain manque d'humilité, il est bon que le ciel le rudoie. Musette élevait deux petites qui lui avaient germé dans le ventre un soir de carnaval. Des jumelles, noires et frisées, croûtées de poussière, insolentes et voleuses comme des pies. Les forçats en raffolaient. Pour toucher les fillettes ils embrassaient la mère. Ils n'osaient pousser bien loin, les noirillones n'avaient pas six ans, mais cela donnait de jolis moments, sucrés de rires, qui leur chauffaient les yeux et les reins.

– Vois-tu, Monsieur Henri voulait leur apprendre à lire. Aux nigaudes, il les appelait « mes nigaudes ». Musette se réjouissait. Ses mignonnes seraient savantes, les hommes les respecteraient. Même peut-être ils en marieraient une. Ou les deux, pour la bonne cause elle pouvait bien donner les deux à la fois. Elle rêvait, pendant que ses filles pataugeaient dans la boue, et me demandait de réciter *La Cigale et la Fourmi* qui lui semblait riche d'enseignements. J'hésitais. Ma mémoire me trahissait souvent et je craignais qu'on se moque. Monsieur Henri, qui désherbait les chicorées rouges, me voyait rougir. Tu ne sais pas, mais c'est terrible de rougir. Il s'asseyait près de nous, sur le muret bordant le potager, et ses mots guidaient les miens. Je le regardais de côté, tout blanc, presque chauve, l'œil embrumé d'une taie, l'air de personne, et mon cœur battait de le prendre dans mes bras. Juste comme ça. Pour rien. Pour tout ce qu'il m'était, pour tout ce qu'il m'avait donné. Je ne bougeais pas. Je regrette, maintenant.

« Mon Marius tu te rappelles quand Musette t'a apprivoisé ? Les fruits qu'elle te glissait, doucement, sans parler, et comme elle restait près de toi afin de te rassurer, ensuite les caresses, les chansons que petit à petit tu as reprises, et son rire que tu imitais pour l'entendre rire encore ?

Marius gloussait en secouant le bec. Musette. Le nom n'évoquait rien, mais le son lui plaisait.

– Avec moi Monsieur Henri a fait comme Musette avec toi. Jour après jour. Sans hâte, sans paraître y toucher. Après deux ans dans le bois on m'avait renvoyé à Saint-Laurent. Terrassier, puis préposé à la voirie. J'avais retrouvé le Turc, la monotonie des jours et l'angoisse. On me harcelait moins, mes camarades pendant mon absence s'étaient taillé de nouveaux jouets, mais leurs regards m'entraient sous la peau et comme les puces d'ici y cheminaient. J'avais honte de tout, peur de tout. Je vivais au baraquement numéro 2, avec les gars chargés de l'entretien qui pour la plupart ne me connaissaient pas, mais les souvenirs de mes premiers mois me poursuivaient. J'évitais les quartiers administratifs, la cuisine où officiait Grain d'Orge, l'infirmerie, et ne fréquentais les tinettes qu'à l'heure de la sieste. Quand on m'apostrophait, eh! la Chique! comment qu'y va Monsieur le Comte? Je toussais, je trébuchais, et je devais m'enfoncer les ongles dans les paumes pour ne pas me sauver. Ma faiblesse me rendait plus confus, plus timide encore. Je tâchais de passer inaperçu. Mais mes efforts se tournaient contre moi. On sifflait mes silences, mes dérobades, mon dos arrondi, on disait voilà la taupe, le hérisson rasé, viens-t'en donc, qu'on te cuise à la mode de chez nous!

« Monsieur Henri dormait dans mon bâtiment. Je ne l'ai pas remarqué tout de suite. Il fallait le regarder pour le voir. Il était de taille moyenne, ni gras ni maigre, le teint, les cheveux, les yeux très pâles, avec une voix et des gestes doux, économes. Ses joues profondément ridées s'affaissaient, et il avait dans le cou de longs plis tristes qu'il nettoyait chaque matin avec soin. Il ne haussait jamais le ton, ne se hâtait jamais. Il mangeait peu, ce qu'on lui servait, et ne se plaignait ni de la qualité ni de la quantité. Les détenus l'appelaient " Monsieur " avec une nuance de respect affectueux et le laissaient en paix. Il semblait avoir toujours vécu là, et pourtant rien sur sa personne, dans ses manières, ne reflétait le bagne. Il se tenait droit, ne tremblait pas, ne grimaçait pas, se retournait posément vers qui le hélait, reprisait ses effets et donnait sa ration de vin aux camarades tenaillés par les vers. Il travaillait au presbytère de Saint-Laurent et chez Bobo-Sec, le commandant, comme garçon de famille. Un jour d'octobre 1875, il est rentré après tout le monde avec un gros sac qu'il a jeté au milieu de la salle. Il souriait d'une façon qui a tourné les mentons vers lui. Au bagne on rigole, on ricane, mais on sourit rarement. “ Tenez les enfants, un cadeau. Aujourd'hui j'ai soixante ans. ” Des dizaines de brioches. Les gars l'ont applaudi et porté en triomphe. Moi je regardais ses dents que je m'étonnais de voir si blanches, et ses mains aux ongles nets. Je ne pensais pas aux brioches. Les autres ont tout mangé avant que je songe à m'approcher. Je n'ai rien dit. Je me suis roulé dans mon drap sale. Triste à pleurer. Les brioches me ramenaient rue du Petit-Jour, le boulanger dessous chez nous, les mines gourmandes de ma femme et de ma fille. Trois années, si vite et si lentement passées. Combien encore, avant que le Ciel m'accorde de les revoir ?

« Ho ! Du Comte ! Tu veux les miettes ?

« J'ai rouvert les yeux. Julinot. Les chicots les plus noirs du camp. Puant à n'en pas approcher. Reconverti aux amours carcérales, attiré par moi comme un taon par le sang. Bête brute, mais pas dangereuse. A cinq grabats du mien, du côté opposé de l'allée, Monsieur Henri me regardait. J'ai rougi. Violemment, le sang me battait dans les oreilles. Pourtant je ne me détournais pas. Lui me dévisageait toujours. Cela a duré, je crois, assez longtemps.

« Le lendemain il est venu me parler. De rien. Le surlendemain aussi, un quart d'heure, les jours suivants une demi-heure, et au lieu de causer nous nous grattions la gorge, et je fixais mes doigts de pieds qui dépassaient des sandales. Les semaines ont coulé. Sans que nous nous disions beaucoup plus. Au bagne le temps s'étire différemment. Monsieur Henri était condamné à perpétuité, et moi, depuis qu'on m'avait ramené à Saint-Laurent, je vivais par mégarde, le cœur et l'esprit sous une cagoule. Rien ne nous pressait. Lui m'observait avec cette minutie tendre qu'ont les naturalistes devant un insecte. Et moi, la surprise et la gêne s'émoussant, je me déverrouillais peu à peu. Certainement on lui avait conté des horreurs à mon endroit. Ou, ce qui m'effrayait tout autant, la simple vérité de mon histoire. Il n'en laissait rien paraître. Il m'appelait « cher Aimé » et me traitait comme un parrain attentif traite un filleul. Jamais il ne m'a questionné. Il n'avait pas besoin. Sans que je me confie il lisait en moi. Il déchiffrait mes retenues, mes maladresses, mes craintes, mon ignorance, mes joues enflammées. Devant lui j'avais la transparence d'un garçon de douze ans. La candeur et la soif d'apprendre, aussi, de ce jeune âge. Très vite il a percé que je ne savais rien. Rien de ce qu'un del Prato de trente ans n'eût dû ignorer. J'écrivais lentement, je lisais avec peine, je confondais les apôtres, les saints et les rois, mon cerveau s'enrayait à la première multiplication, je n'avais pas la moindre notion de musique ni de poésie, des femmes je connaissais à peine plus qu'un puceau, je ne chassais pas, je ne fumais pas, je n'avais pas voyagé, enfin l'Assemblée nationale et la Bourse de Paris ne m'évoquaient que des foules fiévreuses et la rumeur d'empoignades en col dur. Ce qui de la part d'un homme du monde d'ascendance italienne condamné pour manipulations financières et coups à sa maîtresse prêtait à rire. Monsieur Henri ne riait jamais. D'un mot ajusté, délicat, il allégeait mes balourdises, et je me relevais de mes faux pas sans souffrir de mon ridicule. Il se gardait de m'effrayer, de me brusquer. Quand il a senti que je commençais à m'ouvrir, au lieu de m'interroger il m'a parlé de lui.

« Il se nommait Henri d'Augny. Une famille austère, ancrée dans le sol de la Creuse depuis dix générations. Chevaliers puis hobereaux, enfin jusqu'au Premier Empire gens de cour. Sans éclat mais avec constance, soucieux et satisfaits du devoir bien rempli. Dignité, application, tenue. L'oncle de Monsieur Henri avait postulé pour l'Académie. Sa sœur peignait et recevait chez elle les amies de l'impératrice. Le père s'était suicidé. Il manquait d'argent et il souffrait du foie. Monsieur Henri évitait le sujet. Il avait grandi entre les collines qui bordent Guéret et la rue de Grenelle, où grands-parents et cousins germains se tassaient dans un hôtel particulier qui de la cave aux combles sentait le chat. Une à une il tournait pour moi les pages de son livre d'enfant, et à mesure qu'il s'évadait vers son passé je songeais à l'autre, l'homme aux yeux gris qui m'avait abandonné son nom. Un nom dont maintenant qu'il était mien je ne savais que faire. Un nom sans souvenirs, sans chair, un nom qui ouvrait des portes sur le vide. Et je regardais Monsieur Henri, si dense encore, après dix-neuf années de bagne, des jeux avec ses sœurs dans la chambre tapissée comme une boîte, du premier cigare, du premier bal. Que savais-je, moi, des amitiés qui sentent la brillantine à la lavande, des courses, des mains blanches doucement baisées, de cette vie au visage de fée indulgente qui du soir au matin pour les heureux des beaux quartiers sourit ? Je ne pouvais pas renchérir. Je me taisais. J'écoutais. Je m'emplissais de ses mots, de ses images, de tout ce qui l'avait fait tel qu'il était, tel que je l'admirais.

« Dans la famille de Monsieur Henri, on ne travaillait pas. On servait le souverain, et s'il n'y en avait pas on se retirait sur ses terres. On manquait parfois de drap pour les redingotes des petits et les gages des domestiques, mais on tenait table ouverte, et le 15 août, à la campagne, on tirait un feu d'artifice qui rameutait la région. On courtisait les sciences et les belles lettres. La bibliothèque de Porches, en Creuse, était connue au-delà des frontières. De loin les érudits, des médiévalistes, des astronomes, surtout, venaient la consulter. On les hébergeait avec joie, d'exquis vieux barbus maniaques, distraits, souvent sales, infiniment polis, et autour de la longue table, l'été, on devisait du cosmos, de Bouvines et de Carthage en trois ou quatre langues. Monsieur Henri affectionnait le théâtre. Comme il ne prétendait pas en faire un métier, on le laissait fréquenter les artistes. En 1835 il avait vingt ans, il buvait un peu trop et se donnait des airs pâles qu'il croyait romanesques. Une débutante s'est amourachée de ses cheveux parfumés, de ses dents et de cette façon qu'il avait de lui dire " Mademoiselle... " en s'effaçant devant ses jupes. Elle était blonde comme les filles de Hollande, avec des fossettes un peu partout. Elle riait trop et les roucoulis gouailleurs, au fond de sa gorge, trahissaient ce que le soin de sa toilette aurait voulu cacher. Rue de Grenelle on la recevait à contrecœur, mais Monsieur Henri n'était pas l'aîné, on ne le querellait pas. Lui affichait son engouement. Il y avait tant de gaieté, tant d'entrain dans le corps potelé d'Yvonne. Cela changeait des cousines, croix de perles au corsage et peau terne. Et puis il ne lui déplaisait pas de taquinerr sa famille. L'élue d'ailleurs n'était pas vulgaire. Un peu expansive, sans doute, mais à l'usage elle se polirait. Mademoiselle Yvonne voyait l'avenir avec le même optimisme. Après quelques mois d'efforts, elle s'est retrouvée grosse. On les a mariés. Que faire d'autre ? L'enfant est né, un garçon. C'est à peine si la mère s'en est aperçue. Elle courait de matinées de théâtre en thés puis en soupers, étourdissait Monsieur Henri, dépensait l'argent qu'il n'avait pas, et se laissait courtiser. Elle ne trompait pas son mari, qui lui plaisait, mais trouvant " dans le ton " de le rendre jaloux, elle usait sa patience. Ils se disputaient. Un soir qu'en sortant elle avait oublié de commander qu'on ferme la fenêtre, le petit qui ne marchait pas encore a pris une bronchite, dont il est mort. Monsieur Henri en a perdu du goût pour les joies conjugales. De surcroît il n'aimait plus les robes décolletées ni le rire d'Yvonne, qu'il trouvait également tape-à-l'œil, et ne supportait pas cette manie qu'elle avait de briser les verres " à la russe " au moment du dessert. A force cela lassait les hôtes, et on les invitait moins. Laissant à Yvonne l'appartement de la rue d'Aumale, il a pris une garçonnière rue Saint-Dominique, s'est rapproché de ses cousines, et afin de distraire sa mélancolie, s'est lancé dans les affaires. Il n'y connaissait rien, mais des relations que cultivait sa femme le guidaient à pas comptés. Rue de Grenelle on s'inquiétait un peu, mais un garçon comme lui pouvait bien faire quelques sottises. Monsieur Henri avait la grâce particulière des cadets de bonne maison, dont on n'attend rien que de l'élégance et de la gentillesse. Les petits derniers, qu'on choie et qu'on excuse. Qui naissent légers, le poids du nom, la tradition à perpétuer, l'héritage à transmettre reposent sur leur frère. Eux peuvent goûter la vie sans penser à demain, à la mort, à la lignée. Ils grandissent presque libres. Ils sont gais. Dans les familles, on se rafraîchit à leur insouciance, et pour le plaisir de les regarder s'ébattre on leur pardonne beaucoup. Monsieur Henri portait ce bonheur-là à la boutonnière comme le camélia des soirs de bal. Même les faiblesses, même les vices sur lui prenaient un air charmant.

« Il aimait les courses. Ses “ relations ” lui ont proposé une spéculation sur les paris qui lui a paru divertissante, et d'un certain chic. Risquée, aussi, mais qui ne mise pas ne gagne rien. Un guichet parallèle, une bourse de cotation des chevaux, une publication spécialisée sur abonnement, une loterie, aussi, qui devait attirer les néophytes. Monsieur Henri a fourni les fonds, et son nom en guise de caution. Quand l'escroquerie qu'il n'avait pas flairée s'est vue dévoilée, près de cent mille personnes flouées, les gendarmes l'ont arrêté en premier. A trente-huit ans il a découvert la prison, les interrogatoires, les visites qui tardent, les regards qui se dérobent, la sensation de n'être plus personne. Il s'est tourné vers Dieu, et vers les morts de sa famille. Ces voix-là ne trichent jamais, me contait-il, il faut les écouter. Il a résolu de se racheter. En payant au centuple. Selon la loi des siens qu'il disait d'honneur et de sacrifice. Il a refusé de livrer le nom de ses complices. Condamné à quatorze ans de travaux forcés, il s'est débouté de l'appel et a repoussé l'offre de son cousin germain, bien introduit auprès du prince empereur, qui proposait d'intercéder en sa faveur. Napoléon III avait institué par un décret de mai 1854 la transportation systématique des forçats aux colonies. Qui en prenait pour moins de huit ans devait à sa libération résider sur place pendant une durée égale à sa peine. Au-delà de huit ans, c'était le bannissement à vie. Monsieur Henri, il le savait, ne reviendrait jamais.

« Il a embarqué sur l'*Allier* au printemps 1855, pour arriver ici sous les pluies, comme moi il y a dix ans. Les pénitenciers de Saint-Laurent, de Saint-Jean, de Saint-Louis n'existaient pas encore. Sur l'Oyapock la Pénitentiaire avait ouvert en 1853 l'établissement de Saint-Georges, avec une briqueterie modèle et une usine de sucre. Mais les fièvres y sévissaient si atrocement que les autorités parlaient de le réserver aux détenus africains qui, imaginaient-elles, y résisteraient mieux. On a transféré Monsieur Henri sur le *Gardien*, un bateau-prison mouillé en rade de Cayenne, qui logeait les arrivants en attendant de les envoyer aux chantiers agricoles et forestiers installés le long de la rivière la Comté. Les bagnes flottants coûtaient peu et on les croyait salubres, à cause des brises marines. On en installait tous les ans. Le *Castor,* à l'embouchure du fleuve Kourou, la *Proserpine* près de la pointe du Larivot, puis la *Chimère* et le *Grondeur* qui servaient d'infirmerie, de prison et de dépôt. Les uns après les autres ils coulaient, flambaient ou s'échouaient. En 1871 l'Administration les a abandonnés pour répartir son monde entre Cayenne, Saint-Laurent et les îles du Salut qui avaient été aménagées en premier. A Saint-Joseph on mettait les libérés transportés volontaires et les récidivistes, et sur l'île du Diable, les lépreux. A l'arrivée de Monsieur Henri on achevait de rebâtir en pierre les établissements de l'île Royale, qui devaient servir de modèle aux pénitenciers côtiers. A l'ouest le sémaphore, les prisons, la caserne, les baraques du personnel, les ateliers, la bouverie et l'école. A l'est les logements des surveillants, le quartier cellulaire, les magasins, le corps de garde du quai, le hangar aux constructions navales, la boulangerie, l'église et la cale de halage.

« Monsieur Henri a reçu en partage Sainte-Marie-de-la-Comté. Une bande de terre rouge sur le bord de la rivière, si étroite qu'on y travaillait les pieds dans l'eau et le crâne caressé par les lianes. Les détenus y taillaient des planches, des bardeaux, des gaulettes, des sabots, des pièces d'équarrissage, et fabriquaient du charbon de bois. L'atmosphère entre eux n'était pas si féroce que de mon temps. Ils étaient peu nombreux encore. Les proscrits politiques, les repris de justice, les criminels et les délinquants mineurs se mélangeaient, tous effarés par le climat, les corvées, les insectes et les maladies. Partant sur le même rang, avec les mêmes frayeurs, ils ne songeaient pas à se jalouser ou à se nuire. Très vite Monsieur Henri est devenu le personnage que j'ai connu. Droit, clair, paisible, avec une gentillesse vraie, sans complaisance ni faiblesse, et une touche d'humour qui désarmait les hargnes. Souvent il m'a dit vois-tu mon grand, en vingt années de bagne jamais je n'ai donné un coup, ni calomnié, ni chapardé, je rends tous les services que je peux sans rien demander en échange, ce qui déroge à la pratique courante, et pourtant on ne me cherche pas noise, on m'appelle Monsieur, et je crois même qu'on m'estime un peu. Ces choses-là tiennent au regard, mon garçon, à la voix, à la façon de porter la tête, d'aborder ou de quitter les gens, de se détourner ou d'affronter à bon escient. Je ne te parle pas de morgue, d'insolence, de forfanterie, d'agressivité. Mais de dignité. Sois ce que tu veux être, et cet homme-là on le respectera.

« Ces discours les premiers temps me laissaient perplexe. J'avais, moi, trente ans et sous une identité chimérique une âme d'enfant craintif. Je savais que Monsieur Henri avait récolté trois années de prolongation pour avoir enterré pendant les heures de peine un de ses camarades fauché par la chute d'un arbre et que les gardiens voulaient jeter aux vases suceuses. Puis encore cinq ans pour ne s'être pas agenouillé devant un gaffe qui lui crachait dans les yeux. Sans compter les mois de cachot. La prochaine fois, ce serait la " bascule à Charlot ", la guillotine. Et lui ne tremblait pas. Même il me disait en souriant s'il faut recommencer, à enterrer, à braver, me soutiendras-tu ?

« Je baissais la tête. Il me tapotait l'épaule. J'épiais son souffle. Sa régularité me rassurait. Je me savais informe, et faible, et lâche, mais lui ne m'en méprisait pas. Il m'acceptait et me tendait la main. Je dois tout à cet homme. Il m'a appris. A parler, à penser, à me tenir, à regarder, à choisir, à exiger, à pardonner. Il m'a fait.

« Il s'occupait de la bibliothèque du camp. Une cinquantaine de récits policiers et picaresques qu'il enrichissait de volumes glanés ci et là à l'occasion de son service. Le curé de Saint-Laurent et les religieuses rapatriées du pénitencier des Hattes le fournissaient en ouvrages pieux, et les visiteuses de Bobo-Sec en littérature romanesque. Pour moi il a obtenu une encyclopédie en vingt volumes, un atlas, une *Vie de nos rois*, un *Traité de mathématiques à l'usage des familles*, et les œuvres choisies de Racine et de Molière. Nous les feuilletions ensemble sur le muret du potager, avant la cloche du souper. Il avait une manière de m'éduquer sous prétexte de conversation qui ménageait mes hontes et mes pudeurs. Ses récits de voyages m'enseignaient la géographie et les mœurs des peuples étrangers, ses méditations sur des questions de morale ou de politique m'initiaient à la philosophie. Il m'expliquait les textes saints, les fondements de la monarchie et de la république, me récitait des vers en me détaillant leur structure, me chantait des airs, me montrait comment peler une poire et se fendre en tierce sans découvrir sa garde. Je naissais de ses mots. Timide, rougissant, puis, à mesure que coulaient les mois et les années, tel qu'il avait rêvé de m'offrir à moi-même. Aimé del Prato, que je ne connaissais pas, mais que lui, Monsieur Henri, avait pressenti, prenait âme. Et son être petit à petit s'unifiait, se densifiait autour de cette âme. Monsieur Henri n'avait pas élevé de fils. Du temps qu'il vivait dans le monde il n'avait rien construit, rien transmis. Détruit et déçu, seulement. En moi, je le comprends maintenant, il achevait de se racheter. Aussi est venu un jour... »

Aimé se leva. Il était pâle, avec sous les yeux un creux violacé. Il marcha un peu, le mur, la table, en n'allongeant pas trop les jambes quatre pas à peine. La poitrine lui faisait mal. Il se pencha et gratta la plaque écailleuse sous son genou gauche. Cela saignait. Il grimaça. Ouvrit grand la porte. Sur la mer la nuit gémissait. Allons, c'était lui qui avait dessiné ces cartes, qui avait décidé ce jeu. On ne triche pas avec soi-même. Il fallait achever.

– Tu t'en moques bien, toi... Marius ?

L'oiseau fourrageait dans le seau où Aimé avait jeté les restes.

– Tu ne m'écoutes plus...

Aimé s'adossa au mur. Ouvrir, un soir de bruine posé sur le phare de l'Enfant perdu, devant un mainate maculé de déchets, le tiroir qu'au fond de lui il tenait verrouillé depuis cinq ans. Il se força à respirer. Bien à fond. Les images coulaient sur lui comme un flot de larmes.

– Tu me pardonnes si je me tais un peu ?

Les carrés de légumes, derrière le lavoir, à Saint-Laurent. Piétinés, retournés. Plus une salade, plus une carotte. L'adjoint de Bobo-Sec, un nouveau, avec une barbe nette, les avait convoqués. Monsieur Henri, qui était responsable du potager, et Aimé, qu'on tenait pour son aide. Trois jours pour trouver et livrer le coupable, ensuite les verges. Cent cinquante coups chacun. Et s'ils ne recouvraient pas la mémoire, cent cinquante autres.

Musette, la minuscule Musette, avec ses beaux seins qui vieillissaient, avait avoué le soir même. Elle sanglotait, la malheureuse, et s'offrait pour réparation, elle frotterait le dos et le parquet du commandant jusqu'à sa mort, elle serait son esclave mais qu'on n'ennuie pas ses jumelles ! Ses deux petites, les larronnes, douze ans et qui couchaient mieux que des femmes, elles avaient fait le coup afin d'avoir trois sous que leur demandaient leurs saligots, des gars du bâtiment 3, elles étaient passées par-dessus le mur en s'appuyant sur la cabane, les melons elles les avaient jetés en vrac, même ils avaient troué le toit, les chiffons ça résiste pas, voilà, les légumes elles pouvaient pas les rendre, elles les avaient vendus au marché. Et Musette se griffait le visage.

Les lanières de jonc tressé enduites de goudron, avec des petites boules de cuivre tous les vingt centimètres. Les forçats rassemblés dans l'allée, devant les bâtiments administratifs, et le grondement des tambours qui distrayait des cris. Aimé avait enduré sa punition d'une traite. Monsieur Henri s'était évanoui au bout de soixante coups. On l'avait ranimé pour continuer. Vers cent coups il avait craché du sang et s'était évanoui de nouveau.

Dans le cachot. L'un près de l'autre, nus, couchés face contre la terre qui puait l'urine et l'infection. Leur dos labouré. A larges sillons gonflés, éclatés. Les croûtes ne se formaient pas. Il coulait de là des liquides jaunâtres qui s'allaient coaguler le long des flancs avec la sueur et la poussière. Demain on les mettrait à l'infirmerie. On les soignerait, et quand les plaies seraient sèches on recommencerait. Trois autres condamnés, qui attendaient leur peine, se serraient dans les coins en frissonnant. Monsieur Henri gémissait à souffle continu. Il revenait brièvement à lui et sombrait encore une fois. Tout l'après-midi il délira. A la tombée du jour le bourreau porta de l'eau et des linges gras qu'il étendit sur les crevasses. Il regrettait, bien sûr, mais enfin il faut un bourreau. Il dit on vous prépare des lits chez les toubibs, on va vous reconstituer. Monsieur Henri reprit conscience. Il serra le bras d'Aimé, mon grand tu ne m'abandonnes pas, tais-toi, je vais bien. L'ombre entrée par la lucarne tombait sur les cœurs. Chaque soupir y prenait des échos d'orage. Monsieur Henri haletait. Quand la nuit fut complète il se poussa vers le visage d'Aimé, la prochaine fois je n'aurai pas la force, trop vieux, pardonne-moi, ne me laisse pas, ne les laisse pas, je parlerai, je t'en prie, aide-moi. Sa main cherchait celle d'Aimé, la tirait, la poussait contre sa nuque. Aimé se recula. Un grand froid descendait sur lui, ralentissait son cœur, il ne voulait pas, il ne pourrait pas, comme l'enfant broyé par l'accouchement il se raidissait et hurlait sans voix. Les doigts humides, collants, l'imploraient.

– Sois le meilleur de moi.

Bien sûr. Cette heure-là devait venir. Monsieur Henri l'avait aimé, l'avait initié pour que lorsqu'elle sonnerait il se levât. Être adulte. Mériter. Aimé un long moment retint son souffle, laissant l'inacceptable, l'inévitable, l'emplir. Puis il se détendit, tout mou, il lui semblait déjà être au-delà, l'avoir fait, il le ferait, oui, il ne pensait plus, il ne sentait plus ses plaies. Il lui semblait entendre le cœur de Monsieur Henri, son vieux cœur glorieux d'efforts et de larmes, qui apaisé, confiant, battait. Et ces pulsations-là, dont l'écho s'amplifiait, se substituaient aux battements du sang d'Aimé. Tous deux ne pouvaient se voir. Ils ravalaient leurs larmes, épargner l'autre, je t'aime et je ne regrette rien. Aimé se pencha vers la voix pâlie, appuya ses lèvres sur une tempe moite, soyez béni, à jamais je vous garde en moi, et basculant sur le flanc gauche, du travers de la main droite, un seul coup, il brisa les vertèbres.

Le matin le trouva à genoux près du corps. Les autres prisonniers frappaient sur la porte. « Charogne! charogne! il va nous empester! » Le médecin entra, constata la mort par rupture des cervicales et appela le porte-clés qui tira le cadavre par les pieds. Très calme, Aimé se dénonça. Pour le pillage du potager et pour le meurtre de Monsieur Henri. Si plein, maintenant, de celui qui l'avait quitté, il se sentait prêt. Tribunal maritime spécial, deux ans de réclusion cellulaire sur la Royale, dix ans de rabiot.

Vers la fin de la première année, la fanfare encore résonnait dans sa tête, on avait ordonné une inspection exceptionnelle des cachots. La pluie crépitait sur la tôle des auvents. Le nouveau directeur de la colonie, arrivé de la veille, fêtait son entrée en fonction. Convoqué, presque aveugle, del Prato? Italien? non? n'importe, asseyez-vous, nous ne sommes pas des monstres, vous me semblez bien maigre, Aimé avait pleuré et parlé de Monsieur Henri. Le directeur avait commué la peine, et affecté Aimé à l'entretien du phare de l'Enfant perdu. La solitude suffirait à l'expiation de cette faute-là, qui, bien qu'il s'en défendît, l'émouvait. Quand on jugerait le châtiment suffisant, on viendrait le chercher.

Aimé entamait son troisième été sur ce caillou. Tous les quinze jours, une chaloupe s'arrimait à la plate-forme, à une encablure du rocher. De là les marins lui lançaient un gros sac contenant des provisions et, parfois, un livre. En retour il leur jetait un baluchon avec ses notes sur les navires qui croisaient alentour et ses commandes en épicerie, articles de pêche, papier et médicaments.

« Peut-être, mon beau, à la prochaine lune nous rappelleront-ils... »

Dans l'entrebâillement de l'unique placard, la tête sous l'aile, Marius se préparait au sommeil. Aimé aurait voulu le prendre contre lui, et se consoler dans ses plumes. Il n'avait plus envie de jouer. Ces souvenirs égrenés lui faisaient à l'âme comme la bruine sur la mer. Pourtant il restait encore huit cartes, sur le bois blanc. Allons. Une dernière, juste une, après il s'irait coucher. La verte, avec des ailes de mouette.

Anna.

Un jour clair se fit dans le cœur d'Aimé. Un jour couleur de lac, avec des paillettes d'or bleu qui dansaient. Les mêmes, suspendues entre les cils pâles, dans les yeux de la fille et de la mère. Virie. Anna. Le tout petit garçon aussi, peut-être, aurait ces étoiles-là. Anna l'avait appelé Georges. Aimé aurait préféré Henri. S'il avait pu lui dire. Mais quand l'enfant était né, à Saint-Laurent, au Nouvel An 1880, lui-même languissait dans le quartier cellulaire de l'île Royale. On l'avait transféré sur l'Enfant perdu sans repasser à terre. Il ne connaissait pas son fils. Anna était bien courageuse. Elle se débrouillait seule, et dans les lettres qui arrivaient au phare elle assurait à Aimé qu'il pouvait être fier d'elle. De la couture, de la broderie, des écharpes peintes qu'elle vendait sur le marché, et si peu d'hommes que cela ne comptait pas. Virie lisait déjà, elle lui avait appris. Pour ses six ans, Anna l'avait menée sur la plage, et ensemble elles avaient jeté dans les vagues un bouquet. Aimé avait remercié, une longue lettre, bien sûr les fleurs avaient nagé jusqu'à lui, et il demandait si vraiment Virie se souvenait de son papa.

Virie. Viviane-Marie. Anna s'était étonnée qu'il insistât, cette méchante fée Viviane, il y avait tant de prénoms doux et d'heureux augure, elle ne comprenait pas l'entêtement d'Aimé. Comme il persistait elle avait accolé « Marie », pour conjurer le sort, et voué la fillette à la Vierge de Lourdes, qui fait tant de miracles.

Aimé de ce temps-là, 1875, 1876, pensait encore à Viviane. Il aimait Anna comme on aime par grande soif l'eau pure qui désaltère, mais Viviane brûlait toujours en lui. Ses reins, ses colères, ses bravades, même les gifles qu'antan elle lui donnait pour soulager ses nerfs, et aussi son rire qui roulait et ses cheveux de gitane. Les trois premières années, au camp, en forêt, puis à nouveau au camp, elle avait peuplé ses jours et ses nuits. Elle, la petite Marion dont malgré ses efforts il oubliait peu à peu les traits, et le bébé né pendant son séjour à Saint-Martin-de-Ré, un garçon, peut-être, que peut-être Viviane avait prénommé Jean, ou une autre fillette, au fond peu importait. La nuit roulé dans sa bâche pour se protéger des moustiques il leur parlait, il leur racontait. Quand vous viendrez, non, c'est vrai, c'est moi qui dois rentrer, quand je pousserai la porte, et il sentait le pain chaud dans l'escalier, et le parfum de Viviane, ambre et vanille, un parfum de dame, les marches craquaient, il suspendait son souffle, collé au vantail, dedans on s'agitait, des pieds menus couraient, une chaise renversée, on traînait un escabeau, quelqu'un sûrement lavait les carreaux, il y aurait des rognons pour déjeuner, avec un flan au lait de vache, et dans son vieux lit, contre Viviane endormie, il ferait frais. Il priait à mi-voix comme font les vieilles gens dans les églises désertes. Pourvu qu'on révise ce procès. L'homme aux yeux gris a promis deux ans. Sinon elles m'oublieront, et quand je reviendrai avec ce beau nom, l'argent, et des cadeaux d'ici, tout sera à refaire.

Le doute lui séchait la gorge. S'il n'y parvenait pas? A reconstruire, à les reconquérir. Si Viviane refusait del Prato? Elle se butait parfois avec une violence qui le laissait penaud. Il n'était plus si sûr d'avoir bien choisi, ni même d'avoir choisi. Il se rappelait le vin, pendant la partie de cartes sur le *Revanchard*, le regard sinueux de son partenaire, ses effets et ses gains volés pendant la nuit, le débarquement, le poignard de Grain d'Orge dans son dos, le rire de Petit-Jean, « *longue vie à vous, comte!* », qui sonnait le glas de sa première vie. *Halloir*. Dans l'ombre il murmurait son ancien nom, étrangement familier et distant. Il se palpait la poitrine, les bras, pour se rassurer, je suis toujours là, toujours moi, mais il avait tant maigri que ce contact ne le confortait guère. Ses rêves l'égaraient au milieu d'un marais, il marchait, marchait, sans avancer d'un pas. Autour de lui des corps ensevelis jusqu'à la taille ou jusqu'au menton achevaient de pourrir. Del Prato! les forçats armés de râteaux couraient à ses trousses, enfouissez-le! dans les sables mouvants s'ouvrait une bouche qui avec un bruit de baiser effroyable l'aspirait. Le diable, assis sur la langue énorme, noire et raide, avait au coin des lèvres le pli narquois de l'homme aux yeux gris. Aimé repoussait ses espoirs, épouser Viviane une seconde fois, s'installer en province, Nantes ou Bordeaux, l'air de la mer fortifie les enfants, comte et comtesse del Prato, sa colombe aurait des robes, elle prendrait le thé avec des élégantes, on donnerait des leçons de piano à Marion et le petit irait au collège militaire. Aimé gémissait. Il regrettait. Il ne saurait pas. Mentir jusqu'à ce que le mensonge prenne corps, défricher avec la main d'Aimé la route de del Prato. Il se sentait si malhabile à vouloir.

Pourtant il écrivait. Presque toutes les nuits, rencogné entre son bat-flanc et la tablette supportant le vase de nuit, à la lueur d'une mèche plongée dans une tasse d'huile de palme. De longues lettres appliquées, faussement enthousiastes, ne pas leur avouer que je souffre, la nature en Guyane est si belle et le travail guère plus pénible qu'à Paris, qu'il recopiait deux fois, maudissant ses pâtés, et n'envoyait jamais. La censure de la Pénitentiaire, basée à Cayenne d'où partait le courrier pour l'Europe, les Antilles et le Brésil, déchiffrait le moindre gribouillis, qu'elle renvoyait, annoté, à l'intéressé. Del Prato, matricule 4566, orphelin et célibataire, ne pouvait s'épancher auprès d'une Viviane Halloir ou d'une Simone Halloir avec des tendresses respectivement de mari et de fils, sans attirer l'attention des autorités. Le choix du *Revanchard*, qui coupait Aimé de lui-même et de ses compagnons, le privait aussi de tout recours à ceux qu'il chérissait. Les enveloppes cachetées à la résine s'entassaient dans les poches de sa vareuse de cérémonie, celle qui restait au fond du sac, sur l'étagère. De temps à autre l'envie le prenait d'en ouvrir une, au hasard, pour se donner des émotions, mais l'angoisse de commettre une manière de sacrilège qui compromettrait ses chances de bonheur futur le retenait.

Et si Viviane, elle, postait quelque chose ? On donnerait sa lettre, ses lettres à l'autre, Halloir, matricule 6712, qui les jetterait. Si elle tombait malade, si elle crevait la faim rue du Petit-Jour, si elle voulait le rejoindre, comment le saurait-il ? Elle ne le regrettait guère, sans doute, avec sa façon de s'imposer aux gens elle devait s'en tirer. Mais enfin. Si. Recroquevillé sur son grabat, Aimé se rongeait les poings.

A mesure que passaient les mois, son désarroi comme les nuages à la tombée du jour s'enflait et se racornissait, changeant de forme et de couleur. Monsieur Henri le veillait. Assis sur le petit mur du potager, à mi-voix il évoquait les quelques femmes qu'il avait chéries, et la blonde Yvonne qui l'avait tant déçu. Le soleil aplati et fripé se fondait dans les nuages sanglants, derrière les hauts frangipaniers. Il souriait, vois-tu mon grand, il faut rendre grâces d'avoir souffert d'amour. Les larmes versées font le velours des souvenirs, crois-moi et sois apaisé. On ne doit regretter que d'avoir mal aimé.

Vers la Toussaint 1875, on venait de le rappeler à Saint-Laurent, Aimé passa une nuit entière contre la margelle du puits, à regarder la lune qui flottait là au fond, sans parvenir à s'y jeter. D'avoir découché lui valut une semaine aux fers, allongé torse nu sur une planchette, les tibias pris dans deux anneaux coincés par une barre. Pas moyen de se soulever ni de se tourner. Il fallait pisser sur soi, manger et dormir ainsi, et pour le reste se contenir. Le jour des Morts on le déverrouilla, on le passa au jet et on lui commanda de s'habiller proprement afin de faire honneur à l'évêque de Cayenne venu célébrer la messe du bagne, à dix heures, en la chapelle de Saint-Laurent. Le prélat, peau noire marquée de vérole, surplis amidonné, chaîne et croix d'or rouge plaquées sur le gros ventre par une épingle de nourrice, officia dans l'église. Les forçats, parqués dehors, n'entendirent rien. Comme il ne pleuvait pas, la commune s'était rassemblée sur la place. On se regardait, on s'apostrophait, on se faisait des signes et des grimaces. Des négrillons nus passaient de l'eau et des fruits verts. Ils s'accrochaient aux habits, écarquillant des yeux énomes, bouleversants, et des sourires canailles qui séduisaient mieux encore. Même les bagnards rugueux leur donnaient une piécette. Lorsqu'ils avaient vendu le contenu de leur cageot ils se perchaient sur l'unique réverbère, et pépiaient en crachant sur les têtes chauves.

Il y avait là beaucoup de femmes. Des presque dames, épouses de fonctionnaires, de commerçants, de notables ou de planteurs du coin, avec des ombrelles provinciales et des figures pâlottes, soufflées de médiocrité et d'ennui. Elles soupiraient considérablement, bombant la poitrine, renversant le cou, tous ces misérables! Dieu! quelle pitié! et, comme personne ne les remarquait, toussotaient. La plupart étaient fort malheureuses. Échouées dans ce cul-de-sac du monde par le vouloir d'un mari sans affection ni ambition, elles se rongeaient menu et à mesure que le climat calcinait puis noyait leurs rêves, elles mouraient à elles-mêmes. Saint-Laurent-du-Maroni, capitale de la transportation, honte de la patrie, chancre boueux sur la gencive d'une forêt monstrueuse, qui dans l'estuaire jaune crachait ses troncs décomposés, ses cadavres émaciés, ses denrées avariées et ses espoirs pourris. Dans les lettres adressées à leur famille de France, elles n'osaient seulement pas avouer qu'elles vivaient là. Elles inventaient Cayenne, Rémire, les parties de cartes, le carnaval, et leur honte aigrissant leur désillusion finissaient par haïr leur époux. Tout un lot de bagnards étalé sur la place. Elles lorgnaient ces hommes sales, hâves ou luisants de mauvaise graisse, crâne ras, bosselé, couturé. Elles voulaient leur trouver le regard féroce, enfantin, émouvant, elles se disaient celui-là, peut-être. Le léger frisson, en elles, les réconfortait. Elles se redressaient et cessaient de tousser. Les mouettes voletaient autour du clocher de bois. Mgr l'évêque pérorait avec d'amples repentirs de manches, qu'on apercevait en se penchant. Des mulâtresses accroupies pour lorgner sous le porche froissaient les jupes des dames avec leur gros derrière. Celles-là allaient nu-pieds, leur *gaule*, large robe d'indienne à manches flottantes, dénouée, bâillante jusqu'à compter les poils frisés autour de leur nombril, une fleur rouge ou jaune collée sur la tempe. Les plus riches portaient aux oreilles de larges anneaux de métal, et les Négresses une *camiza* de coton enroulée à partir des reins, qui dessinait leurs hanches et leurs cuisses comme si elles sortaient d'un bain. Le madras qui ceignait leur front disait leur état et leur humeur. Pointe à droite, pas d'espoir, à gauche venez donc, vers le ciel je suis fille, en arrière je me languis. Jaune, brun, roux, mordoré, quadrillé de bandes noires, rouges et vertes, noué à mi-front, retombant sur une oreille ou assez bas sur la nuque, il parlait la langue des fleurs en Orient, des éventails en Espagne, et avouait ce que la bouche et les mains préféraient taire. Toutes ces femmes détaillaient les bagnards, qui en retour leur criaient des galanteries. Les surveillants, placides, c'était fête aujourd'hui, riaient et laissaient faire. Des gamines se glissaient avec des ondulations couleuvrines entre les hommes et leur chatouillaient l'aine. Ils se penchaient, leur levaient la culotte, l'air de rien, et quand elles couinaient les poussaient vers le voisin. Sur le muret qui bordait la place, une dizaine de filles publiques peintes avec une barbarie païenne attendaient elles ne savaient quoi. Tout le monde s'assemblait, il fallait bien en être. Et puis là où ailleurs, peu importait. D'ailleurs elles trouveraient peut-être de l'ouvrage.

Aimé leur lançait des coups d'œil confus. Ces pauvres créatures agitaient en lui quantité de sentiments équivoques, qui tortillaient ses sandales sans lanières dans la poussière. Il y avait là-dedans du désir, de la crainte, du remords anticipé, de l'indécision, un peu de dégoût et une délicieuse pitié. Une fille, surtout, au bout, dans le coin, l'attirait. Il la distinguait mal et y revenait sans cesse. Blonde, frêle, encore jeune semblait-il, vêtue de blanc, en cheveux lisses noués bas, le teint extraordinairement pâle et l'air de quelqu'un qui a marché dix nuits. Un gros monsieur avec des favoris frisés qui lui descendaient jusqu'au col lui passa un billet. Elle tourna son joli visage fané. Métis, planteur, robuste mais pas vicieux, elle le connaissait. Elle haussa la main, ouvrit deux doigts, puis quatre, et quitta la place.

Aimé la revit la veille de Noël. Les nuages crachaient des

lianes, qui en touchant le sol giclaient avec le bruit précis de milliers de claques sur des milliers de joues humides. Il avait garé les bœufs qui tiraient sa charrette pleine de planches et de moellons contre l'auvent de la halle à la viande et s'était abrité là. Elle aussi. Elle portait une crinoline d'ancienne mode, avec un genre de chapeau à la Tudor, garni de gaze rose, qui l'écrasait un peu. Elle n'était pas grande, très mince, avec des doigts transparents qu'elle croisait sur son ventre à la manière des couventines. Souriant au ciel qui s'éclaircissait, il parut qu'elle souriait à Aimé, appuyé au pilier. Il crut à une invite et, rougissant, ouvrit les bras en signe d'impuissance, pas d'argent, hélas, et il se troublait si fort qu'il aurait voulu s'évanouir là, pour s'ôter en même temps le désir et le regret. Alors elle le vit. Avec ses mains offertes qui voulaient dire je regrette et qui disaient viens donc. Avec son torse, ses cuisses superbes, sa peau de demoiselle, ses yeux timides. Elle hésita. Les gars du bagne elle les prenait rarement. Puants, insatiables, mauvais payeurs, souvent brutaux. Elle était blanche, la clientèle ne manquait pas, elle se gardait pour les gros bonnets créoles et les Nègres enrichis. Mais ce blond-là ne ressemblait pas aux autres. Son visage régulier, son air doux, son émoi lui plaisaient. Elle s'approcha. Aimé trempait sa chemise.

Ils ne s'aimèrent pas tout de suite. Elle se prêtait à lui de temps à autre, derrière un pan de mur ou sous un hangar écroulé près du port. Sans lui demander d'argent. Même elle refusait ses pauvres cadeaux, un fichu, une boîte en marqueterie de paille, trouvant à se livrer gratuitement un plaisir oublié et une manière de fierté. Ils ne se dévêtaient pas et échangeaient à peine quelques mots. Aimé sitôt son affaire conclue se sauvait, le dos rond, le visage enflammé, pour se retourner quarante pas plus loin et revenir en courant l'embrasser. Il balbutiait. Il l'enlaçait une dernière fois, et galopait d'une traite jusqu'au camp. Elle ne savait que penser de lui. Ses façons avides et tendres, sa vigueur toujours respectueuse, sa générosité dans l'étreinte la dépaysaient. Distante et pressée les premières semaines, on l'attendait ailleurs, certes elle reviendrait mais pas avant le mois prochain, elle se prit à ce jeu qui n'en était pas un. Elle s'attarda. Regarda mieux Aimé, le questionna un peu, s'étonna de sa fraîcheur, de sa candeur, rougit de ce qu'elle était, se promit de ne plus le voir et ne put s'empêcher de le guetter. Lui arpentait Saint-Laurent à sa recherche, n'osant interroger ses pareilles, honteux et déjà malheureux. Ils se fréquentèrent à nouveau. Il pleura, elle aussi. Tremblant qu'il ne l'en fît souffrir mais si heureuse de s'ouvrir à quelqu'un, petit à petit elle baissa ses gardes. Il implora du temps, des mots, des regards, des caresses. Elle donna, étonnée chaque fois de ne pas se trouver appauvrie. Puis, sans qu'il lui demandât, avec des pudeurs touchantes elle commença de se déshabiller devant lui. Et à mesure que, pièce à pièce, elle dévoilait son corps, elle dénuda sa vie.

Elle paraissait trente-cinq ans et n'en avait que vingt-huit. Anna Vaubert, née à Bordeaux de mère brodeuse et de père en transit. On l'avait placée tôt, treize ans, chez un bourgeois qui fabriquait ces insignes bleu et blanc que les marins arborent sur leurs vareuses. Un hôtel jaunâtre, avec un jardin de roses qui descendait jusqu'à la Garonne. L'atelier, un long hangar en bois, bordait le quai. Le jour Anna cousait des écussons et le soir elle servait à l'office le souper des domestiques. Elle avait des seins menus et tendres, la taille qu'on enfermait dans les mains et une ingénuité que les messieurs prenaient pour de la simplicité d'esprit. Elle allait fixant obstinément la frange de son jupon, avec sur les lèvres un sourire timide adressé à personne, qui sitôt qu'on l'abordait se figeait en un rictus de soumission et d'effroi. Son humilité et sa placidité attiraient les outrages. Elle semblait née pour qu'on abusât d'elle. Personne ne s'en privait. Comme elle n'était pas nubile, les troussades sur un rebord d'évier ou derrière l'escalier d'honneur ne tiraient pas à conséquence. Les gens de cuisine et les deux fils du maître avaient la même hâte et les mêmes rictus brutaux. Elle croyait que tous les hommes en usaient ainsi. Rien ne la surprenait. Rien non plus ne l'émouvait ni ne lui procurait du plaisir. Elle égrenait les jours, ni triste ni gaie, grandissant sans s'épanouir, comme les fleurs en pot que les concierges gardent au fond des courettes, à l'abri du soleil. Survint Monsieur Gustave, un Marseillais à frisons et beau parler que le patron avait engagé comme chauffeur. Il culbuta Anna, comme les autres. Puis, surpris de la trouver si docile, effacée et polie, il s'intéressa à elle. Il lui découvrit de beaux yeux, de jolis membres, et la peau très douce. Lui offrit quelques fleurs, volées la nuit dans les parterres devant la maison, et avec l'emphase des gars du Midi lui déclara sa flamme. Ce faisant il y croyait un peu, c'est vrai, cette enfant-là sortait de l'ordinaire, elle vous embaumait un quotidien, d'ailleurs il raffolait des blondes. Anna comprenait seulement que le bouclé voulait bien lui accorder un peu de temps, et réchauffée du dedans elle lui promettait de le suivre là où il souhaiterait l'emmener. Ce fut la Guyane française. Cayenne d'abord, où le fol ambitionnait d'établir une tête de pont pour le commerce des bois précieux. La concurrence sur place était forte, et les investissements considérables. Le patron bordelais, qui cautionnait et payait, se lassa vite de miser sans garanties. Mais Monsieur Gustave n'était pas homme à renoncer. Puisqu'il se trouvait sur place il patouilla de-ci de-là, certain de pêcher à la fin quelque chose de juteux. Tour à tour il tâta du café, de la traite des peaux, du rapatriement de petits animaux pour les dames. Il choisit mal ses graines, les vers sur le bateau rongèrent les cuirs mal tannés et tous ses ouistitis crevèrent. Le banquier bordelais ferma guichet. Il fallait rentrer. Ne pouvant s'y résoudre, Monsieur Gustave résolut de monnayer les charmes d'Anna. Il lui avait promis, avant le départ, de l'épouser sur le sable des îles. La petite n'osait le lui rappeler. Elle n'avait que dix-sept ans, des yeux bleus à peine trop ronds et un teint comme dans la colonie on en rencontrait peu. Avec cela ne protestant jamais, ne s'étonnant de rien. La poulette aux œufs d'or du conte. Monsieur Gustave vécut sur ce panier-là pendant trois ans, au bout desquels il s'éclipsa. Sans laisser à Anna un mot ni un franc. Pendant deux jours elle resta contre la fenêtre, à regarder les petits tas de poussière rouge que le vent chassait d'un trottoir à l'autre. Elle ne pleurait pas, elle ne pensait pas. Sa vie s'était suspendue ainsi qu'une horloge s'arrête. Absente d'elle-même, elle s'en remettait au sort pour qu'il relançât le balancier. Monsieur Gustave avait loué l'étage d'une maison modeste mais décente, deux rues avant le canal Laussat. La propriétaire, une Créole obèse qui logeait en bas, s'était plainte tout l'été du remuement causé par les visites, mais Monsieur Gustave lui causait câlinement dans l'oreille tandis qu'au-dessus on s'affairait, et elle voulait bien pardonner. Sitôt le frisé disparu, elle chassa l'abandonnée. Il fallut bien, alors, se reprendre, et compter avec soi. Anna alla trouver l'associé de Monsieur Gustave, un ami du maire, qui la cacha dans sa soupente. – Tu ne vas pas t'installer à la Crique, une Blanche, avec ces jambes et ces épaules, les autres te tueraient. – Elle accepta le logement que contre faveurs il lui offrait. Les premières années coulèrent sans qu'elle s'en aperçût. Les messieurs vantaient le lin de ses cheveux, ses formes tendres et cet air de pensionnaire qui attisait les ardeurs. Elle accédait à leurs désirs avec une complaisance de bonne élève, sans distinguer dans leurs exigences le vice de l'appétit. Il lui semblait qu'il en avait toujours été et qu'il en serait toujours ainsi. Elle n'éprouvait ni dégoût, ni remords. Seulement une grande fatigue et, parfois, une manière de chagrin qu'elle ne s'expliquait pas. La conscience de soi émergea à mesure que se fanait son teint. Avec des bouffées de honte qui la dressaient dans son lit et la jetaient en pleine nuit sous le crucifix cloué au mur. Elle voulut entrer au couvent. Les sœurs de Saint-Joseph, qui régentaient le contingent de bagnardes en exil, tordirent le nez. On ne prenait pas des novices de cette eau-là. Cuisinière, surveillante à la rigueur, mais pas le voile.

Anna plut moins. Elle maigrissait, et ses dents se gâtaient. Ses pratiques se raréfiant, elle partit pour Kourou puis, résignée à sa déchéance, pour Saint-Laurent-du-Maroni. Là elle pensait évincer ses rivales et sauver les meilleurs morceaux. La commune sur une vingtaine de filles d'amour comptait trois Blanches. Une libérée, une veuve et une demi-folle. Sans âge, attifées en clownesses, le geste ordurier et la chique au bec. Anna sans effort se hissa reine de ce triste royaume. Dans sa case de planches elle reçut l'un poussant l'autre tous ces messieurs de la Tentiaire, qui se donnaient sur son sein des frissons franchouillards, les planteurs créoles, affamés de sa peau, et les plus fortunés des trafiquants nègres. Elle songea vaguement à épouser le métis à favoris plongeants, qui en échange d'enfants pâles lui offrait une vieillesse honorable. Mais il était velu, et il croquait de l'oignon cru avant de passer à l'acte, pour, ricanait-il, se fortifier. Dans ses songes, elle voyait sa vie s'arrêter le jour de ses trente ans.

Aimé dans cette grisaille ouvrit un courant d'air qui lui rendit le souffle. A la fin des pluies de 1875, ils convinrent d'un rendez-vous fixe. Le lundi, vers midi, dans le ventre du bateau bleu et jaune qui s'écaillait sur sa cale derrière l'atelier de carénage. Aimé travaillait à repaver la jetée. Ses compagnons sur le coup de dix heures rentraient déjeuner et faire la sieste au baraquement. Lui, sous prétexte de prendre les commandes de poissons et de crustacés que lui passaient les surveillants, s'échappait. Souvent il trouvait Anna endormie, recroquevillée à la manière des enfants malheureux sur les sacs qui tenaient lieu de couche. Des rais de lumière crue filtraient par les fentes de la coque. On respirait mal, l'air rare sentait la colle, le goudron, l'huile de poisson et les algues séchées. Il faisait très chaud. Anna ronflait doucement. Aimé s'allongeait contre elle avec mille précautions et restait là, sur son coude replié, à la regarder de tout près. Ses traits dans le sommeil se brouillaient avec la tristesse d'un maquillage manqué. Les narines transparentes, le menton indécis, les lèvres molles et pâles, les joues creusées par chaque inspiration. Elle tremblait, sa bouche se crispait, ses mains maigres s'ouvraient et se refermaient. Et ce visage, ce corps qui n'avaient jamais été beaux, qui n'étaient plus vraiment jolis, bouleversaient Aimé. Les mèches glissées du chignon accrochaient les poussières lumineuses, et autour des joues étiraient les rayons d'un soleil délavé. Le cou, très fin, plissait un peu, et au coin des yeux clos Aimé comptait avec attendrissement les ridules. Penché sur elle, il respirait son haleine aigrelette. Bien à fond, tout gonflé de douceur. Cette femme-là lui faisait tant de bien. Il lui semblait qu'elle l'aimait tout juste ainsi que, sans le savoir, il rêvait d'être aimé. Couché le long de son flanc comme sur la rive d'un ruisseau il regardait en amont ses années de mariage, depuis les parties de pêche au bord de la Marne jusqu'à la naissance de Marion. Il se rappelait Viviane, sa violence, sa hauteur, ses prétentions. Viviane qui ne l'estimait ni ne le chérissait vraiment. Il s'étonnait de sa confiance, de sa patience d'alors, de la joie brute, aveugle, que lui donnait son couple. Il était bien naïf. Anna l'avait pris le premier jour tel qu'il se présentait à elle, et depuis jamais n'avait questionné ni exigé. Elle demandait seulement à l'heure qu'ils passaient ensemble d'être tendre. Son statut lui importait peu. Sa présence suffisait à la combler. Elle se gavait de ses attentions, de ses précautions, de tout ce qui, disait-elle, le distinguait de la masse égoïste des hommes. Loin de l'irriter, sa balourdise l'émouvait. Auprès d'elle qui ne le jugeait pas, qui ne le gourmandait pas Aimé se sentait grandi. Prêt à tous les efforts, à toutes les entreprises. Il s'appliquait à se parfaire, imiter Monsieur Henri, apprendre, digne sans raideur, poli sans affectation, s'intégrer sans compromission, s'imposer sans s'être craint ni jalousé. Il progressait. Les surveillants lui offraient à boire, les forçats ne volaient plus ses rations, et il savait qu'on baise la main des dames mais pas celle des demoiselles. A Anna qui ne connaissait pour valeur que l'effort et pour ambition que l'instant il ouvrait des fenêtres sur le rêve. Il lui chuchotait des poèmes, qu'importaient les rimes manquantes, elle ne remarquait pas, et la berçait, tu verras, je te ferai heureuse, si heureuse. Elle l'admirait à pleurer, et remerciait le Ciel.

Au mois de janvier 1876, elle se découvrit enceinte. Aimé comprit la chose avant qu'elle osât la lui avouer. De moi ? bien de moi ? elle promettait, elle avait compté, et avec les autres... Il lui fermait la bouche. Heureux et malheureux. Un enfant, et lui cloîtré au camp, avec encore trois années à tirer. Comment l'élever ? Si on l'expédiait à nouveau en forêt, s'il tombait malade ? Anna lui disait je travaillerai pour nous, et comme il pâlissait, elle fondait en larmes. Il aurait voulu qu'elle arrêtât tout commerce, qu'elle se gardât, mais ses travaux à lui, le soir au baraquement, petites sculptures en bois, enluminures naïves, ne suffisaient pas à entretenir une femme sur un pied décent. Une à une elle vendait ses robes de dentelle, on ne porte pas des falbalas à la maison, je ne les regretterai pas. Pourtant il fallait bien, certaines semaines, rouvrir sa porte, son lit et sa chair lasse. On la demandait toujours, et même, maintenant qu'elle rechignait, davantage. Elle taisait à Aimé ses accommodements. Quand son ventre enflerait, de toute manière, on la laisserait en paix.

Viviane-Marie, aussitôt surnommée Virie, naquit en septembre, un soir de lune rousse. La vieille Négresse qui assistait Anna prédit des larmes, beaucoup de larmes, les filles de la lune rouge sont belles et malheureuses. Aimé obtint une permission spéciale et vint passer des heures douces au chevet de l'accouchée. Monsieur Henri souvent l'accompagnait. Il avait accepté d'être le parrain.

Aimé dans son phare chahuté par le vent suçait le souvenir du baptême comme un sucre candi. 8 novembre 1876, un mercredi. Le curé de Saint-Laurent s'était attendri, il aimait bien Anna, une bonne fille, qui si le besoin ne l'avait pas poussée aurait vécu plus saintement que bien des femmes honnêtes. Et puis des petitous il n'en naissait guère, à Saint-Laurent. Une âme neuve, qui s'offrait au baiser du Seigneur. Il voulait faire les choses joliment. Un surtout neuf, la belle croix d'argent, et sa meilleure huile parfumée. Vrai, il se réjouissait. Depuis douze ans il torchait des âmes plus rances que des culs de mendiant, et la fraîcheur de cette célébration-là lui mettait de la musique au cœur. Le brave homme venait des Pyrénées, un coin brumeux près de Gavarnie. Les brebis le faisaient éternuer, les baignades dans les gaves lui donnaient des rhumes et les nuages accrochés aux pics des idées moroses. Abandonnant à son frère cadet la petite fabrique de meubles que tenait son père, il était entré au séminaire de Pau. Là un prêtre antillais lui avait parlé des îles. Il avait lu les apôtres, les missionnaires, les capitaines qui avaient côtoyé des sauvages, et rêvé d'évangéliser la jungle. Après l'avoir confiné une dizaine d'années dans les Vosges, l'évêché l'avait envoyé en Guyane. Le pasteur du Maroni venait de mourir. Il s'était fixé à Saint-Laurent. Les bagnards le nommaient père Jules, et les négrillons qui secouaient la clochette pendant l'office Gros Julot. Il avait les pieds plats, qu'il traînait, et un ventre conique qui tournait l'angle des maisons avant qu'on aperçût son visage. Il portait la barbe longue, touffue, étalée sur la poitrine, un casque beige sale, des lunettes noires toutes rondes et une soutane grise graisseuse qu'il retroussait jusqu'au genou au passage des flaques. Lors des grandes pluies il l'accrochait avec des épingles, et se promenait pieds et mollets nus. On savait par sa bonne que dessous il ne mettait pantalon ni caleçon. On lui donnait soixante ans. Il chantait avec une belle voix de basse, buvait une pastèque pleine de rhum frais sans s'émouvoir, battait aux quilles les plus adroits et jurait volontiers. Il vivait seul, derrière l'église, dans une bicoque rapiécée que le maire nommait pompeusement presbytère. Il dormait sur une natte et prenait ses repas assis en tailleur sous son unique fenêtre. Sœur Martelline, sa vieille amie, le visitait deux ou trois fois l'an. Elle avait des yeux bleus immenses, très enfoncés, cernés de mauve, pas de lèvres, un menton poilu, des émerveillements enfantins et des rides de bonté. Avec deux autres religieuses françaises et un prêtre de quatre-vingts ans, elle soignait les indigènes lépreux. Elle promenait partout avec elle une grande fillette née d'un couple malade et qu'elle espérait sauver de la contagion. Le jour du baptême de Virie, la petite était là. Elle voulut baiser le poupon. Aimé hésitait, le père Jules aussi, et sœur Martelline n'osait intervenir. La gamine fondit en larmes et courut se cacher derrière le baptistère. Anna reprit Virie, qui couinait sur l'épaule de Monsieur Henri, et tirant l'enfant de son recoin lui mit le bébé dans les bras. Les semaines suivantes elle trembla, guettant la première tache. Virie n'eut rien. La fillette, qui s'appelait Odile, prononça ses vœux de novice à Cayenne cinq ans plus tard. Avant de s'enfermer elle vint trouver Anna et lui offrit, pour Virie quand elle serait en âge, ses pauvres trésors. Trois colliers de verre, une Sainte Vierge en plâtre peint, un perroquet empaillé, une écharpe d'autel à franges d'or et quelques images pieuses.

Aimé ouvrit doucement l'armoire où dormait Marius. Sur l'étagère, en haut, la Madone lui souriait. Elle s'écaillait un peu. Demain, s'il y pensait, il rafraîchirait son manteau avec les crayons gras qui avaient servi pour les cartes. Il repoussa la porte, s'adossa, les yeux clos. La fatigue lui tirait les membres. Une fraîcheur de pluie se coulait sous la porte. Peut-être il allait s'allonger. Tirer à lui les visions douces comme il eût fait d'un drap, et blotti dans leur tiédeur laisser ses souvenirs un à un retourner à la nuit.

Les années qui suivaient la naissance de la petite se fondaient dans une brume tendre. Anna, Virie, Monsieur Henri, le père Jules peluchaient son quotidien. Il oubliait la rugosité des jours. Viviane quittait ses rêves. Les figures du Turc, de Grain d'Orge, de l'adjoint du commandant pâlissaient. Matricule 4566, terrassier et pêcheur, sa vie barbotait au rythme des pluies et des marées, fruste, monotone et paisible. Il aimait Anna simplement, sans violence ni emphase. Elle était, au-delà des barreaux, de l'effort et des brimades quotidiennes, son havre, son horizon, sa certitude. Toujours le même beau sourire pour l'accueillir, le même absolu don de soi. Au-dessus du berceau de Virie il ressuscitait les espoirs enfouis, l'argent chez le notaire de Cayenne, je me nomme del Prato, voyez ma carte, je viens chercher ce qu'on vous a confié, dès sa libération il emmènerait Anna et la petite loin de Saint-Laurent, au Surinam, au Brésil, on élèverait Virie en demoiselle, on la marierait bien, Anna vieillirait oisive et il veillerait sur elle. Quand son esprit revenait à sa première famille il se raidissait, et pour étouffer son remords il ravivait le souvenir d'une Viviane froide et toujours agacée. Son avenir n'était plus là. Elle avait un galant, sûrement, qui prenait soin de Marion et du cadet. Il s'ébrouait, et forçait sa pensée à rentrer dans les rails guyanais. D'Aimé Halloir il ne voulait rien regretter. Anna ignorait sa condition passée. Elle le croyait fils de famille perdu par de mauvaises affaires. Il lui avait dit, une fois, que jamais il ne pourrait se marier. Un serment prêté tout jeune, après un amour malheureux. Elle s'en chagrinait un peu, mais accoutumée à subir la vie comme depuis son âge tendre elle subissait les hommes, elle n'en avait jamais reparlé.

Elle entama une deuxième grossesse. Avec une infinie surprise. A trente-trois ans elle se croyait trop vieille, et puis la naissance de Virie l'avait si cruellement labourée qu'elle n'escomptait pas engendrer à nouveau. Elle eut peur. D'annoncer la nouvelle à Aimé qui peut-être s'en fâcherait, de porter et d'accoucher encore. Elle se vit miséreuse, rongée par une vermine géante qui avait des doigts crochus de nourrisson, plus un jupon décent, ses cheveux tomberaient, elle irait pieds nus dans les rues, les hommes se détourneraient, et Aimé en choisirait une autre. Elle songea à avorter. Père Jules la retint, un cadeau du Ciel, ce petit, un cadeau pour le Ciel, si vous ne pouvez pas l'élever vous me le donnerez, j'en ferai un serviteur de Jésus-Christ et après moi il ira prêchant la parole divine aux malheureux. Il faut souffrir, ma chère enfant, afin de mériter aux yeux de Dieu.

Cette parole-là lui fit une grande lumière dans l'âme. Le goût enfoui que depuis l'enfance elle prenait à son infortune trouvait sa justification. Ce chemin qui de l'enfance tâtonnante, les écussons bordelais, les pattes des hommes sous ses jupes, avec leurs ongles qui l'écorchaient, Monsieur Gustave, ce rude chemin qui l'avait menée sous le ciel catarrheux de Saint-Laurent avait donc un sens. Hors Aimé, Anna n'avait rien choisi, rien décidé pour elle-même. Le vouloir d'autrui toujours suppléait au sien propre. Elle voyait la vie comme une manière de fée qui lui dictait une loi contre laquelle elle ne songeait pas à se révolter. Elle se répétait c'est ainsi, je suis née sous une mauvaise étoile, et appliquée à passer d'un jour au lendemain ne regardait pas au-delà. Le père Jules lui parla des saintes, des martyres, de ses amies religieuses, aussi, qui souvent avaient erré avant de mettre leur pas dans celui du Christ. Il lui expliqua la parabole des talents, Dieu attend que tu tires le meilleur de ce qu'Il t'a donné, ne pleure pas sur ton sort, c'est Lui qui t'a voulue dans ta peau de pécheresse, efforce-toi seulement de tendre vers l'idée que tu te fais du Bien. Même les ronces donnent des fruits. Au jour dernier tu apporteras des brassées de mûres sauvages, et les anges voleront devant toi.

Anna d'un coup se sentit neuve, lavée par un deuxième baptême. Elle vit une torche s'allumer devant elle, qui lui indiquait le sentier. Les privations lui devinrent tendres, la location de ses appas sans importance, et elle cessa de se torturer en songeant à l'avenir, bientôt, quand elle se fanerait. Le Créateur qui lui envoyait des épreuves afin qu'elle s'amendât en les surmontant ne l'abandonnerait pas. Lorsque, après la mort de Monsieur Henri, le tribunal militaire rallongea de dix ans la peine d'Aimé, lorsque enceinte de cinq mois elle vit son seul soutien partir pour les cachots de l'île Royale, elle retint ses larmes avec une manière d'ivresse, et quand après son pauvre mobilier elle dut vendre sa cabane, son désarroi lui fut doux. Père Jules la recueillit. Le poupon s'annonçait gros. Les jambes d'Anna enflaient au lever du soleil, et dès neuf heures elle marchait avec peine. Père Jules installa son grabat et son prie-Dieu dans le grenier afin de lui laisser la salle de plain-pied avec le jardin. Il commanda à l'ébéniste un de ces lits clos qu'il avait aimés enfant, dans les Pyrénées, dont il accrocha méticuleusement les courtines. Ce sera ton nid, personne ne pourra t'y atteindre, ces rideaux-là dissuadent les cauchemars, le soir je viendrai te border, je te lirai quelque chose et nous causerons un peu. Comme Anna étouffait dans cette boîte, il découpa deux fenêtres, puis encore deux lucarnes qu'il garnit de pompons pour égayer le nourrisson pendant ses tétées. La couche prit un air de chalet des alpages, et comme elle était vaste, on la garnit de coussins et entre soi on y prit le thé du matin et le ponche de sept heures. Anna près de père Jules devenait la fillette qu'elle n'avait pu être. Elle riait, boudait, essayait des caprices, émerveillée que le bonhomme se réjouît et s'attristât au gré de ses humeurs. Il la regardait sans la juger, et la chérissait sans la désirer. Candide, elle se laissait gâter. Il lui donna une écharpe de laine blanche qui lui venait de sa mère, avec des grelots aux quatre coins, et sur la bordure des personnages naïfs emmitouflés jusqu'au nez qui dansaient autour d'un clocher pointu. Puis un soir qu'elle souffrait du ventre, un chat roux minuscule qui avait un œil vert et l'autre bleu. Leur vie ressemblait à celle d'une famille pauvre et unie, dont l'homme est parti au loin chercher de l'ouvrage. Chaque matin après une courte messe à la chapelle, père Jules hissait

Virie sur le col de son mulet et partait à ses visites. Quand il allait en forêt, chez les Indiens Ticunas et les Nègres Bosch, ou au camp pénitentiaire confesser les forçats, il confiait la petite à la bonne, une vieille Négresse borgne et rocailleuse, qui la menait au marché et lui enseignait à natter des couronnes de fleurs pour les enterrements. Anna à l'ombre de l'unique arbre du jardin, sur une méridienne rafistolée, brodait des napperons et peignait des foulards. On guettait le facteur, peut-être Aimé avait envoyé quelque chose, et le dimanche après la messe, à trois tendresses appliquées on troussait une belle lettre, en pensant si fort au cher absent. Anna écrivait joliment, en rondes régulières, avec des jambages aériens. Elle disait ma mère formait ses lettres ainsi, le Sacré-Cœur de Bordeaux, moi je n'y suis pas allée mais elle m'a appris, et aussi la table de multiplication, et à réciter des fables. Père Jules voulait qu'elle ouvrît une école, plus tard, pour les très petits des campements alentour. On ratisserait loin, jusqu'au fond du bois, et les négrillons roucouleurs apprendraient le français de France. Il disait Aimé vous aidera, lui en sait beaucoup, les rois, la géographie, et moi je ferai l'histoire sainte. Une œuvre utile, jolie madame, songez-y, Dieu sera content.

Georges naquit le 2 janvier 1880, entre deux orages. Avec les mêmes yeux pâles piquetés de paillettes sombres que sa mère et sa sœur. Bien constitué mais singulièrement atone, et émotif à l'extrême. Un bruit vif, un piaillement de Virie, une figure étrangère penchée sur son berceau le commotionnaient. Il sanglotait à la première réprimande et passait des heures immobile, à fixer le nœud de rubans qu'Anna avait accroché au plafond le jour de ses relevailles. La tétée l'intéressait peu, et le bâton de sucre qu'on glissait dans sa menotte pas davantage. Père Jules grommelait trop mou, faudra l'accrocher au monde celui-là, pas une graine de missionnaire. A Aimé il écrivait ton fils promet, ne t'inquiète de rien, et pour aguerrir le petit il le portait voir les vagues écorner les remblais construits par les bagnards. Les lunes enflaient et dégonflaient, les semaines fondaient sous le soleil, puis revenaient les pluies, inlassables, qui délavaient l'espoir. Trois ans, déjà. On ne savait quand la Pénitentiaire se souviendrait de l'exilé. Anna menait souvent les petits au bord de la jetée et pointait du doigt un reflet brillant, sur la ligne d'horizon, si, regardez bien, votre papa vit là, il surveille les bateaux qui voguent vers Cayenne, haussez-vous sur le bout de vos pieds et vous l'apercevrez. L'Enfant perdu était trop loin. On ne distinguait pas même le fanal. Virie, fatiguée de l'espoir toujours déçu, bâillait. Georges criait « papa » en montrant les mouettes qui piquaient vers la mer. Ils rentraient trempés de sueur ou imbibés de crachin, avec un pas traînant de vieilles gens lasses, sans parler, tristes jusqu'à la moelle.

Les rêves penchaient vers le lit leur joue d'ombre. Les couleurs, la vie attendaient sur l'autre versant, franchir l'arête du nez, la crête des vagues, Aimé allongé sur sa couverture tendait machinalement les orteils et les doigts. La lune haute derrière l'Enfant perdu étirait sur la mer de lait une langue paresseuse. Grimper, glisser, le sommeil offrait son sein de mère, ne plus penser. Demain. Aimé entrouvrit les yeux, à quoi bon, une passerelle entre ses paupières balançait doucement, du souvenir au songe, là-bas aussi tous ils l'attendaient, docile et mou il s'abandonna.

Il retrouva la terre comme on retrouve une femme, et Anna comme si elle eût été la liberté. Elle l'attendait sous la pluie, enfoncée dans le sable jusqu'aux chevilles, insoucieuse de l'eau sale qui ruinait sa dernière paire de souliers brodés.

1883, on vous le ramènera le 5 novembre vers dix heures, la Tentiaire l'avait prévenue la semaine d'avant, elle s'était fait des ondulations au fer chaud, elle avait retaillé sa robe bleue, qui s'attristait sur les hanches, et coiffé les enfants avec des friselis de caniche. Virie, qui la sentait trembler, allongeait sa lippe d'avant les gros chagrins. Georges avec l'aplomb de ses trois ans toisait sa sœur et se retournait vers la mer, applaudissant à la chaloupe ventrue qui grimpait les rouleaux, aux marins torse nu penchés sur l'aviron, au grand homme pâle, debout, qui lui tendait les bras. Derrière, le long de la place qui bordait la plage, des rafales plaintives chahutaient les palmes des bananiers. Les bateaux démâtés crissaient sur leur quille. Le sable rouge s'amoncelait en dunes régulières contre les cales. Les vagues et le ciel gris gémissaient à l'infini, et Aimé en sautant vers Anna hurlait au vent sa joie. On les laissa s'étreindre. Les orteils chatouillés d'écume, vaguement inquiets, les petits regardaient. Leur mère et le monsieur sanglotaient. Ils se mirent à pleurer. On les embrassa, le monsieur bégayait, on se lécha, on se suça les joues, on était tout collant et encore plus mouillé. Le monsieur ne rentra pas à la maison, ton papa ne peut pas, il est prisonnier, non il n'a rien fait de mal mais il doit rester au camp, maintenant le temps passera vite, le dimanche nous irons le voir, il me ressemble mon papa ? quand les gardiens le lâcheront ? les enfants gigotaient dans leur lit, et tard dans la nuit père Jules dut chanter des berceuses.

Au baraquement la réalité harponna Aimé avec la précision d'un bec fouaillant une plaie. Le ciel soufflé d'eau ahanait par bourrasques quinteuses, gris plomb, gris-blanc, chaque inspiration gonflait sa panse vautrée sur les arbres, sur les toits, sur les âmes. Les forçats dans l'allée centrale couraient, dos arrondi. En guenilles, pieds nus couverts de croûtes, le visage crasseux. Les façades des longs bâtiments gris pleuraient à grosses gouttes sales, les gouttières vomissaient une eau jaune. Les hibiscus perdaient une à une leurs fleurs. Les flaques déjà profondes, au pied des escaliers, se couvraient de corolles fripées, carmin, rose doux, qui faisaient sur les rides boueuses des barques délicates. Demain tout serait pourri. Aimé, abrité sous l'auvent où Monsieur Henri, autrefois, rangeait les outils du potager, regardait les murs d'enceinte fouettés par la pluie. Voilà, il était rentré. Chez lui, bagne de Saint-Laurent, Guyane française. Et son désarroi se creusait de ne se connaître aucune autre demeure. Cette grâce qui lui semblait si enviable la semaine passée, lorsque sur son îlot de pierraille il inspectait la mer vide, lui causait aujourd'hui une tristesse sans fond. Encore tant d'années à dormir, manger, travailler entre des pouilleux, des brutes, des stupides et des vicieux. Monsieur Henri ne serait plus là pour l'abriter sous son aile bienveillante. Comment les forçats, maintenant, allaient-ils le recevoir ?

En se présentant à l'appel du soir, en grimpant les cinq marches, bâtiment 7, il se mordait la bouche. Seizième couchette. A droite le sieur Pierre Adrien, faux monnayeur, à gauche la Miquette, petit souteneur passé de l'autre bord, michon de Grand Jacques, un caïd de Toulouse, qui régentait le dortoir. Et puis les autres. Tous. Soixante, debout, devant leur bat-flanc. Ils le fixaient.

La porte grinça, lourdement retomba, bruits de chaînes, on coulait la barre dans les anneaux, on ajustait, on cadenassait. Vers lui qui restait immobile à l'entrée ils venaient. Si laids, il avait oublié. Avec une curieuse lueur dans les yeux. S'approchaient à le toucher, se penchaient, puants. L'accolaient. Un à un, jusqu'au dernier. Aimé croyait rêver. Sur le phare, sûrement, une nuit de vent plaintif. Quand le plus vieux, un petit, à peine plus haut qu'un poney, se fut haussé pour l'embrasser, il lui mit dans les bras un baluchon. Ouvre, va, depuis trois ans nous gardons cela pour toi, pour le jour où ils te ramèneraient, va, tu l'as mérité. Dans le paquet Aimé trouva le chapeau, la flûte, le carnet à dessin et l'écharpe blanche si usée de Monsieur Henri. Les larmes aux yeux, il ne savait que dire.

– Tu ne mets pas le foulard ?

On ne le tourmenta plus. On eut des égards, des gentillesses. Jamais on ne lui parla de Monsieur Henri. Des verges, du cachot. Musette et ses jumelles avaient quitté le camp.

Quand il s'enquit d'elles on lui répondit tu ne devais pas payer seul, nous les avons punies. Il eut mal.

Les années s'égrenèrent. Il prit une pneumonie, qui le tint à l'infirmerie un mois plein. Il y retrouva des odeurs et des sons oubliés, le petit docteur de Saint-Martin-de-Ré devait être mort, maintenant. « *Tu ferais un bon infirmier, avec tes gestes doux, tu ne ressembles pas aux autres, je te garderais bien.* » Le désir lui vint de servir là. Il se souvenait de beaucoup de choses, les pansements, les lavements, les saignées, et dans les livres du médecin-chef il retrouva le reste. Il savait parler, aussi, à ceux qui déliraient. Il surprit. On le garda. A demeure, entresol de l'hôpital, il ne retourna pas au baraquement. Il vit mourir, tant et tant. Tant que certains soirs, s'il n'y avait eu Anna et les enfants qui grandissaient, il aurait souhaité mourir, lui aussi, pour échapper à toute cette souffrance.

1891, juillet, un matin comme les autres. De soleil affolant, criminel. Le commandant convoqua Aimé. Un nouveau, encore un, le cinquième. Petit, fluet, le casque enfoncé jusqu'aux yeux, une voix d'ogre. Les dents limées devant. Aimé n'oublierait pas.

– Ton temps est fini. Tu peux coucher chez ta femme ce soir. Pour les vêtements, passe à l'inventaire. De l'argent on m'a dit que tu en avais un peu. Bon pêcheur. Tu manqueras aux gars de la cantine. Bon infirmier aussi. Mais tes malades mourront avant de te regretter. Méfie-toi de la liberté. Sois plus sage que tes camarades, ceux des caniveaux. Ne bois pas. Ou ce sera pire qu'ici. Imagine. Bonne chance.

Il lui serra la main. Le commandant. Avec un sourire au ras de ses dents trop courtes.

Un matin si semblable. Dix-neuf années de matins identiques, brûlants, liquides, de matins sans grâce. Aimé se tint un moment appuyé au mur de clôture, là où Musette autrefois avait sa cabane. Une colonne de fourmis rouges ondulait entre ses pieds, agacée de l'obstacle, cherchant le trajet le plus court. Il portait des sandales neuves, nouveau chemin, une chemise neuve, nouvel espoir, un chapeau de paille neuf, nouvelle âme.

Il mit plusieurs semaines avant de se sentir nouvel homme. Jours immobiles, suspendus, dans le jardin du presbytère. Père Jules était mort trois mois plus tôt, mais l'évêché de Cayenne n'envoyant personne, Anna et les enfants habitaient toujours la maison. Virie avait quinze ans, Georges onze. Ils ne quittaient pas leur père d'une ombre. Et raconte, et regarde-moi, ne nous quitte plus, à mon âge tu me ressemblais ? Anna avait vieilli. Pathétiquement. Mais Aimé était là, maintenant. Près d'elle. Pour jamais, il promettait. Elle vivait de sa tendresse. Il la voyait respirer à son souffle, fleurir de ses sourires, reposer de sa paix prétendue, dors ma chérie, je t'assure je vais mieux, je m'acclimate, tu sais, je n'y croyais plus. Il se jurait de la chérir et de la protéger jusqu'aux frontières du temps.

Revint la curiosité de demain. Au fond il n'avait que quarante-trois ans. Il ne pourrait quitter la Guyane avant sept années, doublage de sa peine initiale, mais après... Aimé del Prato. Comte. Libre. Riche.

Dans le vapeur qui l'emmenait à Cayenne, le capitaine avait des moustaches rousses et une odeur de whisky irlandais, il songea à Viviane. Intacte dans son souvenir, mais désarmée, muette. Morte. Je ne l'aime plus, voilà. Et il souffrait, un peu, de ne plus souffrir.

Maître Villedieu, le notaire, avait pris sa retraite dans le Loiret, berceau de sa famille maternelle. Son neveu et successeur reçut Aimé avec l'onctuosité d'usage. Sans paraître remarquer la mise râpée du visiteur, confidentiel, confidentiel, un verre d'orgeat ? Del Prato, oui, qu'attendez-vous de moi ?

Plus rien. Pas un sou, pas une action. Des papiers certainement, voici tous les papiers, votre notaire de Paris – il est mort, condoléances – les avait adressés à mon oncle, voyez nous avons tout gardé, hélas vos dettes payées, puis le dédommagement à la comtesse de Chalancay pour... cette affaire qui vous a opposés..., les dépens du procès, enfin bref il a fallu tout vendre, monsieur le Comte, lisez, tout vendre, il ne reste rien, ne reste rien, vous me voyez navré. Navré.

Aimé lui serra la main, bien sûr je comprends, secoua la main noire, chaude et sèche, abasourdi. Le notaire sentait le curry. Il portait des lunettes ovales, en métal gris, et son œil gauche louchait. Aimé ne ressentait rien. Secouait la main.

Au-dessus de la porte pendaient deux fouets de chasse, entrecroisés. Le sang comme une crue lui monta au visage. Il repoussa la porte.

– Une chose encore. Halloir. Côme Halloir. Un déporté politique, communard. Je l'ai bien connu, il y a vingt ans. Nous étions sur le *Revanchard* ensemble. Il doit vivre ici. Sûrement. Sûrement vous pouvez m'indiquer où je le trouverai. J'aimerais le revoir.

– Halloir ? J'étais son notaire. Enfin mon oncle. Une grande maison à Rémire, et le plus beau magasin de la ville. Des nouveautés, très galantes, pour les dames et les messieurs. Mon oncle aurait pu vous dire. Moi pas, je faisais mes études en France. C'était il y a longtemps. M. Halloir a quitté Cayenne voici dix ans, juste après l'incendie. Notre terrible incendie, vous savez ?

– Non. Là où je vivais on en sait autant que dans une tombe. Vous dites parti, mais où ? La Guyane n'est pas si grande, je le retrouverai.

– Oh ! pas en Guyane, ailleurs. Loin. En paquebot, mon oncle croyait. Paris, peut-être. Ou les Amériques. Je m'excuse, je ne sais pas.

– Mais il ne pouvait pas ! Un « politique » ! Il était astreint à résidence ! Il est ici, vous vous trompez !

– Enfin, monsieur, les déportés de la Commune ont été amnistiés ! Sans condition, en juillet 1880, je vous le disais, mon oncle a reçu la nouvelle le jour de l'incendie. Il m'a raconté, souvent. Ils sont rentrés, tous. Les femmes aussi. Ou partis à l'étranger, comment savoir ? Vous étiez au courant, tout de même ?

Amnistié. Rentré en France. Aimé crut manger de la cendre. Sur le trottoir, ici aussi des urubus, et encore des fourmis rouges, vomit. Une vieille dame sous voilette lui jeta, en passant, un mouchoir. Sa vie. Volée, une deuxième fois.

III

– Les bonnes choses ont le goût de trop peu! Je vous déguste, ma délicieuse, je me nourris de vous! Votre ombrelle. Votre chapeau. Ce chapeau! Ces plumes sur le côté! Le modèle vient d'Angleterre j'en jurerais. Non? Mais posez-le donc, vous n'êtes pas si pressée. Vraiment? déjà? Quand reviendrez-vous?

– La semaine prochaine. Demain peut-être. Allons, nos amies vous réclament, et le Dr Domingos de Carvalho Real va croire que vous ne l'aimez plus.

– Ce n'est pas moi qu'il aime, vous le savez. S'il reste c'est seulement...

– Voyons Bonita. A demain.

– Vous jurez?

– Je ne jure jamais. Portez-vous bien.

Viviane en descendant l'escalier à balustres de cuivre rutilants – Bonita Thaumaturgo de Consuelves depuis son veuvage dépensait sans compter – époussetait sa robe du plat de la main comme si l'insanité de cet après-midi l'avait empoussiérée. Doña Bonita recevait volets clos pour faire valoir ses lustres. Elle n'avait l'électricité que depuis un an. Avec une joie de fillette exhibant un jouet neuf, elle emprisonnait tout ce qui comptait en ville sous ses ampoules. Par désœuvrement, politesse et ironie teintée d'envie, on l'encensait et la suppliait de tourner une fois encore les commutateurs du grand hall. Ses voisines moins fortunées juraient qu'elle était sotte et tyrannique pis qu'une belle-mère mais la jalousaient à s'en pincer.

Doña Bonita des souliers aux rubans dans son chignon s'habillait de jaune, fumait de longs cigares très fins roulés sur sa commande à Belem, et croyait tous les hommes riches du Brésil impuissants parce que allongés contre elle sous la soie de son baldaquin blanc ils ne la désiraient pas. Même au bain, une baignoire de marbre expédiée d'Italie, elle gardait son corset. Elle avait les cuisses comme le corps d'un mouton, et des épaules au bassin la forme d'une tourelle. Ses bagues incrustées dans la graisse de ses doigts et qu'elle ne pouvait ôter lui donnaient des démangeaisons odieuses. Quand sa femme de chambre la raisonnait, señora vous mourrez de manger, elle lui jetait deux cruzeiros, va mettre un cierge à la Consolación, va, cela me servira mieux que tes leçons. Puis elle sonnait le maître d'hôtel. Une platée de *caldeirada* ou une *moqueca de tambaqui* la consolaient de maux qu'elle dénombrait avec un plaisir pervers, sa rhinite saisonnière, la mort de son mari, le souci de sa richesse, les grimaces des messieurs qui riaient d'elle sous cape, son fils adoptif qui voulait voyager en Europe, la cinquantaine toute proche, quel avenir, au fond tous les jours se ressemblaient. Quand elle mangeait seulement elle se sentait quiète. Et lorgnant les décolletés racoleurs des visiteuses répandues sur ses sofas, chair lustrée sur laquelle miroitaient la lumière des appliques vénitiennes et les regards masculins, elle songeait chacun son vice, le tout est de trouver sa paix.

Viviane sur le trottoir hésitait. Marcher ou prendre la calèche, qui attendait ? Le nouvel alezan allongeait une lippe triste. Léon décidément n'y connaissait rien en chevaux. Il faudrait rappeler à Côme de lui faire la leçon. Au-dessus d'elle, on riait avec des aigus déplaisants. Viviane leva la tête vers la façade cannelle, hautes fenêtres blanches en ogive, cette sangsue de Bonita possédait l'une des plus belles maisons à étage de Manaus, une tête bouclée se penchait à la croisée.

– Chère! chère! attendez donc! Rosalba et sa petite descendent dans un instant!

Elle marcherait une autre fois. D'ailleurs les travaux d'installation du tramway dans la rua Municipal gênaient la promenade. Elle ferait des courses, pour la soirée de jeudi. Avenida Eduardo Ribeiro, Au Bon Marché et à la Drogueria Universal. Ensuite elle verrait.

Le quartier nord de Manaus, entre l'opéra bientôt achevé et la halle couverte, sur le port, ressemblait à un gigantesque chantier. On pavait les trottoirs, arrondis aux angles et assez larges pour y dormir à quatre familles, on y éventrait les chaussées de terre battue pour y enfouir les canalisations d'eau, cent litres distribués par jour et par habitant, un luxe inédit au Brésil, on plantait des poteaux, on tirait des fils, électricité fournie entre six heures du soir et cinq heures du matin – pour quelques privilégiés dès trois heures et demie –, plus le télégraphe, le téléphone, les rails, le tout-à-l'égout! On se savait riche, on se croyait puissant pour l'éternité, les cours du caoutchouc ne s'effondreraient jamais, la forêt était inépuisable, du bout du monde on accourait vers l'Amazonie, les fortunes s'enflaient comme les nuages en janvier et la ville à leur image moutonnait. Viviane aimait Manaus. Avec des agacements et des satisfactions sensuels. Cette ville-là lui tournait la tête et lui chauffait le sang. Presque chaque jour elle l'auscultait, rues, marchés, places, jardins publics, églises. Comme s'il se fût agi de sa propre maison ou d'un enfant à élever elle guettait les progrès, pleine d'orgueil, impatiente et jamais apaisée. Manaus lui ressemblait. Sans le savoir elle s'y reconnaissait et tout entière s'y incarnait. Opulente, capricieuse, tape-à-l'œil, ivre d'elle-même et, sous une obsession de respectabilité, goulue et sans scrupule. Une ville de parvenus, compromis entre la jouissance immédiate et le rêve d'éternité, née d'un miracle, le pneu, qui dix ans plus tôt avait transformé en or le caoutchouc amazonien, patrie des risque-tout heureux, éclatante de santé, d'insolence et de sûreté de soi. Rien n'y semblait assez fastueux, assez moderne, assez rapide. Peu importait le coût. En pleine jungle, le minuscule port pouilleux qui depuis 1669 moisissait entre les *igarapés* et le fleuve-roi éclosait en cité de conte de fées. Germée de la fange, comme la plupart de ceux qui la façonnaient, et si belle qu'on allait l'admirer, qu'on allait l'envier jusque de l'autre côté de l'océan. Il n'y aurait rien de pareil en Amérique du Sud. La ville d'un pari, la ville de tous les paris, Viviane bénissait Côme de l'avoir choisie. Ici plus que nulle part au monde ils étaient chez eux.

Le cocher dut éviter la rua dos Remedios, que des Nègres en caleçon asphaltaient au ciment. Par la trouée Viviane nota que les arbres plantés la saison passée et qu'on protégeait par de curieuses cagettes avaient encore perdu des feuilles. Ils crèveraient. Viviane tordit la bouche et commanda d'arrêter au tournant suivant. Avenida Eduardo Ribeiro on trouvait tout. Les magasins d'art et de nouveautés, les marchands d'art et de curiosités, les ateliers des tailleurs et des modistes, les deux hôtels, les restaurants fréquentables et les cafés élégants alignaient leurs façades fraîchement crépies, rose, rouge, ocre ou crème. Une large bande pourpre sombre soulignait le bas des murs, tirant d'un carrefour à l'autre deux rubans nets. La plupart des bâtiments, carrés, trapus, portaient en guise d'étage un balustre blanc orné d'urnes ou de statues qui bordait comme une gouttière leur toit peu pentu. Sur les côtés visibles s'ouvraient de grandes arcades garnies de rideaux qu'on soulevait librement. Viviane chercha du regard quelqu'un de connaissance. L'avenue même à cette heure d'emplettes semblait vide. Large comme les Champs-Élysées, ceux de Paris, et guère plus de vingt silhouettes coiffées d'un parapluie gris pour se protéger du soleil encore chaud. A Manaus on concevait tout trop grand. Pas assez de badauds, il faudrait importer des femmes, fabriquer des enfants. Viviane haussa les épaules. Elle marcherait.

On achevait de paver la chaussée et de piquer, en plein milieu, des réverbères. Sur le bord des trottoirs, entre des acacias touffus, on consolidait les poteaux électriques. Laid, mais au premier coup d'œil le promeneur comprenait que dans les maisons des abords déjà on avait jeté les lampes à huile.

– *Deliciosa! La mia cara madamina* Halloir!

Une paire de moustaches gominées en forme de croissants de lune accourait vers Viviane. S'inclinait plaisamment, des courses? rien qui ne saurait attendre n'est-ce pas? moi qui me languissais de vous! montez dans ma voiture, la vôtre suivra, nous causerons, et comment se porte votre cher irrésistible époux? *Il signore* Luigi Borgia, qui ne parvenait pas à choisir entre Viviane et Côme, depuis onze ans courtisait avec assiduité l'un et l'autre. Arrivé à Manaus la même année que les Halloir il s'était engraissé dans leur sillage et leur vouait une admiration qui confinait à l'idolâtrie.

– Votre mari est la moitié de moi, et vous, *cara*, êtes l'autre moitié!

Le babil du Borgia amusait Viviane. Elle le flattait en souriant, ami personne n'a d'aussi jolis mots que vous, et lui s'arrondissait comme un chat caressé, sa cravate grise haut nouée, bouffante juste un peu trop, le gros saphir en guise d'épingle, le veston beige, la ceinture de moire taupe, le pantalon large, bretellé sur les côtes, les chaussures jaunes luisantes et le chapeau raide balancé entre deux doigts bagués. Luigi symbolisait la réussite, leur réussite à tous. Viviane le chérissait pour cela, et pour cela lui pardonnait même de n'être pas sincèrement sensible à ses charmes.

– Je dois vous confier, *dolceza mia*, notre Côme peut-être ne sait pas, qu'une nouvelle Loge va s'ouvrir. Des installés, dit-on, notables reconvertis à l'or ou au caoutchouc, mœurs honorables, tempéraments modérés. L'an prochain, ou au plus tard en 1894. Ils l'appelleront « Conciliaçao Amazonense », et comptent bien qu'elle éclipsera ses grandes sœurs.

Viviane, la mine grise, tortillait les glands de son ombrelle.

Au Brésil la franc-maçonnerie cimentait les carrières. Côme l'avait compris dès son installation à Manaus. Ces gens-là se fédéraient, s'épaulaient et l'un par l'autre grandissaient sans se jalouser. Ambitieux de tout poil, de toute confession et d'origine obscure, les antécédents n'importaient guère pourvu qu'en Amazonie on se voulût homme neuf, entreprenant et détaché du divin. Côme avait hésité quelques semaines. Renier après son nom son héritage catholique lui coûtait. Jeter dans l'eau rouge du fleuve la dernière chemise sauvée de sa vie passée, celle que l'enfance avait incrustée à sa peau, celle dont il n'imaginait pas qu'on pût se défaire. Son père l'avait déçu, il pouvait le juger, au jour dernier il aurait des raisons. Mais Dieu ? Ses émotions de petit garçon devant la statue de la Vierge, l'odeur de cire et de moisi dans la chapelle humide de Cernaz, le rosaire à la ceinture de tante Edmée, le signe de croix rapide que sa mère lui traçait au front avant de le quitter, Dieu qu'il n'avait jamais songé à maudire, à trahir, à dominer, parce que Dieu jamais ne l'avait contrarié. Un soupir se levait en lui, qui le tirait vers le passé. Dans le miroir, le matin, il se trouvait visage déplaisant. Chaque jour il repoussait sa décision. Les semaines coulaient sans qu'il parvînt à les enfourcher, il manquait des affaires faute de relations pour les approcher. Il s'agaça. De son malaise, des occasions perdues. Dieu devenait gênant. Ce tort-là autorisait qu'on se détournât de Lui. Il demanda à Luigi Borgia, franc-maçon depuis toujours, de l'introduire. La loge « Amazonas », fondée en 1877 et pressée de concurrencer « Esperença e Porvir », sa devancière, accueillit volontiers le sieur Halloir, entrepreneur commercial en Guyane française, marié, trois enfants. Le pied dans cet étrier, Côme prit son élan. L'incendie de Cayenne avait anéanti son fonds de commerce, mais lui restaient la somme tirée de la maison de Rémire, qui s'était revendue aisément, et l'argent placé en Guyane anglaise et hollandaise. En 1892 les investisseurs, affolés par la hausse des cours du caoutchouc, affluaient par bateaux entiers à Manaus. Confiants que cette fièvre durerait jusqu'après leur mort, et voyant dans l'Amazonie la Terre Promise ils s'installaient, importaient leur famille et leurs capitaux qui se multipliaient comme des souris blanches, et avec la morgue des nouveaux riches exigeaient qu'on sastisfît leurs exigences dans l'instant. Ils voulaient le confort, les divertissements, ceux où l'on mène Madame, théâtre, concerts d'après-midi, marionnettes, bains et petits chevaux, ceux aussi où l'on va seul, des magasins où l'on pût acheter les nouveautés d'Europe, des cercles de jeu et de politique, un hôpital, un couvent, un palais de justice. Côme vit le marché formidable qui s'ouvrait. Sur la seule ville de Manaus il y avait un empire à construire. Il prit des participations dans la société Manaos Railways, qui assurait le service des tramways de cinq heures et demie du matin à minuit, dans la compagnie d'électricité, qui alimentait la ville à partir d'un barrage construit au pied d'un réservoir empli par un bras détourné de l'Amazone, il adhéra à l'Assoçiao Commercial, noua des liens avec Sébastiao José Diniz, qui possédait la moitié du bétail du Rio Branco, s'inscrivit au corps des pompiers volontaires, et s'associa avec le commandant Nabucco Marquez, qui dirigeait la ligne de vapeurs Para e Amazonas joignant depuis 1853 Belem à Manaus. Le fleuve était l'artère de la région. Le trait d'union entre la jungle et la mer, la sauvagerie et la civilisation, le néant et la gloire. Il charriait les Indiens dodus, luisants et muets des *igarapés*, les Nègres nus, couturés, les aventuriers péruviens, boliviens, vénézuéliens, guyanais, les forçats évadés, les marchands du Maranhao et du Pernambuco, les *sergipanos* esclaves de l'hévéa avec leurs mains rongées et leur regard halluciné, les balles de caoutchouc, les peaux de caïman, les cages de perroquets, les stères de bois précieux, les huiles rares, les caisses de pépites brutes, tous les rêves et toutes les faims. Qui en contrôlait le trafic régulait la vie de la région. Côme là-dessus depuis dix ans portait le gros de son effort. Les projets qu'il appuyait bientôt verraient le jour. Une ligne transocéane, par paquebots de faible tonnage. Le montage financier s'achevait. Il avait noué des contacts aux États-Unis, en Italie, en Angleterre. La compagnie s'appellerait Red Cross Line. Dès 1897 elle joindrait Gênes à Manaus deux fois par semaine, Liverpool chaque vendredi et New York tous les deux mois. Ensuite... Côme se taisait, souriant. Ses ambitions ne connaissaient pas de bornes, mais il veillait à n'en montrer que le nez, pour n'effrayer pas trop. Son horizon reculait à mesure qu'il marchait. Il aimait cet avenir modelé sur son vouloir, à portée de main et infini. Un jour même, il retrouverait la Lézarde. Il la ferait venir à Manaus, et avec elle, princesse aux dents de lune qui lorsqu'elle se présenterait mordrait la mort au sein, il partagerait son royaume.

Viviane croquait les coins de sa bouche. Luigi Borgia se pencha vers elle.

– Ne tordez pas les lèvres, belle, vous aurez des rides. Vous sucez votre sang, je vous vois, *Mama!* arrêtez, on croirait une chauve-souris vampire!

Il lui prit la main.

– Ne vous angoissez pas avec mes histoires de Loge. Notre Côme est irremplaçable. Ne craignez pas pour lui.

Elle le regarda avec un drôle d'air, et serra son poignet. Le vent qui se levait rabattit la capote. La voiture de Viviane suivait à deux mètres.

– Retirez vos doigts, *carissima*, moi je ne puis m'arracher et je ne veux pas pourtant vous compromettre.

Le teint de Luigi se colorait, gêne et désir mêlés. Viviane partit d'un rire trop fort.

– Ami, qui y songerait! Nous aimons le même homme, n'est-ce pas, et cela crée des liens! Qui y verrait du mal? N'allongez pas ce menton. Vous m'êtes cher à cause de cela aussi.

Et dans le même mouvement qu'elle sautait au bas de la calèche, elle le baisa au coin des moustaches.

Le surlendemain, 8 avril 1892, un jeudi, les Halloir donnaient à danser. Viviane préparait cette fête-là depuis deux mois. Une soirée rouge, sa couleur. Avant qu'on ouvrît la grille donnant sur la rua Barroso, à quelques mètres de l'opéra tout neuf, elle avait soufflé en famille les quarante-deux bougies d'un mille-feuille géant. Devant Côme, Jean, Léon, vêtus de blanc cassé, le cheveu gominé, l'œil des jours heureux. Ses hommes. Qui se détachaient d'elle. Viviane haïssait le temps qui fuit et qu'on ne maîtrise pas. Elle craignait l'âge plus que la maladie, plus que la mort. La chair fripée, les regards et les mains qui frôlent sans plus s'attacher. Au-delà du désir elle ne voyait qu'un champ de cendres. Et elle se roidissait de toutes ses forces, bandée contre l'ennemi sournois. Elle soignait sa peau, ses mains, ses cuisses, ses cheveux. Elle ne vieillirait pas. Cependant, sans qu'elle sentît la plaie, Côme et les garçons coulaient hors d'elle. Ses fils, qui avaient vingt et dix-sept ans, commençaient à rougir de la grâce des jeunes filles et à hausser le sourcil quand elle les gourmandait. Et son galant, son parfait mari, depuis longtemps déjà se distrayait ailleurs.

Appuyée de la main sur une causeuse capitonnée, souriant vaguement aux boniments du colonel Juan Gomes Pimentel, homme d'État déçu mais brillant cavalier, Viviane suivait la ronde de Côme et de la petite Gonzalvez, brunette fraîchement sortie du couvent et qui brûlait d'en apprendre. Côme n'avait pas changé. Le même torse sec et puissant, le même sourire coupant, avec le pli ambigu, au coin, le même regard métallique. Et cette courtoisie enveloppante, et cette voix mate qui bordait les femmes dans une couche moelleuse avant de les y allonger. Viviane interrogea les deux miroirs qui encadraient la porte du salon de musique. Elle aussi se tenait. La taille marquée par le corset, le teint plus mat qu'en sa jeunesse, mais cela mettait en valeur le collier de grenats, à peine quelques griffures sous les yeux. Le cou était parfait, les bras sans reproche.

La robe de faille carmin lui donnait une tournure de reine, une robe de cantatrice, copiée sur celle de Desdémone dans *Otello*, qu'on avait joué à Covent Garden la saison passée. Ni son mari ni elle n'avaient enlaidi, la fortune les servait docilement, Manaus leur mangeait dans les paumes, et pourtant... Elle voyait, à demi enfoui dans les rideaux pourpres, Côme poser des baisers sur la nuque de la Gonzalvez. Le rire de la petite lui montait aux yeux, âcre et enivrant comme une fumée de bois vert. Brutale, elle se détourna. Elle enrageait que la vie lui échappât.

– *Preciosa!* Vous n'été pas bien ? Ma quel perfection, cetté soirée ! Pouis-jé vous offrir mon bras ?

A Manaus on marchandait dans toutes les langues, portugais, espagnol, flamand, anglais, plus vingt dialectes et autant d'idiomes nègres et indiens, mais la conversation des salons se voulait en français. Les Brésiliens de bonne souche, qui avaient étudié dans des collèges catholiques, le parlaient avec l'emphase et la préciosité du siècle passé que leur accent chantant rendait d'un exotisme exquis.

– Divina vous êté, vous lé dit-on assez ? Et cet art dé réçévoir...

Le capitaine Borges Machado d'un geste large englobait les buffets juponnés de la même soie que les rideaux, les Nègres en culotte collante et gants blancs qui éventaient les invités, changeaient les verres et surveillaient les cigares pour en recueillir les cendres dans une coupelle à l'instant où elles se détachaient. Le parfum des lys sauvages, tressés à du lierre tropical et qui enturbannaient les lustres, les appliques, les cordons des tableaux, les embrasses et le bois noir des guéridons, tournait un peu la tête. On causait fort. Les femmes comme autant de fleurs capiteuses s'épanouissaient autour des tables, les jupons en corolle et le cou en pistil. Sur les buffets, des pyramides de mousse piquées d'orchidées, de baies et de fruits portaient à leur sommet une couronne de bougies. Chez les Halloir on n'avait pas besoin d'allumer l'électricité pour prouver sa richesse. On recevait aux chandelles, des dizaines de flambeaux en bronze doré, en ébène sur pattes de lion, en verre filé garni de pendeloques, dont les lueurs dansantes ricochaient sur l'or des boiseries, les hautes glaces des portes, les yeux ronds des valets et les perles des femmes.

– Savez-vous, *graciosa,* sans vos talents votré mari n'aurait pas fait lé beau chémin qui nous mène dans vos salons cé soir. J'auré bien ou bésoin, moi, d'oune épouse commé vous.

Le capitaine de serge blanche sanglé se penchait vers l'oreille de Viviane.

– Pour souténir mes malheureux projets, vous compréneez... Qué *Dios* et votré amour aidént votré mari dans ses ambitions... Il coûte dé sé voir oun homme mort d'oune heure à l'autre. Lé Ciel lé préserve...

Borges Machado jouait de malchance, mais dans ces périodes troublées, la chance manquait de fidélité. L'ancienne province d'Amazonie avait adhéré au régime de la République brésilienne trois ans plus tôt, en novembre 1889. Le pouvoir fédéral avait dans la foulée nommé un gouverneur, don Augusto Ximeno Villeroy, et un vice-gouverneur, le baron de Jurúa. Manaus possédait un Club Republicano, présidé par le Dr Domingos Theophilo de Carvalho Real, membre du gouvernement provisoire et cousin préféré de Bonita Thaumaturgo de Consuelves, des associations diverses, un évêque envoyé par le Saint-Siège et deux journaux : *O Amazonas,* organe du parti républicain fédéral, où l'on feutrait ses idées sinon ses discours, et le *Commercio do Amazonas,* indépendant et pragmatique. Bien que rien ne l'imposât, très vite la situation s'était gâtée. Au Brésil les esprits s'échauffent vite. Villeroy, le gouverneur, parti en tournée, fut remplacé par le Dr Gregorio Thaumaturgo de Azevedo, cousin de Bonita, qui ne put prendre ses fonctions car le temps de venir depuis Rio, les partisans du Dr Eduardo Gonçalves Ribeiro avaient mis ce dernier sur son siège. Le pouvoir fédéral, outré, donna mandat au baron de Jurúa pour diriger la province jusqu'à l'arrivée d'un quatrième gouverneur, le colonel d'artillerie Antonio Gomez Pimentel. Celui-ci réunit aussitôt le Congrès, qui le démit le mois suivant et réélut à sa place le Dr Gregorio Thaumaturgo de Azevedo. Que le coup d'État de février 1892 emporta. L'heure du commandant de la flottille de guerre, le capitaine Borges Machado, avait sonné. On lui confia le gouvernement provisoire, qui lui permit en huit semaines de s'enrichir plus que le plus gros propriétaire terrien du Nordeste en une vie de labeur. Le prochain coup de l'horloge hélas le poussa dans la rue, et l'ingénieur militaire Eduardo Gonzalvez Ribeiro reprit sous son nom tous les projets ébauchés par ses éphémères devanciers. Plus habile que ses prédécesseurs, il se garda de débattre d'idées ou de parler réformes, mais s'efforça d'apprivoiser les tempéraments brouillons, capricieux et tragiquement inflammables qui l'entouraient en leur jetant en pâture des projets glorieux. Une Constitution à l'européenne, séparant l'exécutif, apanage du gouverneur, du législatif, confié à un Congrès élu au suffrage universel tous les trois ans, et du judiciaire pyramidal, jurés de chefs-lieux, juges municipaux, tribunal supérieur de justice. Une vaste opération de nettoyage des *igarapés,* ces canaux naturels secs la moitié de l'année et pourris de vase et d'immondices le restant, où végétaient des centaines de familles d'Indiens. La plantation tout près du fleuve, devant les magasins en arcades de Luiz Sohill Obrinhos et de Kahn Pollack, d'un énorme jardin exotique piqué de kiosques à musique, d'un bassin, d'une île, d'une butte et de palmiers pleins d'oiseaux. Bordant ce jardin une place, la Praça do Matriz, qu'on élargirait. Et dominant cette place, une nouvelle cathédrale, avec un perron très haut d'où l'on verrait les bateaux à l'ancrage.

Côme s'approchait de Machado.

– Cher ami qui tenez si gracieusement compagnie à ma femme – non, je ne suis pas jaloux, rien ne me réjouit tant que de voir apprécier ce que j'ai choisi –, cher ami je vous trouve la mine pâle. Je vais vous dire. Si vous voulez recouvrer un peu de ce qu'on vous a ôté, bêchez votre cervelle ! Semez de la pierre, du plâtre, des turbines, des flèches de clocher et des lits d'hôpitaux ! Il y a tant à faire. Notre gouverneur passera vers minuit pour ouvrir le bal, Viviane a promis de l'attendre. Il raffole des suggestions. Si cela pouvait contribuer à vous réconforter je vous aiderais volontiers. Viviane sait mes marottes, chérie ne souriez pas ainsi, j'en parle volontiers. Un four crématoire pour les détritus. Non ? Vous avez tort, l'idée fera du chemin. Alors une ferme des boues ? Ou encore agrandir le cimetière de San José ? depuis que celui de San Raymundo a hébergé nos victimes du choléra, les familles n'en veulent plus et San Joao est trop humide. Cela vous sied-il ?

– Je préférerais l'opéra...

– Ça mon cher, l'opéra n'a plus besoin que de maçons, de peintres et de forgeurs. Il se passerait même de moi, maintenant que tous les marchés sont conclus.

– Vous vous gaussez sans douté ! Tout lé monde en ville sait qué vous souivez les travaux dé très près !

– Je surveille mais je ne dirige pas. C'est le capitaine Gonçalves Ribeiro, notre gouverneur, qui signe et qui paie. Je ne fais que le conseiller. La paternité lui revient, et il y tient, ce qui est fort naturel. Croyez-moi. Songez à un chantier naval, à un chemin de fer qui doublerait l'Amazone. Mais pas l'opéra. Notre théâtre dispose d'assez de bonnes et de fâcheuses volontés.

Sur cette question les quémandeurs trouvaient Côme singulièrement fermé. On pouvait lui demander les services les plus incongrus, mais jamais une introduction dans l'équipe qui travaillait sur l'opéra. Ce projet-là lui tenait à cœur plus qu'aucun. Il en était amoureux et, amusé de lui-même, jaloux. L'enjeu lui semblait à la juste mesure de ce qu'il se sentait. Un pari démesuré, techniquement périlleux, pour le seul plaisir de l'esprit et des sens. Une gageure d'homme mûr, qui a arraché à la vie tout ce qu'il en attendait et qui cherche plus loin. La culture et la poigne du gouverneur laissant à désirer, des coulisses il agençait et dirigeait tout. La postérité conserverait le nom d'Eduardo Gonçalvez Ribeiro, mais l'âme qui veillerait sous les lustres serait celle de Côme Halloir.

Charles Garnier avait achevé son théâtre en 1875. On devait faire mieux. Plus grand, plus riche, plus moderne surtout. Manaus prouverait à l'Europe qu'au cœur de la jungle, sur la rive inondée huit mois l'an du plus grand fleuve du monde, on avait plus d'audace, de moyens et de talents qu'à Paris. Le théâtre serait un hymne au progrès, à l'ère qui s'ouvrait, celle de l'aventure industrielle, des entrepreneurs sans frontière qui savaient le prix du risque et la valeur de l'effort. Un esprit neuf, tendu vers l'avenir. Rien qu'on eût déjà vu. On laisserait dans les malles les falbalas Belle Époque, le néo-romantisme, le néo-colonialisme. Le style serait Art nouveau, les matériaux ceux du siècle qui allait s'ouvrir, le vingtième, siècle de tous les possibles. Sous l'impulsion de Côme, le gouverneur négociait avec Crispim do Amaral, l'architecte le plus réputé du Brésil et un fort bon peintre. Les plans prévoyaient un perron colossal, marbre blanc de Carrare, une façade rose rehaussée de stucs crème, entourée d'une large terrasse sur laquelle les spectateurs pourraient se promener durant les entractes, une autre terrasse, au premier étage, plus étroite, sur laquelle ouvrirait à trois doubles fenêtres la salle de bal, enfin coiffant l'ensemble une coupole digne de Venise, de Byzance, de Jérusalem, une coupole géante, armature et tuiles métalliques, soixante mille tuiles ovales commandées en Alsace, vernies à la main, qui couronneraient l'édifice d'un casque d'écailles bleu, vert et or. Peu importait que les couleurs jurassent entre elles. Au Brésil la nature est excessive et ne se soucie pas de camaïeux. Manaus à l'exemple de la jungle qui l'enserrait se réjouissait d'étaler sa luxuriance. Un monument dédié à l'art et à soi-même doit se voir de loin. Le bois des planchers marquetés viendrait d'Amazonie, la pierre et le marbre du golfe génois, les rampes, balustres et tous ouvrages en fer forgé de France, les lustres et appliques de Paris et de Murano, les masques sur les colonnes de Rhodes, les toiles peintes de Bahia et de Milan. Les artisans traverseraient les mers, remonteraient le fleuve. Les meilleurs, sélectionnés avec soin, dont le génie se fondrait pour l'amour de la musique. Creuset des fortunes, Manaus serait aussi celui des arts.

Côme arrêta une petite servante vêtue en coquelicot tropical, pieds nus, jupe courte bouffante, caraco découvrant le nombril, un cigare, monsieur, une fleur madame? et d'un geste rapide renoua son tablier, qui pendait par-derrière. Borges Machado regardait les mollets minces de la jeune fille. Côme sourit.

– Pucelle. Amoureuse du Diou Jésou, comme elle l'appelle. Veut rentrer au couvent. Bien dommage. Je préférerais la doter et la marier. Vous ne fumez pas, je crois? Pour le chantier de l'opéra je ne pourrais guère vous servir, d'ailleurs, car je vais partir bientôt. Nous songeons à... enfin le gouverneur envisage de confier les peintures des murs de la salle de bal, huit panneaux monumentaux, à un Italien, Domenico de Angelis. Le Dr Gonçalves Ribeiro ne peut s'absenter, il coûte cher, ici, d'abandonner sa place. Moi je puis tout laisser quelques mois à Luigi Borgia, confiant que je suis de retrouver les choses en l'état.

– Même ta femme?

Viviane le regardait très droit, le menton haut. Fugitivement Côme la revit, dix-huit ans plus tôt, dans la maison du canal Laussat. A contre-jour, au bout du couloir, avec sa taille cambrée, son chignon qui glissait. *Aimé? C'est ainsi que tu m'accueilles!* Et ensuite, dans la chambre du fond, sa façon de le toiser. *Où est mon mari?* Son aplomb, son insolence. Elle sentait la vanille, la fatigue et la colère. Leurs nuits, longtemps. Il l'avait aimée, à sa manière. Pourquoi s'était-il lassé? Elle restait belle pourtant, avec le même aplomb, la même insolence. Là, devant lui, dans sa robe rouge qui la moulait un peu trop, fière et têtue. Petite reine de basse-cour qui ne serait jamais autre chose qu'elle-même. Qui se rongeait la lèvre pour ne pas baisser les yeux. Orgueilleuse sans vrai panache. Il la connaissait trop. Les coins d'ombre, les dessous peu glorieux. Autrefois il s'amusait qu'elle fût impure, vorace. Qu'elle nourrît une haute idée de son destin et voulût lui forcer la main. Lui avait dépouillé sa peau et arrivait nu, de nulle part. Leurs ambitions se rejoignaient, elles s'étaient étayées. Il ne regrettait rien.

Elle, si. Il le lisait dans son œil dardé sur lui, sur sa lèvre qui saignerait bientôt. Depuis quelques années, sans doute, elle souffrait. Elle devait le haïr, maintenant. Ce qui au fond l'amusait assez. Elle ne manquait pas d'attraits ainsi dressée sur ses ergots cramoisis. Il aurait pu la désirer. Mais le goût de ces luttes-là depuis sa liaison avec Louise s'était affadi. Il prisait moins ce qu'on arrache, ce qu'on brise. La Lézarde souvent lui manquait. Peut-être l'âge venait. Il sourit et s'inclina, avec cette courtoisie froide qui mettait Viviane hors d'elle.

– Voyons, ma chère, voudriez-vous que j'en doute ?

Viviane avait pour confidente sa modiste. Une Anglaise de son âge, pâle et frisée, qui lisait les poésies de Rilke volées à Côme et vivait fort bien. Trouvant élégant de ne pas s'aligner sur les usages elle avait boudé l'avenida Eduardo Ribeiro et ouvert un salon sur le port, en rez-de-chaussée, à quelques dizaines de mètres du marché couvert. Elle était venue à Manaus seule, sur une idée que les illustrations d'un journal lui avaient donnée des couchers de soleil sur l'Amazone et de la bouche humide des orchidées. A Chelsea, les nuits de brume, elle rêvait au bec monstrueux des toucans, aux Indiens nus et bombés, polis comme des galets, aux mouches sur les poissons obèses qu'on débiterait devant elle, grands coups de lame courbe dans la chair suintante, aux cris aigres des singes, aux parfums surs et chauds de là-bas. Elle avait un peu d'argent, des parents ternes et distraits que soignait une horde de sœurs empressées. Elle se savait laide. Rien ne la retenait. Au terme d'un voyage étale elle s'était arrêtée à Belem, pour le beau rire du lieutenant de bord qui, croyait-elle, la courtisait. Penchée entre les rideaux de sa petite fenêtre elle avait espéré, attendu l'aimé. Qui embrassait, là, sur le quai, une Brésilienne ventrue mais couverte de colliers cliquetants. Les gars comme moi ne résistent pas aux femmes fortunées, comprenez, le sentiment c'est noble mais cela nourrit mal, de ses dents qui luisaient le gommeux l'avait déchirée. Elle avait décidé de devenir riche. Et pour ce, comme tant d'autres, remonté le fleuve jusqu'à Manaus. Elle ne savait rien, sinon plaire aux vieilles dames, causer chiffons et préparer le thé. Le hasard la poussa devant Viviane, qui enviant son teint clair lui prêta de l'argent et lui présenta Bonita Thaumaturgo de Consuelves. Le reste coula sans peine. Elle dessina des chapeaux à l'anglaise, des ombrelles à frous-frous, des services de porcelaine et des gants montants qui laissaient voir sous la dentelle la chair des poignets et le bout des doigts. On adora sa raideur, ses distractions et son accent. Les commandes affluèrent. Elle engagea des petites mains et loua pour elle-même l'entresol au-dessus de son salon de modes. De son lit à balustre elle suivait la lente glissade des bateaux sur l'Amazone, et pouvait continuer à rêver. Viviane raffolait de ses mains pâles qui semblaient toujours en suspens. Miss Bishop. Myrie. Elles se voyaient tous les jours.

La pièce où l'on présentait les modèles était longue, tendue de cotonnade pastel. Sur le sol une natte de coco et aux murs des gravures racontant une chasse au renard. Trois gros ventilateurs tournaient sans se lasser, avec un chuintement tendre. Les portes-fenêtres en arcades qui donnaient sur la rue restaient ouvertes. Des rideaux de mousseline isolaient du dehors. Gonflés au moindre souffle ils ondulaient dans des frémissements féminins. La lumière au travers prenait une douceur de boudoir. Un petit chien à longs poils, cousin des king charles de la reine d'Angleterre, dépérissait de chaleur sous un tabouret rococo. Le nez camard posé sur la queue, il fixait ses gros yeux ternes sur les mouches à reflets de métal qui s'affairaient au bas des plinthes. Lorsqu'une visite entrait il levait son visage en triangle encadré d'oreilles pendantes et, les paupières mi-closes, humait longuement le courant d'air.

Viviane s'assit sans dénouer les brides de son chapeau. Elle se sentait d'humeur combative. Côme la veille était parti pour Iquitos. A deux mille kilomètres en amont, au cœur de la forêt, vérifier les stères de bois destinés aux ouvrages de marqueterie de l'opéra. C'est à peine s'il l'avait saluée. Mais vous dormiez, ma chère, et vous n'aimez pas qu'on vous réveille. Mufle. Sûrement il butinait la Gonzalves, maintenant qu'elle logeait chez sa tante. Des gros seins, mais la moue idiote. Le goût de Côme se gâtait.

Elle releva le voile ajouré qui en calèche la protégeait de la poussière, et ôta son mantelet. Quoi qu'en pensât le petit chien, il faisait frais. D'ordinaire la saison supportable durait trois mois, de mai à juillet. *O friagem*, disaient les gens d'ici, à cause de la température qui pouvait chuter de trente-sept à dix-huit degrés dans le temps d'une nuit. Les eaux de l'Amazone, d'ordinaire à vingt-deux degrés, et celles du rio Negro, autour de vingt-huit degrés, se refroidissaient en rapport, tuant les gros poissons qu'on retrouvait au matin flottant par bancs entiers, tortillés dans leurs viscères, sous la nuée des mouettes grises. Cette année le vent avait soufflé jusqu'en décembre, et on mettait encore, le soir, un châle sur les épaules. La chaleur reviendrait après les pluies. Viviane soupira. Elle détestait la saison humide, qui à Manaus encore plus qu'en Guyane frisottait ses cheveux. Il faudrait sortir couverte, même dans le jardin, et dormir avec des nattes serrées.

– Bishie, *dear*, mon chapeau est-il prêt ?

Viviane ne connaissait pas l'anglais, mais jugeait du dernier chic de prétendre le parler. Miss Bishop roucoulait dans la cabine d'essayage avec une cliente, une jeunesse, sûrement, à qui les épingles piquées sans précaution tiraient des cris menus. Viviane supportait mal d'attendre. Agacée elle se leva, reprit son ombrelle, gratouilla le king charles, ce chien-là ne s'accoutumerait jamais aux tropiques, et d'un geste bruissant rassembla ses jupes pour sortir.

– *Sweat angel* vous ne partez pas ?

Miss Bishop, la taille hérissée de pelotes en velours pleines d'aiguilles, lui tendait les bras. Un fil vert lui pendait de la bouche, qu'elle entortilla prestement sur son doigt.

– Ne vous fâchez pas. La demoiselle est si jolie, *new in town,* je vais vous la présenter. Juste un instant.

Depuis le grand chagrin causé par le lieutenant de bord, à Belem, Myrie aimait les jeunes filles. On ne le disait pas, mais on le savait. Parfois Côme lui prêtait une soubrette en échange du récit que l'Anglaise lui rendait de leur soirée. Viviane se rassit. Se releva, et pour se distraire s'essaya à reconnaître les sihouettes qui passaient contre la boutique. La mousseline ondoyante des rideaux les enflait et les étirait comme fait un miroir bosselé. Un gros ventre, sur courtes pattes. Une très petite dame, avec une fillette. Un Négrillon porteur d'eau. Un long monsieur, qui marchait lentement...

– Jean !

Viviane avait crié sans bouger. La tête brune et les jambes interminables s'encadrèrent dans l'arcade. Les voiles couleur de pétale nappaient le torse vigoureux. Rieur, le visiteur se drapa dedans.

– Pour vous servir, madame ma mère !

Beau garçon. La dégaine d'Aimé, le teint mat et les yeux sombres de Viviane. Les sourcils et le menton nets, la bouche grande, tendre, les dents blanches, les mains fortes et longues. Mis proprement mais avec négligence, en homme insoucieux de l'effet qu'il produit. Vingt et un ans. Des boucles mal gominées et une fleur blanche à la boutonnière, qu'il ôta et, un genou en terre, offrit à sa mère.

– A la belle des belles !

– Arrête donc.

Jean l'agaçait. Elle regretta de l'avoir appelé. Sot réflexe. Viviane ne savait pas au juste ce qu'elle ressentait à l'endroit de ses fils. Le cadet, Léon, qui sans ressembler à Côme le lui rappelait à chaque instant, elle l'avait adoré. Autrefois, du temps de Cayenne et des premières années au Brésil. Maintenant il l'irritait presque autant que Jean. Ses garçons n'avaient pas en elle de vie propre. Ils reflétaient et répercutaient dans son inconscient l'image de leur père. Elle eût chéri Jean, si Aimé ne lui avait été un souvenir dérangeant. Et sa tendresse pour Léon s'était tarie en même temps que sa passion pour Côme. Petits, ils lui avaient plu. Lorsqu'ils attendaient tout d'elle. Qu'elle les tenait, les maniait à sa guise. Donnant peu, le moins possible, par distraction et aussi pour qu'ils la réclamassent. Côme jamais ne lui disait tu me manques. D'autant moins qu'elle se retenait mal de coller à lui et, dans l'espoir souvent déçu qu'il l'en féliciterait, de devancer ses désirs. Avec ses fils, dont le bonheur dépendait d'un baiser, d'un mot dur, elle se rattrapait. Sans se l'avouer elle voulait qu'eux souffrissent du manque d'elle. Qu'ils pleurassent les larmes d'Aimé, que Côme ne verserait jamais. Elle les possédait, ses chiots, bruns et costauds, elle les chahutait, les privait, les comblait selon les caprices de son humeur sans que personne y trouvât à redire. Aux heures qu'elle passait en leur compagnie, elle s'appliquait à les modeler en vue de l'âge adulte, deux gentils, deux soumis, qui à toutes les femmes la préféreraient et ne la quitteraient qu'avec remords et sans cesser, chaque matin et chaque soir, de penser à elle. Qui ne la jugeraient pas, qui même vieillie, fanée, la diraient incomparable. Ainsi, croyait-elle, elle leur pardonnerait d'incarner le temps qui passe et sa jeunesse enfuie. Lui eût-on démontré qu'elle cherchait à faire de ses garçons des êtres sans volonté propre, des Aimé, en un mot, qu'elle se fût récriée. Sa démarche éducative lui apparaissait toute de bon sens. Elle préparait l'avenir. Pour le bien de sa famille, qu'elle assimilait à celui de son couple, puis, lorsque Côme se détourna, qu'elle restreignit à sa tranquillité personnelle. Elle jugeait inconcevable qu'une femme vécût pour ses enfants. On donne la vie aux petits, c'est bien assez. En retour de ce présent, eux doivent aux parents présence, respect, reconnaissance et affection. Il sied de leur entrer ces principes-là dans le corps de bonne heure, comme on les dresse à manger civilement, afin qu'ils ne puissent pas plus s'en défaire que de leur peau.

Ses fils se montraient plutôt dociles, surtout Jean. Léon avait le tempérament retors, élastique. Il n'affrontait pas franchement mais biaisait, et Viviane perdait prise. Ses colères, aussi, où elle reconnaissait la violence de Côme, la déroutaient. Elle se raccrochait à Jean, et le giflait pour deux. Sans rien dire il la regardait avec ses grands yeux qui lui ouvraient des lacs d'ombre entre les tempes et serrant les dents se contraignait à ne pas pleurer. Côme méprisait les larmes. Et Jean vénérait Côme.

– Papa a laissé un mot au-dessus de la console du couloir. Vous ne l'avez pas trouvé ?

– Non. Tu me l'as apporté ?

– Je ne pensais pas vous rencontrer.

– Sot.

Une lettre. Des recommandations ménagères, comme d'habitude. Ils n'échangeaient plus que des propos domestiques. Sûrement il emmènerait les seins de la Gonzalves en Italie. Viviane avait surpris la tante, hier, qui achetait des bagages. Côme ne repasserait qu'en coup de vent. Et ce ver de Borgia qui gardait le secret. Viviane renoua son chapeau.

– Bishie ! cette fois je m'en vais !

– *Here we come!*

Miss Bishop écarta la tenture, poussant devant elle la jeune fille qu'elle venait d'habiller. Une robe tilleul à ramages gazouillants d'oiseaux, les manches jusqu'au coude, le décolleté prudent. Une masse de cheveux d'un blond roux, tordus en une grosse natte, le regard bleu-vert, le nez spirituel, quelques taches de rousseur visibles sous la poudre. Mince, les seins hauts, les épaules encore anguleuses de l'enfance toute proche, de petites mains plus pâles que la gorge, et une moue charmante.

– Mlle Virie del Prato. Son père s'est installé en ville voici trois mois à peine, une surprise que nous ne le connaissions pas encore, bientôt mon enfant, n'est-il pas charmant votre papa s'il vous ressemble, et avec ce beau nom *I bet* il fera du chemin !

Myrie Bishop riait à babines retroussées sur ses dents jaunes humides. La petite lui plaisait, et elle se mordait le dedans des joues pour ne pas le montrer. Viviane s'approcha.

– Vous êtes bien jolie, mon petit, c'est vrai. Manaus manque de grâces comme la vôtre. Nous vous fêterons, n'en doutez pas. Pardonnez-moi, vous vous appelez ?

– Virie del Prato. J'ai dix-sept ans depuis septembre.

– Virie ? C'est un prénom italien ?

– Non, c'est pour Viviane-Marie. Maman n'aimait pas Viviane, mais mon père y tenait.

– Comme c'est drôle ! Moi aussi je m'appelle Viviane ! Viviane Halloir. Mon mari est dans les affaires. Les équipements de notre belle ville, l'opéra. Très proche du gouverneur.

Virie esquissa une révérence. Exquise, vraiment. Viviane s'avouait charmée.

– Del Prato. Vous venez d'Italie ?

– Non... – elle rougit – de France. Enfin de Guyane française. Mais nous pensons rester ici. L'Amazone est si beau, et tout si...

Virie se tut brusquement, craignant d'en dire trop, et baissa le front. Jean la contemplait avec l'expression de stupeur extasiée que dut avoir le premier homme face à sa compagne nouvellement créée. Elle l'épiait entre ses cils, curieuse, et s'étonnait de ses joues enflammées. Viviane sourit du manège.

– Viendriez-vous prendre le thé à la maison après-demain, avec vos parents ? Mes fils seraient ravis, et moi très heureuse de raconter Manaus à M. del Prato qui doit se sentir encore un peu dépaysé. On s'acclimate plus aisément lorsque quelqu'un vous guide. Bishie, donnez-lui ma carte, vous en avez un paquet dans votre secrétraire. Viendrez-vous chère enfant ?

– Avec joie, si mon papa veut bien.

– A vous revoir bientôt, donc.

D'un mouvement qui se voulait majestueux Viviane se retourna et, semblant découvrir Jean, le tira à sa suite. Le soleil déclinant allongeait sur le quai les toits dentelés du marché couvert. Il faisait presque frais.

– Mon mantelet. Là, sur ton bras. Réveille-toi !

– Tu aurais pu me présenter.

– Dis-moi « vous ». Je sais ce que j'ai à faire.

Virie dès son retour courut dans la bibliothèque, qui servait aussi de salle à manger. Aimé, sur un guéridon tiré près de la fenêtre, fabriquait des mouches pour la pêche.

– Chérie tu n'as pas fermé la porte de la rue. Ni frappé avant d'entrer ici. Ôte ta capeline, tu es en eau. Prends la citronnade, sur le buffet. Bien. Maintenant raconte.

– J'ai rencontré une dame !

– Une dame ?

– Chez la modiste, Miss Bishop, qui a un petit chien anglais dégoulinant de poils tristes et des cabines où l'on essaye couvertes de miroirs, et elle voulait que je me déshabille jusqu'à ma culotte de dessous ! Une dame en rose foncé, avec un pouf à sa jupe, des souliers à lacets de satin, et un air, un air !

– Quel air ?

– Elle nous invite toi et moi à prendre le thé après-demain, chez elle. Un air de souveraine ! Et tu sais quoi ? Elle s'appelle Viviane, comme moi !

Virie, qui sautillait de joie, tendit la carte de visite à son père. « *Mme Côme Halloir, 32 rua Barroso.* » Aimé pâlit comme à la vue d'un spectre.

– Tu es tout drôle. Papa ? Tu te sens mal ?

– Décris-la-moi.

– L'âge je ne saurais pas. Moins que maman. Beaucoup moins. Grande comme moi à peu près, mais très en chair. Brune, avec des boucles dans la nuque, sous le chignon, et des yeux noirs aussi. Beaucoup de gorge, j'aimerais bien en avoir autant. La peau blanche, très poudrée. Elle sent la vanille. Papa ?

Aimé repoussa doucement Virie qui se penchait sur lui, repoussa le guéridon, le chien Fifi, l'image intolérable. Qui grandissait, enflait, s'éployait, dévoreuse. Elle. Ici. Vingt et un ans après, Aimé se frotta les yeux. Fort, jusqu'à voir des lucioles dansantes.

– Et puis elle a un fils ! Deux même, mais l'autre n'était pas là. Le mien, enfin...

Virie riait avec un rire de femme qu'Aimé ne connaissait pas.

– ... Enfin celui que j'ai vu, il est... et il me regardait... Oh nous irons, tu promets ? Faut-il répondre ou simplement aller ? Tu me diras comment m'habiller ?

Elle. Forcément. Qui d'autre ? Ses cheveux, son parfum. Il ne songeait pas à douter. Peut-être il avait toujours su que ce jour-là viendrait. Mme Côme Halloir, rua Barroso.

Deux coups à la porte du couloir, une tête bouclée collée à la boiserie, monsieur le Comte je dérange ? je puis vous voir ? avant qu'Aimé répondît le précepteur de Georges se coula dans la pièce. Cet homme-là ne marchait pas, il glissait, il ne parlait pas mais susurrait, soufflait, insinuait, ondoyait au lieu de bouger, et les sinuosités de son discours infléchissaient les vérités les plus rigides. Aimé l'avait choisi à son arrivée à Manaus parce qu'il était français, échappé de l'ordre des jésuites, de goût raffiné et de manières parfaites, d'une culture, enfin, qui lui rappelait Monsieur Henri. Janinck – il se faisait, on ne sait pourquoi, appeler ainsi – dissertait en volutes et expliquait toute chose avec une poésie qui s'accordait au tempérament de Georges. Cet enfant-là, qui approchait treize ans, laissait Aimé perplexe. Depuis l'âge tendre il se laissait manier sans jamais protester, ni non plus s'enrichir moindrement de ce qui eût dû lui profiter. A Saint-Laurent le père Jules, qui pourtant lui vouait une tendresse d'aïeul, s'était dégoûté de l'instruire. Avec une grâce indolente le garçon fuyait la contrainte et l'effort comme l'eau fuit les doigts. Gentil toujours, aimant, complaisant, avec cela doué, de la curiosité, de la mémoire, mais impossible à fixer. S'avouant incapable de le stimuler père Jules avait renoncé, et, malgré les facilités évidentes du petit, abandonné le grec et le latin pour se cantonner à l'histoire sainte dont les péripéties voyageuses attisent les rêveries. Georges aimait aussi la géographie, qu'Aimé échappé du baraquement lui montrait le dimanche, à l'heure de la sieste. Et l'aquarelle. Des après-midi entiers, assis à côté de sa sœur qui lisait, il peignait des bateaux sur la mer démontée et des landes infinies fendues en crevasses béantes. De là il tirait des histoires de marins, de coyotes, de lune et de mort, qu'il contait à la veillée. Père Jules s'inquiétait, cet enfant-là vraiment sortait de l'ordinaire, on ne savait par quel bout l'accrocher. Anna et Virie haussaient les épaules. Est-ce que le réel rend les gens heureux? Georges serait poète. Elles l'admiraient et le choyaient avec les précautions d'un jardinier pour une bouture fragile. D'ailleurs il était si joli, si délicat. Châtain-roux, avec les grands yeux d'eau pailletée de sa sœur, longiligne, des mouvements de danseur. Il semblait éclos sur notre terre par un caprice du sort. Bien frêle, pour ce monde carnassier. Il émouvait, penché vers la mer, j'écoute battre son cœur, ne l'entendez-vous pas? ou donnant la becquée à un vieil urubus, un jour vous lui ressemblerez et si personne ne vous nourrit vous pleurerez, hors la méchanceté des gens rien ne me dégoûte, je viens d'ailleurs, ailleurs, et j'y retourne la nuit. Dix ans, onze ans. Ses discours, sans rapport avec son âge, déroutaient. Il riait rarement, et évitait les autres enfants. Les nuits de lune rousse, il veillait sur le seuil du presbytère. Père Jules en allant sonner mâtines le trouvait endormi sur le carreau, pâle et humide comme l'aube qui pointait. Pendant le voyage de Guyane au Brésil, puis les deux premiers mois à Belem, il avait refusé de manger. Si décharné que chaque matin Anna hésitait à soulever son drap, redoutant de le trouver mort. Maman j'attends mon père; les saints jeûnaient pour que Dieu exauce leurs prières; patiente, et crois en moi – Aimé les avait rejoints. Douze ans, Manaus, le campement à l'hôtel Luceta, on promettait chaque jour de payer le lendemain, et puis le señor Fileto Pibota avait proposé une association, papa prêterait son nom et le gros monsieur, qui vivait à New York, lui confierait la gérance de son entreprise, papa importerait des pièces pour les ateliers de carénage, et exporterait des huiles parfumées. Aimé ni les enfants n'y avaient rien compris mais papa s'était remis à chanter, on avait mangé du homard en sauce et emménagé rua Cachoeira Grande, juste derrière l'Estabelecimento de José Ferreira Villas Boas qui vendait des azulejos et des matériaux de construction. Les sœurs de la Visitation, qui s'habillaient de gris pâle, avaient accepté Virie en classe trois. De sept heures à quatre heures, sauf le samedi et le dimanche, qui sont jours pour les ouvrages de demoiselle et la prière. Georges, livré à lui-même, avait maigri à nouveau. Anna, épuisée par le voyage, gardait le lit. Janinck s'était présenté sur la recommandation du couvent. Il avait causé seul, une heure, avec Georges, qui en était sorti guilleret et demandant une purée de haricots. On avait installé Janinck sous les combles et pris une aide à la cuisine, car prétendant rééduquer l'appétit de son élève par l'exemple, le précepteur mangeait considérablement.

– Monsieur le Comte, Georges n'est pas avec vous?

– Non, Janinck, vous le voyez bien.

– C'est vrai, il doit se promener sur le port. Monsieur le Comte...

Aimé haussa le sourcil.

– Sûrement je vous dérange...

– Achevez, Janinck.

– C'est que j'aurais voulu vous voir seul...

– Alors demain.

Le précepteur ondula jusqu'à la porte.

– Il veut encore plus d'argent. C'est la troisième fois. Je ne le croyais pas si avide.

– Tu comptes le lui donner ?

– Oui. Georges l'aime.

– Trop.

Virie rougissait. Aimé ne remarqua pas. Tant de fois, pourtant, elle avait essayé de lui dire. Elle hésitait, il ne l'aidait guère, et puis elle oubliait. Après tout son frère grandissait, ces goûts-là lui passeraient. Mais elle détestait Janinck, sa voix, ses gestes. Il lui faisait sur la peau l'effet d'un serpent de marais.

– Papa... Pour cette Mme Halloir... Nous irons ?

– Je ne sais pas. Peut-être.

– Mais papa ! Pourquoi non !

Il la regarda. Elle allait pleurer. Pourquoi non ? Une résolution gonflait, composée de défi – si je renonce je me mépriserai – et de résignation – c'est Elle, le destin le veut.

– La première visite je la ferai seul.

– Oh !

– Après nous retournerons ensemble.

– Avec maman ?

– Sans maman.

Virie fixa le plancher. Sur ce sujet-là ils se comprenaient. Ils s'étaient tout dit, une fois, après l'installation rua Cachoeira Grande, et n'y revenaient plus. Le temps depuis les années de baraquement, d'amour à la sauvette, avait passé. Seize ans. Aimé maintenant chérissait Anna comme une sœur, comme une fille. Il l'entourait de soins attentifs et ne la trompait pas. Cependant il souhaitait la garder cachée. Que personne, à travers elle, ne pénétrât le passé. Anna portait son chemin de croix tatoué sur le visage. Elle n'était pas malade, mais si usée que sous la peau on devinait les pauvres organes épuisés et l'âme aphone. Elle avait perdu ses intonations douces, son port de tête gracieux, son pas menu sur lequel se retournaient les hommes, ses jolis gestes, tout ce qui faisait oublier sa condition. Maintenant qui l'approchait devinait dans l'instant. Virie et Georges ignoraient le vilain mot de l'histoire, père Jules à Saint-Laurent avait menacé de l'enfer qui leur parlerait du métier de leur mère. Mais Anna se maquillait trop, elle affectionnait certaines dentelles équivoques, et dans ces moments d'absence qui la surprenaient souvent au milieu de la journée elle chantonnait des ritournelles créoles qui enflammaient les joues d'Aimé. Et puis elle avait des mouvements de mains curieux, et une façon de traîner les pieds dans la rue, en jetant l'œil par-dessus l'épaule, qui s'accordaient peu avec la qualité de comtesse del Prato. D'ailleurs Aimé ne l'avait pas épousée, et les contes de serment de jeunesse qui lui servaient d'alibi ne satisfaisaient pas les enfants. Confusément ils sentaient que leur maman différait des autres mamans, et que cette différence-là leur causerait du tort. Papa disait mieux vaut que votre mère reste à la maison, on pourrait se moquer d'elle, qui n'est plus ce qu'elle était, c'est le malheur de l'âge, mes chéris, et on pourrait aussi se moquer de vous. Nous la garderons ici, voilà tout, nous la soignerons, nous la choierons. Elle ne tient guère aux promenades. Elle sera heureuse et ne se doutera de rien. Si l'on vous demande à quoi s'occupe votre maman et par quel mystère on ne la voit jamais, vous répondrez elle doit garder le lit, son cœur, et vous prendrez l'air triste. Ce ne sera pas mentir. Simplement habiller la vérité. Nous venons d'arriver, on ne nous connaît pas. Les réputations s'établissent sur si peu. Une négligence. Une malveillance. Nous avons l'âme pure, mais les méchantes gens trouvent des salissures même sur le linge frais. Il faut nous garder d'offrir le flanc, et préparer l'avenir. Le vôtre, mes chéris, qui m'importe plus que tout.

Aimé passionnément voulait que Virie et Georges accédassent à la vie que Monsieur Henri aurait rêvée pour eux. Il surveillait leurs vêtements, leurs manières, leur langage, leurs lectures. Virie, surtout, incarnait ses espoirs. Elle était grâce, joie de vivre, simplicité, candeur. Toute spontanée, passant de l'enthousiasme aux larmes, incapable de mensonge, de rancune, de calcul. Elle vénérait Aimé. Jamais elle ne l'avait interrogé sur son passé, ni sur la façon dont il avait aimé Anna. Lorsque petite elle lui demandait pourquoi ceux du bagne t'appellent-ils « monsieur le comte » en riant ? et qu'il répondait parce que je suis différent d'eux, différent, voilà tout, elle se sentait fière de lui. Très tôt elle avait materné Anna. Elle aimait sans juger. Le mal dans son petit monde, père Jules bougon, jolie maman fanée, papa si grand et absent, Georges rêveur, la forêt caquetante, les rayons pâles entre les gouttes de pluie, la mer baveuse, la poussière rouge des rues, les moustiques, le bon Dieu distrait, et maintenant Manaus la vaste maison beige qui sentait la poudre contre les insectes, la chambre seule, Janinck et son pas de couleuvre, papa qui rentrait tard et Georges qui reprenait des joues, le mal gardait les traits du gros monsieur à favoris rampants, un riche planteur métis, velu et puant l'oignon, qui au marché de Saint-Laurent pinçait les cuisses de maman à travers la jupe. Elle n'imaginait rien de pire que ce vieux bonhomme-là. A Belem elle s'était occupée de tout, laver sa mère et son frère, le ravitaillement, faire patienter le batelier qui les logeait. Avec un naturel et une gaieté d'oiseau-mouche, seize ans, maman j'ai seize ans aujourd'hui, tu avais oublié mais j'ai fait un gâteau pour que nous soufflions les bougies en pensant à papa, Georges tu en mangeras bien un peu ? Cher ange qui ne voyait pas les yeux troubles des hommes, riait des cafards dans la soupe et du ciel gros des pluies proches, cela nous lavera, nous sommes sales à dégoûter un Nègre, et puis papa ramènera le soleil...

– Nous dirons quelque chose à maman et à Georges ?

– Plus tard, peut-être.

– Si tu vois son fils, quand tu iras... il est grand, avec des boucles. Une bouche qui ressemble à la tienne. Je ne sais même pas son nom...

Le regard d'Aimé, brûlant d'une mauvaise fièvre, l'interrompit.

– Papa... Je n'aime pas ce visage que tu as.

– Laisse-moi, chérie. S'il te plaît. J'ai des affaires en tête, qui me soucient. Je voudrais réfléchir.

– Pour Mme Halloir, tu promets?

– Virie. Je t'en prie.

Elle sortit en reniflant.

Le surlendemain vint si vite. Aimé se brutalisa pour travailler à l'entrepôt et ne dormit guère. La nuit de dimanche il veilla Anna, qui dans le sommeil haletait comme un animal traqué. Elle n'oublierait jamais. Rien ne s'efface. On croit guérir, et au-dedans, silencieuse, la douleur continue de ronger. Un coup d'ongle rouvre la plaie. Anna souffrait endormie, et Aimé, qui s'était cru cicatrisé, se retrouvait béant. Le passé remontait en lui avec l'irrépressible flot des marées de pleine lune. Buvant ses souvenirs à chaque inspiration, leur goût familier malgré toutes ces années l'enivrait jusqu'à la nausée. Il se sentait vieux de tant de vies. Rue du Petit-Jour, Saint-Martin-de-Ré, Saint-Laurent-du-Maroni, le grand bois, le cachot, l'Enfant perdu, Belem, Manaus, enfin, qu'il avait rêvé point au bout de cette longue phrase tordue de virgules. Et c'était ici qu'Ils l'attendaient. Elle et l'Autre. Mme Côme Halloir. Le démon aux yeux gris. Ensemble. Bien sûr. Le destin aime les boucles. Un bon ouvrier qui parfait son ouvrage. Bien sûr. Adossé au bois du lit, près de la chandelle qui allongeait le nez d'Anna et ravinait ses joues. Aimé s'étonnait de ne presque rien ressentir. Sinon une profonde lassitude et une douleur enfouie qu'il localisait mal.

L'angoisse le prit lundi vers trois heures, quand il noua sa cravate. Il se pencha vers son reflet, dans la glace de l'entrée. Aimé del Prato, comte et bientôt à l'abri du besoin, par la grâce des dés et l'affection patiente d'Henri d'Augny. Oui, il avait fait du chemin. Cinquante-cinq ans, le teint et la silhouette de son bel âge, une masse de cheveux blancs qui lui donnait l'air grave, des lunettes ovales cerclées d'écaille blonde, l'air digne et bon. Digne et bon. Monsieur Henri le jugerait-il achevé ? Et lui-même, était-il satisfait de cet homme-là, dans le miroir, qui le fixait avec des yeux inquiets ? Comment savoir ? Il croyait, oui. Il lui semblait que si l'on grattait, rien ne s'écaillerait. Mais sa mémoire ardait avec des élancements de plaie rouverte. Viviane, Marion. L'enfant à naître, le fils, peut-être, que Virie avait vu. Le remords s'enroulait à sa gorge. Il toussa, desserra le nœud de soie grise. Se regarda de profil. De l'allure, oui, autant qu'il en pût juger. Plairait-il à Viviane ? Il rougit brutalement. Haussa les épaules, prit sa canne à pommeau d'ivoire, un cadeau de Monsieur Henri, le seul objet que dans sa fuite il eût emporté de Guyane, et sortit. Sur le quai ce fut pire. Du fond de lui les images étouffées depuis si longtemps remontaient avec le rictus terrifiant des noyés. Gonflées, obèses. Elles s'asseyaient, se vautraient sur son cœur, devant ses yeux. Vingt ans. Il avait laissé Viviane voici près de vingt ans. La sueur lui coulait derrière les oreilles. Elle aurait pu mourir. Tomber dans la fange. Vendre leur fille. Il la revoyait au lit, jeune mariée, fraîche accouchée, il entendait son rire. Il s'ébroua. Ses sarcasmes, méchante fille, les gifles de mots qu'elle lui lançait. Et l'Autre, l'homme du *Revanchard*. Sa voix mate. L'Autre et Elle. Dans un lit. Se disant des mots, les mêmes mots, échangeant des caresses, les mêmes caresses, celles que... Mme Côme Halloir. Après mon nom, j'ai donc cédé ma femme. Ne pas penser. Aimé s'arrêta près de la petite fontaine, à l'angle du marché couvert, et s'aspergea le visage. Se calmer. Elle n'attendait que M. del Prato, un homme bien né qu'elle souhaitait piloter en ville. Viviane avait toujours aimé les noms ronflants. Elle en rêvait, autrefois, et les soirs aigres lui reprochait sa roture. L'Autre, pourtant, le vrai comte, ne s'en était pas dégoûté. Il serait là, peut-être, aussi, pour l'accueillir. Aimé se figea au milieu de la rua Barroso.

– Madame se repose. Monsieur est en voyage. Vous pouvez entrer au salon. Je porte votre carte.

Le maître d'hôtel ganté, cette maison blanche et pourpre, c'est vrai, elle affectionnait le rouge, les lustres à bougies, les poufs, les meubles noirs et blonds, énormes ou minuscules, les coussins partout, les dorures, les rideaux, sous-rideaux et voilages de soie fine qui tamisaient le jour, les tapis gigantesques avec des fleurs compliquées et des fruits sur les bordures, les bibelots par centaines, à quoi toutes ces boîtes servaient-elles? les trophées de chasse dans le hall, les cordons à sonnette, le négrillon en livrée, raidi contre la porte et qui surveillait Aimé du coin de l'œil. On craignait, sans doute, que les visiteurs volassent quelque chose.

– Un nouvel ami! Quel plaisir! vous n'avez pas mené votre exquise petite? Virie, n'est-ce pas, voyez-vous c'est drôle...

Elle s'arrêta net. En robe d'intérieur ballante, le chignon bas dans une résille. Au milieu du salon. Le fard, sur ses joues extraordinairement pâlies, étalait une tache criarde. Elle se tourna pour essuyer les gouttelettes qui perlaient à son front, et appuya son mouchoir sur ses lèvres qui tremblaient.

– Je vois que ces années t'ont profité! Monsieur le Comte?

Elle faisait face. Campée, arrogante. Elle le bravait. Elle n'avait pas changé. Le même menton, le même regard impérieux, ce ton cinglant. Qu'elle était désirable encore. A peine plus grasse, ses cheveux, sa gorge. Les dentelles lui seyaient, froufroutantes autour du cou, et tout le long jusqu'aux chevilles, des vraies dentelles de dame, s'il avait pu autrefois...

Quelle tournure! Elle se pinçait le gras des paumes pour cacher sa surprise. Non pas tant de revoir Aimé que de le découvrir sous cet aspect. Ce n'était pas la coupe de l'habit, le poli des souliers, c'était autre chose. Les mains soignées, la façon de porter le cou, le front, un je ne sais quoi qui émanait de lui. Le parfum, aussi, une fragrance d'arbre saigné, que sans bouger un cil elle humait.

Et lui la revoyait au bord de la Marne, immobile contre sa poitrine, leur toute première rencontre, si chaud, la blouse de linon bâillait sur ses seins glorieux, il n'osait dire un mot, lever un doigt, et elle, les yeux mi-clos, le reniflait.

D'où avait-il tiré cette maîtrise, cet air simplement conscient de soi qui laissait présager plus qu'il n'affichait? Elle gardait le souvenir d'un Aimé sans fond, sans tiroir, un Aimé unidimensionnel, de forme imprécise, si malléable qu'on voyait les mots et les regards s'enfoncer en lui comme dans de la cire molle. Son grand benêt tiré d'un chou, pâte tendre, bras ballants, qui portait sa casquette sur l'oreille et malgré ses épaules se laissait moquer et chahuter par le premier venu. Qui lui avait appris? Qui l'avait modelé?

Que pense-t-elle de moi? Il se retenait de lisser ses cheveux.

Elle songeait ainsi c'est là la peau que Côme lui a laissée? Comte del Prato? Une amertume étrange lui montait à la bouche. Elle imaginait Côme à vingt ans, arpentant les Tuileries, saluant, salué, ses parents, une nurse irlandaise, un carrosse rescapé de la Révolution dans le fond des écuries, une argenterie aux armes. Côme avait reconquis avec elle, pour elle prétendait-il, le luxe qu'il aimait. Mais il ne lui avait jamais offert son passé. Elle l'avait questionné, souvent, où as-tu grandi? comment? raconte donc, mais toujours il se dérobait. Voilà qu'elle se prenait à souffrir de ce secret-là, comme d'une femme trop aimée qu'il lui eût cachée. Le dépit lui salait la langue. Elle s'essuya les lèvres. Elle avait été bien sotte de ne pas lui arracher la vérité. Ce joli nom, qui l'aurait flattée, je vis avec un comte, un comte déchu mais un comte malgré tout, cette enfance pailletée, ces fastes perdus. Son trouble lui retournait le cœur. Elle ne pensait pas, elle ne savait pas, elle sentait seulement, et elle souffrait, là, juste sous son nœud de rubans. Quelle nigaude elle avait fait d'accepter, d'aimer Côme en homme de peu, en forçat tiré du rang. Dans une maison de planches, au bord d'un canal puant. De l'avoir regardé œuvrer, intriguer, user d'autrui et du hasard avec cette dextérité qui lui servait de force. De lui vouer encore en secret tant d'admiration, de reconnaissance. Pour avoir su hisser leur couple, leurs enfants sur le pied où ils vivaient maintenant. Alors que ces efforts, ces compromissions n'avaient tendu qu'à se rapprocher du point d'où lui était parti. D'où il avait chuté. Sa belle ambition n'était qu'une médiocre reconquête. Il l'avait trompée. Toutes ces années elle l'avait cru demi-dieu, demi-diable, et voilà qu'il roulait dans la poussière commune. Il était comme les autres. Un roquet industrieux qui court après sa queue. Après lui-même. Le portrait se lézardait. Ce goût de peau d'amande, sur les dents.

Je ne vais pas rester piqué au milieu de ce salon, à la dévisager. Si Anna nous voyait. Heureusement que Virie n'est pas venue.

Le nouvel Aimé. Là, à deux pas. L'image de Côme lentement se retirait. Elle regarda le visiteur. Elle vit les rides, profondes, au coin des paupières, et ces rides lui plurent. Elle aima la bouche mieux dessinée, les prunelles pâlies, qui regardaient droit, les cheveux blancs qui nimbaient le visage d'une gravité sereine. Alors en elle quelque chose craqua, se fendit, se liquéfia. Elle aurait pu pleurer. Elle manqua crier, se roidit, et dans un sursaut vomit sa faiblesse.

– Tu tousses ? Tu n'es pas bien ? Tu veux mon mouchoir ?

Elle mit ses mains derrière son dos et cacha son écharpe souillée dans un vase, sur la console voisine.

La première phrase. Il hésitait. La tête sourde du battement de son cœur, qui enflait dans ses yeux et empâtait sa bouche. Tu as si peu changé; Tu es bien installée; Je suis heureux de te revoir; Tu vis à Manaus depuis longtemps? Les enfants sont ici?

– J'ai appelé ma fille Viviane-Marie en souvenir de toi.

Ce regard, qu'elle lui jeta. Il crut qu'elle allait le frapper et recula le haut du corps. Elle se mordait la bouche. Il la retrouvait. Et cette sensation cuisante, curieusement, lui fut douce.

– Tu crois peut-être me faire plaisir! Il est joli, le comte cuvée nouvelle, qui a trahi sa femme et ses enfants voici vingt ans, et qui vous annonce doucement j'ai donné ton prénom à ma fille! Tu ne m'as pas oubliée, c'est cela? Je devrais te remercier, peut-être? Il fallait t'en souvenir plus tôt, mon grand! Sur le *Revanchard*, quand tu jouais aux cartes, ta mémoire a flanché sans doute! Oui, desserre ta cravate, monsieur del Prato! On s'est offert une nouvelle vie, fuitt! on efface tout, il est commode le nom ronflant, hein? et les habits chics, tu as l'épouse qui va avec, je suppose, et elle t'a fait de bien jolis rejetons! Imposteur!

– Je ne me suis pas remarié.

– Touchante délicatesse. Je te baise les mains. Alors c'est quoi, la mère de ta Virie?

– Une femme que j'ai connue quand j'étais au bagne, à Saint-Laurent, et qui m'a aidé à survivre.

– Pas une « dame », alors?

– A sa manière, si.

– Tu ne m'as pas écrit. Jamais.

– Non. Je ne pouvais pas.

– Je vois! On avait peur d'être repéré! Que la supercherie vous envoie au cachot! Et moi bien sûr je n'avais qu'à me débrouiller! Lâche.

– Je croyais que tu ne viendrais jamais. Que sitôt notre chaîne embarquée tu demanderais le divorce.

– Lâche.

– J'ai pensé aussi : ma peine finie je reviendrai. Riche,

avec le nom devait échoir un pactole. Je me suis dit si elle m'attend, elle sera heureuse. Je voulais te faire comtesse, tu te souviens, tu regrettais que je ne sois pas « né ».

– Et puis, ces émouvants projets?

– Les années ont passé. Je me suis retrouvé prisonnier du choix que j'avais cru faire pour le meilleur. Notre meilleur à tous les deux, je t'assure. Je ne pouvais pas t'écrire, ni recevoir tes lettres, même pas savoir si tu en envoyais. Ils m'ont donné dix ans de rallonge. Dix ans. Je n'en voyais pas le bout. Tu ne m'aurais jamais attendu. Je me suis rappelé comme tu étais dure, souvent, j'ai pensé elle ne voudra plus de moi. Je me suis découragé. Je ne t'ai pas oubliée, mais j'ai cessé de vouloir l'avenir avec toi.

– Grand merci! J'aurais eu bien tort en effet de montrer une constance que tu n'as pas eue!

Aimé baissa le front. Une partie de lui déjà courbait le dos sous le joug qui tâtonnait, cherchant la marque ancienne. Le brave Halloir qui ne choisissait pas, ne se rebellait pas, qui s'étendait dans le lit de la vie sans songer à l'étreindre, et ne connaissant d'autre fierté que l'humilité tétait Viviane avec des joies et des peines d'enfant sage. Maîtresse se tenait là, le menton brandi et l'œil fulgurant. Plie, viens me rendre allégeance. Aimé rentrait les épaules, tant de force dérisoire devant elle qui antan l'agenouillait d'un doigt.

– Tu ne m'aimais pas.

– Comment peux-tu...

– Ah! C'est facile! Moi je suis une femme d'actes. Si tu avais agi, pris les choses en main, notre couple, l'existence, je t'aurais respecté. Une larve! une larve myope, tu ne voyais pas au-delà du soir qui approchait, tu n'avais de désirs qu'immédiats, tu te satisfaisais d'un bon repas, d'un frisson quotidien et de l'illusion qu'on était content de toi. Oh ne te redresse pas comme ça! Ta carrure ne m'impressionne pas plus aujourd'hui qu'il y a vingt ans! Petit, tu as toujours été petit. Étroit. Pauvre type. Tu ne me méritais pas.

Qui était-elle, au fond, pour l'insulter de la sorte ? L'Aimé d'autrefois, le patient, le soumis, pesait encore sur sa nuque, il voulait abdiquer, rien ne vaut le chagrin que nous nous déchirions, souris, l'image que je te donne de moi importe moins que la paix au logis, tu es belle, si férocement vivante. Mais l'homme qu'il était devenu, pétri, gravé, poli par la souffrance, l'effort des années de bagne, par l'exemple et l'amour de Monsieur Henri, d'Anna, du père Jules, le frère mûri du premier Aimé redressait le col. Il avait des torts, certainement, envers cette femme. Mais à y bien regarder, il n'était pas si sûr d'avoir à se repentir.

– Et toi, tu n'as rien à m'expliquer ? Sous mon nom, dans la vie d'un autre ? Le change ne semble pas t'avoir beaucoup coûté !

– On se mêle de morale, maintenant ! Ça, mon grand, ne t'aventure pas, je te ferai manger ton ombre ! Dans la vie d'un autre ? Qui lui a donné ton nom, à l'autre ? Moi je suis arrivée en Guyane femme Halloir, femme Halloir tu me retrouves. Je ne demandais rien, moi, qu'à rejoindre mon mari.

– Mais tu as pris le premier remplaçant qui se présentait.

– Qui l'avait mis à ta place ? Il savait tout de nous, de moi, des détails même qui m'ont fait rougir, il avait ma lettre, celle de Saint-Martin-de-Ré, tu lui avais tout dit, tout donné. Tu m'avais livrée. Et moi je débarquais à Cayenne avec les deux petits, le commandant m'a menée à ta maison, ton nom, ton matricule, et là j'ai trouvé qui ? Un inconnu ! Très poli d'ailleurs. Qui m'a mis le marché en main, votre Aimé ne veut plus de vous, nous avons troqué nos sorts, de son plein gré, les cartes, sur le bateau, votre mari maintenant c'est moi, d'ailleurs vous avez tout à y gagner. Tu aurais voulu quoi ? Que je reparte ? Tu sais ce qui m'attendait, rue du Petit-Jour ? En plus lui m'assurait que tout le long du voyage tu m'avais maudite, que si je te recherchais en Guyane tu me renverrais.

Aimé à nouveau baissa la nuque. Certainement elle disait vrai. L'autre, le démon du *Revanchard,* avait tout manigancé.

Le jour de l'embarquement il l'avait repéré. Un grand gentil, une âme molle, un rêveur échu là par hasard, incapable de s'adapter, qui pleurait sur sa femme laissée à Paris. Un « politique », exilé mais libre. Juste ce qu'il fallait à celui qui avait souillé son nom et perdu sa fortune, à qui s'il revenait un jour en France on tournerait le dos. A celui qui pour refaire sa vie devait changer de peau. Petit-Jean avait ensucré Aimé sur ses ordres, il lui avait tourné la tête, del Prato, grand bonhomme, le titre, les biens, la peine rude mais courte. Aimé avait cru choisir, le soir de la partie. Posséder Côme. Mais c'est lui qu'on avait possédé. Il avait cru brusquer le sort, tous les possibles à portée d'effort, et c'est l'autre, le retors, le roué, qui commandait le destin. Côme lui avait ravi jusqu'à ses souvenirs, et fait de son avenir encore informe un présent à l'image de ce que lui, il était. Un désir toujours renouvelé, un horizon sans cesse reculé. Un combat qui ne souffrait pas de défaite. Si Aimé avait gardé son lot, son nom, sa peine, qu'en eût-il tiré ? Aurait-il su forcer, soumettre la chance comme l'autre avait fait, lui aurait-il arraché, pour les offrir à Viviane, ces ors, ces soies, ces bibelots inutiles et précieux, le valet en gants blancs, l'admiration des gens qu'on recevait ici et le salut des autres dans la rue ?

Aimé sentait bien que non. Il n'était pas, il ne serait jamais de cette race-là. Celle des violeurs, qui nourrissant une haute idée de leur être exigent de la vie qu'elle leur verse leur dû. Qui convoitent, arrachent et jouissent seuls, ivres de leur force. Qui sont à eux-mêmes leur fin dernière. Les cartes du *Revanchard* n'avaient redistribué que des clefs. Aimé en recevant le nom qui ouvrait la porte de l'autre monde, celui des carnassiers en habit, n'en avait pas pris l'âme. Les luttes ni les gloires qui attisaient Côme depuis l'enfance ne l'attiraient plus qu'avant. Dans ses veines la sève coulait à un pouls inchangé, généreuse et paisible. L'œil de Monsieur Henri collé au sien, il mesurait ses ambitions à l'aune de sa conscience, inquiet toujours qu'elles fussent mal fondées. Le souci de la mesure guidait son pas, et se gardant des écarts qu'impriment les passions il marchait posément. Les âmes friables, lorsqu'elles étayent leur sable, y construisent plus solidement que d'autres sur leur roc. Leur modestie est une poésie, leur discrétion un discours. Quand les natures fortes, ardentes excitent l'admiration, les tempéraments doux émeuvent. Les autres prennent, eux donnent. Ils savent, eux doutent. Aimé del Prato n'était pas le double de Côme, mais seulement le meilleur de ce qu'Aimé Halloir pouvait devenir.

– Alors tu ne réponds rien ?

Non, il ne répondait rien. Cette femme qu'il avait tant aimée, qui le troublait encore, ne le démontait plus. Elle a dû aimer l'Autre. Je n'ai pas à me racheter. Sûrement elle me préférerait éploré, à ses genoux. Elle ne me reconnaît pas. Il sourit.

– Et tu ricanes, en plus !

Cet air de Junon outragée. La main lui démangea. Il ne se souvenait pas de l'avoir jamais frappée. Étonné de lui-même, il rougit.

– Ah ! enfin ! tu reconnais !

Pour se calmer il ouvrit la fenêtre.

– Tu ne m'as rien dit de ta vie.

– Ni toi de la tienne.

– Les enfants ?

– Que t'importent les enfants ?

– Viviane !

– Eh quoi ?

Elle le tenait. Des pas et des rires, dans le hall, approchaient.

– Tu veux les voir, les enfants ? M. le comte sera servi !

On frappait. Deux têtes brunes, deux sourires. Un sensible, un narquois. On lorgnait le visiteur.

– Enfin entrez ! Est-ce qu'on reste, comme cela, derrière une porte ? Si votre père était là !

Aimé prenait la couleur et la rigidité du mur.

– Mes fils, Léon et Jean.

Elle ne les désignait pas nommément. Garce, qui jouait. Mais lui savait. Savait. Et le cœur lui tombait dans les pieds.

– Jean, Léon, le comte del Prato.

Le plus grand, qui avait une bouche tendre, tressaillit.

– Permettez-moi... Vous êtes le père de cette jeune fille... Que nous avons rencontrée chez Miss Bishop ?

– Il est le père.

– Oh monsieur ! Mademoiselle votre fille...

L'autre, plus petit, avec un curieux regard, le poussa.

– Mon frère veut dire : nous feriez-vous l'honneur, monsieur, de mener Mademoiselle votre fille au bal de l'opéra, la semaine prochaine, et peut-être de parler en notre faveur afin qu'elle nous accorde quelques-unes de ses danses ?

Celui qui paraissait l'aîné semblait médusé et honteux. Aimé aurait voulu le prendre dans ses bras.

– Ma foi je ne sais...

– Certainement elle ira ! N'est-ce pas, cher ? Pour l'invitation je m'en charge. Dans cette ville on ne me refuse rien. Nous nous y retrouverons tous. « En famille » ! Nous danserons et nous causerons. Cela sera charmant. Je connaîtrai votre épouse, cette fois vous me la présenterez, cachottier ! Car maintenant vous devez retourner, je comprends, mais le temps passera vite, quel dommage que mon mari n'ait pu vous rencontrer, il ne revient pas avant un mois ou deux. A vous revoir, cher ami !

Elle le poussait vers le hall, les deux garçons saluaient, et elle riait, elle osait rire, avec ses babines retroussées qui creusaient une fossette dans sa joue gauche.

Le bal. Aimé reçut l'invitation le lendemain, exquis le dessin à la plume, sur le recto, des masques enlacés au confluent de deux fleuves, Amazone, rio Negro, il ne répondit pas. Loua un habit, on ne sait jamais, à tout hasard Virie retourne chez cette Miss Bishop, non, je t'accompagne, de bal s'il vous plaît, blanche, ma fille n'a que dix-sept ans, charmant votre petit chien, des rubans verts, certainement, très large, tout à fait bal, mais papa pourquoi faire ? nous ne connaissons personne. Papa ?

Viendrait-il ? Sûr, il viendrait. Viviane enfermée dans sa chambre essayait deux fois, dix fois l'ample jupe de moire vieil or, le corselet rebrodé d'une chenille de perles noires, les gants jusqu'au-dessus du coude. Valsait. Se regardait de très près, fondue dans les yeux du miroir vénitien, j'ai des rides mais il ne remarquera pas, ses lunettes lui vont bien. Aimé del Prato, sa femme sûrement est plus jeune que moi, mais pas une « dame », je l'écraserai. Ne pas douter. Ne pas fouiller non plus trop profond en soi. A quoi bon démêler les sensations. J'ai toujours vécu dans l'instant. Mon instinct me guidera.

Papa me mène à Lui. Pauvre papa, cher distrait, il ne se doute pas, il ne faudra pas lui montrer. Encore quatre jours. Je ne sais même pas Son nom. Ses boucles, grande bouche, aussi douce que Papa, j'aimerai son sourire, ses yeux je ne me souviens plus bien, les mains grandes aussi, des souliers poussiéreux, je crois qu'il ne portait pas de cravate. Papa autrefois disait ton frère je voulais le prénommer Henri, c'est maman qui a choisi Georges. Peut-être Lui s'appelle Henri. Henri. Il est plus vieux que moi. Juste vieux comme il faut. Au moins vingt ans.

Toutes les cinq marches, le long de l'escalier blanc qui de la place point encore pavée montait vers l'entrée monumentale, gueule de lumière dans la façade rose, toutes les cinq marches et encore tous les cinq pas le long de la terrasse, se tenait raide et moite un laquais noir sanglé de soie ponceau et portant un flambeau à cinq branches. Les femmes retroussaient leur queue, yeux baissés, souffle contenu, ne pas trébucher, elles manquaient de pratique, réussir son entrée, sitôt sous la colonnade elles se redressaient, se bombaient, s'élargissaient, moue hautaine, regard dédaigneux, j'ai l'habitude, même les laides affichaient un aplomb souverain. Cela bruissait, jabotait, s'épiait, se froissait, s'éventait, échangeait des flacons de sels et des remarques acides. Les messieurs, moins occupés de leur dignité, se hélaient, s'esclaffaient, s'assenaient de grandes tapes consolées par d'énormes cigares, enfin dos à dos, poings aux hanches, lorgnon coincé sous le sourcil, tordaient le cou vers les voûtes blêmes. L'ouvrage certainement n'était pas terminé. Mais on comprenait bien l'esprit, l'audace. On se récriait, on demandait à visiter avant le souper, même les parties encore en chantier, n'importait, on se pressait vers les escaliers latéraux et on tourmentait les portes closes. Le gouverneur Eduardo Ribeiro, qui recevait les dignitaires du Pernambuco et du Nordeste avec madame et fille aînée dans le petit foyer, fit signe agacé que oui, qu'on laissât les invités se promener, ils ne mettraient pas les lustres dans leurs poches. D'ailleurs si on les dépitait les journaux demain éreinteraient le bal. La mine grise, les officiers chargés de la surveillance déverrouillèrent. La foule s'engouffra. De plain-pied avec le grand hall et la galerie circulaire, sol de vrai marbre blanc, colonnes métalliques peintes en faux marbre rose, la salle de spectacle béait, exhalant par ses battants ouverts une touffeur de mauvais lieu. Les gens, surpris de se retrouver dans le noir, l'électricité ici ne fonctionnait pas encore, clignaient les yeux. Se passaient le mouchoir sous le nez. Cela sentait la résine chaude, le vernis, l'enduit, la sueur, le velours neuf, le fer de forge et la colle à bois. On apporta des torchères, qu'on plaça devant chaque loge d'orchestre. Les femmes applaudirent. Rouge et or, en forme de lyre géante, luisait la salle. Du plafond à demi peint on distinguait vaguement le motif central, des tours Eiffel en rosace, avec l'encadrant des ébauches d'allégories – il y aura la Tragédie, la Danse, l'Opéra et la Musique, une collaboration de tous les pays d'Europe, soufflaient les initiés. Là-dessous s'étageaient des forêts de colonnes cannelées, rehaussées de balustres et de stucs or vif, soutenant trois larges balcons – français, tout le doré vient de France. Profusion d'appliques en verre dépoli, quatre corolles sur tige de fer noir – français aussi, c'est le *señor* Halloir, le pouce gauche du gouverneur, qui les a commandées. Bordant la rampe d'orchestre, des pilastres en fer nu – anglais, – couronnés de masques grecs livides, et, joignant les loges, des guirlandes de feuillage en plâtre frais. Le parquet était posé, mais pas les sièges d'acajou. On apercevait, museaux noirs, les trappes d'aération qui couleraient un vent frais sous le séant des spectateurs – le chauffage aussi est prévu, au cas où notre climat changerait. Étalé sur la scène et dégoulinant jusque dans la fosse des musiciens, le rideau de scène séchait. Bleu, vert, eaux glauques, des fleuves devaient s'y rencontrer – le rio Solimoes et le rio Negro –, on ne reconnaissait rien. Le gouverneur n'aime pas. Trop naïf, il prétend. Il a passé commande d'un second rideau en Italie. C'est le *señor* Halloir qui ira le chercher. Heureux homme. Le rideau remontera dans les cintres, sans se rouler. La coupole, vous avez vu dehors ? elle sert à cela. A Paris ils ont le même système, mais moins bien. On piétinait, on s'écrasait. Les dames poussaient des cris de chiot bousculé. Comme une crue se retire le flot enfin coula hors du théâtre, s'épandit dans les deux escaliers blancs, lisses, qui fleuraient la cave fraîchement crépie, et vint clapoter sur le parquet neuf de la grande galerie, au premier. Pilla les buffets dressés là, but sans soif, dames et messieurs pareillement, moucha les chandelles, pinça le nez des laquais et le gras des serveuses, rit à s'étrangler, s'étouffa, délaça, aéra comme put, déplora l'absence de miroir pour rectifier la tenue, et lorsqu'aux premières mesures des violons les portes de la salle de bal s'entrouvrirent, eut un frisson panique. Retint les rots, rentra le sang. Cambra la taille, et les mains dignement se posèrent sur les bras incurvés, et les cous cherchèrent la pose du cygne, et les couples un à un s'avancèrent.

Aimé, qui jusqu'au coucher du soleil avait balancé s'il irait ou non, à cet instant aidait Virie à descendre de calèche. Le cœur étreint d'une émotion jumelle ils gravirent le grand degré vide, n'osant regarder en face les Nègres porteurs de flambeaux, glissèrent entre les colonnes pâles, tournèrent lentement, comme s'ils dansaient déjà, dans le hall déserté. Le bruit et les odeurs de la foule, au-dessus, leur arrivaient par bouffées.

– Cette Mme Halloir sera là, tu crois ? Avec son fils ?

Viviane depuis deux heures les guettait. Arrivée la première, elle accueillait les invités avec l'empressement d'une hôtesse accomplie, mon mari n'est pas là mais je fais les honneurs, je suis un peu chez moi ici, j'y retrouve Côme partout, non, il n'a pu venir, retenu à Iquitos, une réussite n'est-ce pas ? et regardez les rampes, c'est lui qui a choisi le motif, forgées à Paris, posées la semaine dernière, vous aimez ? A l'entendre on eût cru que l'opéra appartenait à la famille Halloir, et que la fête se donnait sur ses deniers. Du gouverneur Ribeiro Viviane n'évoquait pas le nom. Lorsqu'il ouvrit le bal avec Bonita Thaumaturgo de Consuelves, elle sortit repoudrer son décolleté.

Du bout du couloir, la houppette à la main, elle les vit arriver. Aimé très haut, très droit, sa chevelure blanche lissée en arrière, le pas d'un grand de ce monde et le regard si doux. La petite à son bras, liseron blanc en chignon nimbé de fleurs d'oranger, idéale de candeur.

Découpés à la façon des marionnettes dans l'encadrement de la double porte, ils hésitèrent. Les couples dérapaient sur la marqueterie du parquet, douze mille pièces, les bois brésiliens les plus rares, encaustiqués hier pour la première fois. L'odeur têtue de la cire blonde mêlée à celle du champagne et aux parfums des dames tournait les têtes. L'orchestre, niché derrière la corniche qui arrêtait la voûte du plafond, jouait en sourdine. On ne savait plus bien où l'on se trouvait, qui l'on était. On ne remarquait ni les murs bruts, ni le plafond nu, ni les pilastres de plâtre peints à mi-corps d'un faux marbre imitant le pelage d'une panthère, ni les fils électriques qui giclaient çà et là, attendant les appliques. Les sièges et les rideaux manquaient. On vantait la commodité des quatre portes-fenêtres en ogive ouvrant sur un large balcon dallé et on s'asseyait fort naturellement sur le socle étroit des colonnes. On glissait, on s'affaissait, on se relevait avec des compliments, on aurait embrassé son usurier. On se sentait ondoyé par une grâce indicible qui étendait sur toute chose, sur toute parole, un voile bienfaisant. Demain, sûrement, l'aigreur reviendrait, et sous la langue le sel de la médisance. Mais pour l'heure personne n'y songeait.

Aimé était venu sans sa femme. Viviane n'en chercha pas la raison. Ni le pourquoi de cette joie subite, qui à le voir s'incliner devant sa fille, Virie mon oiseau, m'accorderas-tu cette danse, lui chatouillait les maxillaires. Elle s'avança, royale. Signe à Jean et Léon qui plaisantaient avec une donzelle, ici, ne bougez pas, s'approcha d'Aimé sans attendre la fin de la valse, cher ! vous voici enfin ! si heureuse ! et mes fils, mademoiselle vous êtes exquise, Léon doit avoir juste votre âge, il valse divinement, Léon ? allez mes enfants, Jean n'allonge pas cette lippe, ils sont charmants n'est-ce pas ? et moi, cher, m'oublierez-vous ?

La cambrure sous le bras, le sourire victorieux, l'œil sombre posé comme une main, il retrouvait tout d'elle. Les moues, la chaleur, le parfum, les mèches rebelles, le grain des épaules. Mais ce tout lui paraissait ensemble pareil et différent. Il se penchait vers cette sœur aînée de sa Viviane, se penchait jusqu'au bord de sombrer, la veine bleue sur le sein gauche, les petits doigts qu'il aimait à baiser, et par réflexe il cherchait au coin des ongles polis les salissures du ménage. Sans parler il buvait son odeur, se laissait entêter, gris et sourd au monde, déjà, heureux d'un bonheur douloureux, sang résurgent qui le brûlait, perdu quelque part entre le souvenir et l'instant. Les échos de la fête se feutraient. Il coulait en lui-même, profondeurs oubliées, Halloir sous del Prato, et sous Halloir Aimé.

– Alors ? tu me trouves changée ? Tu te souviens ?

Elle souriait à la jeune fille d'antan, celle de la Marne, pieds calleux dans le potager de ses parents, sarcler, bêcher, au marché les plaisanteries des hommes par-dessus les cageots, au retour les veillées mornes à éplucher les châtaignes, à rémouler les outils, la salle commune éclairée par la lune, relents de fèves et d'oignon confit, la mère qui gémissait sous le père dans le lit clos, contre le mur, et sur le matelas renroulé-déroulé les cadettes gigoteuses, les rêves de velours et de plume, un autre lit, montants de fer peint, monotonie conjugale, son cœur ni ses sens ne s'enfiévraient jamais, Aimé rentrant fourbu et gentil, si gentil et médiocre de l'atelier.

Les violons invisibles changèrent de tempo. Revenant à elle, étonnée, Viviane dévisagea l'inconnu qui la serrait. Le même, un autre, celui-ci lui aurait vraiment plu, elle sentait une douceur d'eau dormante l'envahir, molle, tiède, elle ne le mordrait pas ce soir, sur le bras qui l'enlaçait elle s'appuya davantage.

Ils se regardèrent. Si jeunes, soudain, sous leurs atours pompeux. Complices, déguisés, poudrés, pour fêter la mascarade de leur vie. Ils rirent, soulagés.

– Nous ne nous disputerons pas ce soir ?

– Non. Demain.

Rirent encore.

– Raconte-moi.

– Je suis restée avec lui. Il a fait fortune. Cayenne, puis après l'amnistie, ici. Que te dire de plus ?

– Les enfants.

– Jean danse avec ta fille. Curieux garçon. Attachant. Mais pas mon genre, nous nous comprenons mal.

– Tu lui as dit ?

– Rien. Comment voulais-tu ? Les trois s'appellent Halloir, et Halloir c'est Côme. Qui n'est pas paternel, mais qui les a élevés.

– Mais Marion, quand tu es arrivée ? Elle ne se souvenait pas de moi ?

– Nous n'en avons jamais parlé. Peut-être elle se doutait de quelque chose, une fois je l'ai surprise à fouiner dans mes vieilles affaires de France. Une drôle de nature, elle aussi. Petite fille elle était folle de Côme, presque amoureuse, et de moi pareillement. Avec des larmes, des jalousies. Agaçante. Ensuite, un peu après notre arrivée au Brésil, elle nous a détestés. Lui surtout. Elle nous dévisageait à table avec un air! Des demi-mots, des piques, une insolence qui faisait germer les gifles au bout des doigts. Je la corrigeais, Côme aussi, quand elle passait la mesure, mais rien n'y faisait. Avec cela douée, une mémoire étonnante, le latin, l'anglais, et elle dansait, et elle jouait de la harpe. Je l'ai mise chez les sœurs de la Visitation qui me l'ont renvoyée. Elle passait des billets aux garçons par les fenêtres du dortoir, et en échange de fruits qu'ils lui lançaient, elle leur montrait ses seins. Je te promets. La supérieure m'a écrit de me méfier, que cette enfant-là avait le diable dans le sang, qu'il fallait la fouetter, lui donner des bains froids et la nourrir de lait caillé. Nous avons essayé. Sans succès, tu imagines. Elle nous crachait son mépris au visage, et elle répétait le premier étranger qui voudra m'épouser je me donnerai à lui, il m'emmènera loin, et je vous maudirai! Elle avait quinze ans. Rouquine, une natte plus grosse que mon bras, du duvet partout, de la gorge et des hanches comme une vraie femme, et une façon de regarder les mâles que je n'ai vue à personne. Depuis l'enfance, sept, huit ans déjà, les gamins, leur grand frère, leur père aussi, tous ils bavaient après elle. Au début je ne m'en inquiétais pas, je me disais elle a du chien, cette petite, je la laissais s'amuser. Mais quand j'ai reçu les lettres affolées des mamans, qu'à Manaus j'ai vu les commerçants quitter leur étal, les docteurs et les capitaines leur conversation et les gommeux leur soda pour coller Marion avec une insistance de mouche à viande, j'ai compris que ta fille était d'une race à part. J'ai renoncé à l'amender. Et Dieu sait si elle en a joué, la coquine. Vers la fin de 1885, novembre ou décembre, Côme un soir a ramené un Belge avec qui il comptait passer marché. Un gars de Bruxelles, avec un drôle d'accent, le ventre rondelet, beaucoup de gentillesse et des yeux de morue qui lui giclaient de la tête. Trente, trente-cinq ans. Il sillonnait les Amériques pour le compte d'un négociant en métaux précieux. Aucune ambition personnelle, moins d'esprit que ma cuisinière indienne, mais de l'entrain, et une voix superbe. Fou de bel canto, il connaissait tous les airs. Nous avons passé un joyeux moment. Il parlait de Bruges, de Londres, de Venise, du canal Saint-Martin, et en singeant Don Giovanni disait confiez-moi votre fille, je la mènerai sur toutes les péniches, sur toutes les gondoles d'Europe, et ensuite à Bangkok, à Saint-Pétersbourg, des eaux pâles, noires, fumantes, glacées, elle oubliera l'Amazone, elle apprendra le chant, le théâtre, j'en ferai une reine du voyage, et ensuite une reine de Paris!

– Tu la lui as donnée?

– Non. C'est elle qui l'a voulu, et elle l'a pris. A sa seconde visite, l'année d'après. La première fois elle l'avait appâté. Il était reparti amusé mais pas épris. Le coup suivant elle l'a rendu raide fou. Ne me demande pas comment. Ils se sont enfuis ensemble, mariés à Rio, elle m'a écrit de là-bas, et puis une autre lettre, de Paris, il y a quatre ou cinq ans, pour dire qu'elle allait au spectacle, qu'elle rencontrait des gens, qu'elle n'avait pas d'enfant et que je ne m'inquiète pas. C'est tout. Le gars s'appelle Lucas Dewanck. Elle ne l'aimait pas, bien sûr, il ne lui plaisait même pas. Je le voyais à sa moue quand il s'approchait d'elle. Mais elle a flairé tout de suite que si elle l'hameçonnait il l'emmènerait. Loin de Manaus, loin de nous. Voilà. Elle a manqué à Jean. Beaucoup.

L'orchestre jouait une *chupaca* frétillante. S'accoudant à la balustrade rose et blanche de la terrasse, Viviane respira profondément. L'heure était tendre, l'air presque léger, et le ciel phosphorescent appelait à d'autres fêtes. Aimé se taisait.

– Tu es triste?

– Un peu. J'espérais la voir. Et puis ce Dewanck... Elle est peut-être malheureuse. Tu aurais dû...

Un sursaut rejeta Viviane en arrière.

– Quoi ?

– Oui, je sais. Je n'étais pas là. Je me tais. Je regrette, seulement. Mais ton Côme, lui...

– Oh celui-là ! Il se moque de tout le monde, y compris de lui-même.

– Tu semblais pourtant...

Viviane se retourna vers la salle de danse. Les talons martyrisaient le plancher neuf, demain il faudrait poncer, tour à droite, révérence, jupes retroussées, messieurs en arrière et hop, reformez la file. Léon entraînait Virie, et Jean la sœur cadette de la Gonzalves. Rieurs, oublieux. A cet âge on sort aisément de soi. Viviane croqua ses lèvres. Lui raconter ? Elle sentait Aimé derrière elle, qui attendait. De la comprendre. Peut-être de l'aimer encore. La Gonzalves cadette changeait de cavalier. Grasse, avec la chair de mangue de sa grande sœur. Les mains de Côme, sur les hanches de l'aînée.

– Ce que tu vois ne dit pas le tout. La maison rua Barroso, les domestiques, mes robes. Oui nous avons « réussi ». Nous avons l'aisance, la notoriété. Je les ai voulues, encore davantage que Côme. Et puis quoi ? Cloîtrés dans ce bout du monde, qui connaît l'Amazonie ? Les fabricants de pneus ? les trafiquants d'or ? les marchands de bois ? Charmante famille ! Et moi prisonnière d'un faux mari qui ne veut m'emmener nulle part ! Ça, il voyage, lui, mais moi je reste ! Si tu savais comme il me traite...

Aimé se penchait vers elle, déjà inquiet. Ses bons yeux d'autrefois qui ouvraient un lac de douceur dans le visage grave. S'y plonger, s'y oublier, elle eut envie, soudain. Qu'on la câlinât, qu'on la consolât. Un élan de fillette esseulée. Elle se rappelait, autrefois, quand par les nuits d'orage Aimé mettait Marion dans le grand lit et les berçait toutes deux. Les larmes lui montèrent aux paupières. Elle n'avait pas le souvenir d'une faiblesse pareille. Rien en elle ne voulait réagir. Aimé lui prit la main. Elle resta là, stupide, effritée, à regarder ses doigts à lui, longs, forts, les doigts de Jean, noués aux siens. Les veines de Côme, ses ongles carrés qui la griffaient souvent, oiseau de proie, Dieu qu'elle avait désiré cet homme-là. Le fiel, sous la langue. Il lui fallut cracher. Avouer.

– Il ne m'aime plus. Il ne m'a jamais aimée. Il s'est servi de moi. Je lui plaisais, et je lui étais utile. Une association. Voilà l'histoire. Il a des maîtresses. En Guyane déjà. Il se cachait à peine. Des régulières, une maquerelle plus vieille que lui qu'il visitait à Paramaribo, quand il revenait il me dégoûtait, et puis une jeunette, dix-huit ans, sous mon toit, il en était toqué. Sans compter les racoleuses de la Crique, certains matins il puait la Négresse.

Plus elle disait, plus il lui fallait dire. Et avec les mots la haine lui enflait dans la bouche.

– Maintenant il s'affiche. Des filles dont je connais les mères, et c'est à moi qu'elles viennent se plaindre ! Il ne m'a pas touchée depuis huit mois. Il ne me parle quasi plus. Avant nous causions de ses affaires, il me consultait, je me sentais quelqu'un. Maintenant je suis juste bonne à recevoir ses « relations ». Oh, il reste poli, ça oui, irréprochable, des raideurs d'homme du monde, il me baise la main avant de se retirer dans sa chambre – après il vaque à ses gueuseries –, et quand je me rebiffe il fait l'étonné, enfin ma chère que vous manque-t-il ? ne vous ai-je pas donné le confort que vous désiriez ? sans moi vous seriez bien autre, avez-vous oublié la rue du Petit-Jour ?

– Tu lui avais parlé de nous à Paris ?

– Un peu... Comprends, je suis restée avec toi trois ans, et avec lui dix-huit...

– Tu l'as aimé ?

– Je ne sais pas. Maintenant je le maudis.

C'était vrai. Ce soir elle sentait nettement sa rage, elle la touchait, une pelote chaude dedans la poitrine, vers le plexus, comme une tumeur. Aimé leva un visage triste.

– Tu m'affliges. J'aurais au moins voulu...

Viviane glissa son bras sous le sien.

– Qui dit qu'il est trop tard ?

Elle le tira vers les danseurs. Moulée à lui, embrumée de langueur. Ils valsèrent comme jamais, une vraie valse pour gens éduqués, dans leur jeunesse ensemble ils n'avaient connu que les airs de guinguette. Ils se trouvaient beaux. Se souriaient, béatement, sans penser. Étaient bien. Ne voyaient, ne voulaient pas voir au-delà. Les enfants les frôlaient. Jean, Léon, qui s'échangeaient Virie. Malgré les quatre doubles fenêtres ouvertes, l'air dans la salle marquetée tournait à la liqueur. Aux angles, des valets agitaient paresseusement de longues palmes fichées dans un manche en corne. Les coiffures glissaient, serpents crépelés dégoulinant sur les nuques moites. On ne savait où se cacher pour remettre de la poudre. D'ailleurs on ne retrouvait plus son petit sac de soie. Les fronts, les nez luisaient. Les robes, déchirées dans le bas, collaient au buste. Gênées, les femmes tortillaient les épaules et vite baissaient les bras pour qu'on n'aperçût pas les auréoles sombres, sous leurs aisselles. Les hommes, jetant leur mouchoir trempé, s'essuyaient avec leurs manchettes. On essayait de tenir encore un peu la pose, nous voici gens dignes et riches, la première fête du premier opéra d'Amazonie. Mais le suif et la sueur perçaient sous le vernis. Les masques coulaient, les contenances gondolaient. Le matin ne tarderait pas. Faces blêmes, rires contraints le long du grand escalier blanc, les valets sommeillaient, la cire des flambeaux étalait des flaques de graisse froide sur les marches salies, on rêvait à son lit et on haïssait le danseur de tout à l'heure, le joli coq maintenant fripé qui vous dévisageait dans l'aube bleue avec une moue perplexe. On s'était senti « du monde ». « Grand genre ». On se retrouvait tel qu'on se connaissait trop bien, tel qu'on tâchait quotidiennement à s'oublier. A peine décrotté du ruisseau, avec des ongles incarnés, des seins ballants, des peaux rudes, des voix grasseyantes. Nouveau riche. Puant l'or frais, le sang du caoutchouc, la sueur des combines, la crasse de trois générations d'aïeux mangés de vermine. On se tournait le dos, vite, ma calèche, Miguelito à la maison, pour ne pas en regardant son pareil se dégoûter de soi. Le ciel du côté du fleuve fusait comme une soie égratignée, longues griffures mauves, roses, les premières charrettes à deux roues, immenses les roues émergeant de la brume tiède, trottaient sur le fond de la place. La coupole de l'opéra, dégagée pour l'occasion de ses échafaudages, luisait, or, vert, bleu, avec des chatoiements de poisson frais. Il faudrait encore six, sept ans avant que les toits, le théâtre et le foyer fussent achevés, avant qu'on pût officiellement inviter une troupe de renom, clouter les velours de la salle de célébrités européennes, avant que la gloire de Manaus et des siens franchît l'océan. Les enfants qui avaient dansé ce soir sous les plafonds nus seraient pères. Leurs fils à eux ne connaîtraient que la respectabilité. Heureux temps à venir. On allait y rêver, au fond de son lit, pour se consoler d'être seulement ce qu'on était.

– Il me faut rentrer, tu sais.

– Ta femme ?

– Non, la petite. Il est tard, je ne veux pas dès la première fois lui donner des habitudes.

– Elle n'en prendra pas si facilement, va, c'est de la graine sage.

– Je t'assure. Il faut. Le soleil se lève.

– Pas encore. Reste. Je suis bien.

Aimé recula le torse. La regarda. Ses yeux se dérobaient, mais tout son corps fondu parlait pour eux.

– Je suis bien.

– Viviane...

– Pas de mots. Tes mains. C'est ce que j'aimais le mieux, autrefois, tes mains.

– Écoute...

– Tais-toi. Nous ne sommes pas vieux, n'est-ce pas ?

Il la serra de nouveau. L'orchestre ensommeillé jouait au ralenti, toujours le même air. A mesure que le sang affluait dans les tempes d'Aimé, dans ses reins, comme si ce flot la noyait sa conscience s'abîmait. Sa pensée balbutiait. L'aube. Virie. La coucher. Coucher. Coucher... La crue s'enflait, dans les yeux, dans la bouche, une hâte le poussait, irrépressible, la voiture, mon oiseau je te ramène, si, maintenant, ne discute pas, ensuite je reconduirai notre amie, dis bonsoir, messieurs au revoir, les deux garçons s'inclinaient, polis, parfaits, cette bouche tendre de Jean, quelque chose en lui vacillait, une à chaque bras il entraîna Virie et Viviane.

Elle dormit jusqu'à midi.

Lui, rentré en rasant les façades, attendit sur une chaise, yeux fixes dans l'ombre légère, le réveil d'Anna.

Elle se lava en chantonnant, embrassa ses fils, déjà debout mes grands ? vous m'avez plu hier soir, mes petits hommes en frac, vous me raconterez vos conquêtes ? sans attendre la réponse rentra dans sa chambre, le grand lit de velours en désordre, dentelles éparses, la robe de bal fanée dans un coin, je la jetterai, je jetterai tout, elle se lava encore et commanda des brochettes de *camaraos* au fromage pané.

Lui pour se contraindre à se raser dut se mordre la bouche jusqu'au sang. Noua une cravate en raisonnant, se reprendre, se tenir, Monsieur Henri me voit, serra, un licou, un garrot, me pendre, tourna sur lui-même, je suis ivre, je me perds, ne mangea pas, ne sortit pas. Virie en chemise candide, joues roses chiffonnées sauta à son cou vers deux heures, oh papa ! oh merci ! oh sais-tu ! ce Jean Halloir ! son frère aussi mais lui surtout! il me fait songer à toi, dis papa, il te plaît? Si pâle que Georges lui apporta un verre d'eau, papa veux-tu que j'appelle Janinck? Il sait des choses de médecine, papa tu as la fièvre, repoussa, repoussa, allez dire bonjour à maman, elle vous attend, porta le plateau d'Anna, changea le peignoir d'Anna, essuya le visage d'Anna, oui chérie, tu as bonne mine, s'enferma dans la salle à manger, je travaillerai jusqu'au dîner, mon Dieu que m'arrive-t-il, mon Dieu secourez-moi.

Elle reçut à souper huit bavards, Bonita hier vous étiez la plus belle, non Viviane c'était vous, d'ailleurs le gouverneur vous a remarquée, mais qui était ce géant *señor* avec qui vous dansiez si souvent? nouveau en ville cela se voit, des cheveux blancs et une allure! compliments trésor, bien sûr je n'en parle à personne, et notre Côme revient quand? Elle fut exquise, se jugea parfaite, se déshabilla très lentement, posa le bougeoir au pied du haut miroir, et les mains sur ses seins s'attarda.

Il fallait pourtant se coucher. La vision du pli raide de ses draps de lin neuf, Anna derrière la cloison ronflait déjà, le jeta dans la rue. Sur le quai. Les réverbères ne fonctionnaient pas encore. Un vapeur qui vérifiait ses chaudières respirait lourdement dans l'obscurité. Le long du marché à la viande, les bateaux amarrés roulaient leur gros ventre dans l'eau noire visqueuse d'huile et de déchets décomposés. A tâtons il longea les étals nus, qui malgré le lessivage gardaient l'odeur aigre du sang caillé et celle, sure, des tripes et des salaisons. Il dérapait dans la sciure grasse qu'on ne balayait que le samedi. Au bout, sur la petite place qui touchait la halle aux poissons, des pêcheurs sans âge jouaient au *palasto* avec des dés en os de requin. La mèche plongée dans un pot de graisse coulait une lumière malsaine sur les bras courts et noueux, les mains difformes, les bouches édentées, les tignasses grouillantes. Les hommes misaient en silence, et à la fin de chaque coup s'envoyaient des bourrades qui les couchaient dans la poussière. Assises à l'avant des barques mâtées, jambes pendantes par-dessus le bastingage, leurs femmes, un nourrisson au sein, commentaient la partie. Les mères, sœurs, filles, cousines et amies d'icelles s'entassaient sous la bâche en forme de tente qui couvrait l'arrière. Les parents mâles dormaient à deux, tête-bêche, dans un hamac, ou allongés sur le pont entre les cageots, les tonneaux, les chiens, les poulets en liberté, le porcelet qu'on engraissait pour fêter la prochaine naissance et les rats fouineurs. Il contourna les joueurs qui sur un crachat mal dirigé s'étaient empoignés. La gueule fétide de la halle aux poissons l'aspira, béance grillée, fanons de fer qui du sol se plantaient dans la voûte invisible, pavé humide. Deux fois il tomba, relents de vomissure, l'estomac de Monstro la baleine, avalé, digéré, titubant il se laissa recracher de l'autre côté, vers la capitainerie, et resta là, longtemps, les mains abandonnées, le cœur et l'esprit noyés, à guetter l'œil du fanal.

Elle l'avait eu. Repris. Elle en dégustait le souvenir, chaque geste, chaque soupir. Ils n'avaient pas parlé. Le nez dans l'oreiller qui fleurait encore lui, l'arbre frais, souffrant, saigné, elle défendrait qu'on changeât les draps jusqu'à ce qu'il y revînt, elle grignotait, suçotait, lentement déglutissait sa joie. Sien à nouveau, si Côme savait, vengée, et comme il était lisse et fort, son grand mari retrouvé, contre elle. Encore si proche, ce matin seulement, tous les deux moites du bal, froissés, rougis, pâlis, pour qu'il n'aperçût pas les ans sur son corps elle avait tiré les rideaux. Mais elle sentait que dans le jour cru il l'eût désirée, caressée pareillement, et sous la dentelle la peau lui chauffait. Je suis contente. Je suis jeune. Je le tiens. L'oreiller serré sur son ventre elle se roulait d'un flanc sur l'autre.

Comment ai-je pu ? Rentré, douché, minuit, je sens le pourri, le déchet, poisson rance, j'aurais dû me jeter dans le port, il s'était frotté avec l'étrille du cheval, je saigne, tant mieux, parfumé, chemise propre, allongé sur son lit, seul, Anna ne doit rien deviner, dors ma très douce, baiser sur le front humide, haleine aigrelette, la peau de Viviane, la langue de Viviane, cette chair, cette âme qui l'avaient englouti, fondu, comment me suis-je laissé faire ? et quoi qu'il tentât il retournait là-bas, dans la chambre soyeuse, boîte pourprée, son écharpe rouge qu'il s'était retenu d'emporter, pourtant je ne l'aime plus, n'est-ce pas je ne l'aime plus ?

Et si je le gardais ? Il n'est pas mal. Mieux, tellement mieux qu'avant. Il me plaît, oui, où est la honte ? C'était mon mari, après tout. Nous avons un fils. J'en ai fait un autre depuis, mais lui aussi, il a la petite. Nous pourrions nous entendre.

Il faut oublier. Racheter. Je ne la verrai plus. Si, je la verrai, je me contraindrai, ce sera ma punition. J'avais oublié. J'oublierai encore. Ma pauvre Anna. Je me dégoûte.

Côme ? Elle se mordait la bouche. Quoi, Côme ? Il se moque de moi. Tout Manaus sait. Avant la Gonzalves il avait la nièce de Machado, et puis les jumelles Putiquos, une à chaque bras dans la rue, cuistre, la rouquine qui loge en face du Cassino Amazonense, sa sœur aussi, décidément il aime se distraire en famille. Sans compter les soubrettes et les filles du port. A force il ramènera quelque chose de vilain. Elle frissonna. Qu'il me refilerait sans vergogne, le monstre ! Elle se lissa les cheveux pour se calmer. Non, il ne me touche plus. D'agacement elle défit sa natte. Pas depuis huit mois. Bientôt neuf. Toutes les cuisses de la ville, et moi, il me traite comme une vieille. Ma femme est fatiguée, elle ne peut m'accompagner, elle n'aime plus danser, d'ailleurs elle se couche tôt, bonsoir ma chère. Si encore il gardait les formes, peu m'importerait qu'il s'épanche où lui chante! Mais il veut que j'enrage, c'est cela, m'humilier, qu'on rie de moi, la pauvre Viviane, il lui en fait voir, son homme, enfin c'est le tour des choses, elle prend de l'âge et lui reste vert, qu'il s'amuse, d'ailleurs elle lui doit tout ce qu'elle est, il la traite avec beaucoup d'égards, il ne lui refuse rien, un vrai gentleman. Il me rend ridicule. Je le hais. C'est vrai je le hais. Oh je le sens bien maintenant. Il l'a cherché, le vaurien. Beaux discours, belles manières, ça il sait séduire, et au fond un banc de sable suceur, comme dans sa maudite Guyane. Il m'avait avalée, oui, digérée et tout, j'étais béate, je croyais même que cela durerait jusqu'à la fin des temps. Idiote. J'aurais dû me fouetter pour me réveiller. Diable gris. Je suis sûre que cela l'amuse de me traîner à terre. Il n'a jamais eu d'estime pour moi. Profiteur. Aimé au moins il est gentil. Pas menteur, le pauvre, il aurait honte. Lui saurait m'aimer comme je le mérite. Moi aussi j'ai fait du chemin. Je suis une dame, maintenant, j'ai droit à de la considération.

Monsieur Henri se détournerait de moi. Si elle ne me fait pas signe, je n'irai pas. Elle a eu ce qu'elle voulait, au fond, je la connais. Gagner, plier, elle n'a pas changé. Je suis bien sot. Bien faible, aussi, moi qui me croyais aguerri. Toutes ces années ne m'ont donc rien appris?

Et puis il a beau nom. « Aimé del Prato » cela sonne fièrement. Comte de surcroît, ce qui peut toujours servir. De la branche aussi, des manières, de l'aisance, de l'autorité presque, à ne pas le reconnaître. Mais de l'argent? Il faudra que je me renseigne. C'est vrai que je n'en ai plus besoin. Si j'étais veuve tout me reviendrait. Côme a bien mis de côté... Elle se dressa sur son séant et, très pâle, alluma la lampe de chevet.

A la fin de la semaine les sœurs de la Visitation convoquèrent Aimé. Virie ne travaillait plus. Elle devenait insolente. Elle se rongeait les doigts. En classe de couture se piquait l'index avec son aiguille et avec son sang traçait un nom, toujours le même, sur son pupitre. On la tançait, on lui imposait des gants, elle recommençait. Le nom ? cela les sœurs ne pouvaient le confier, pas encore, il fallait voir d'abord si cette vilaine manie allait quitter la petite. M. del Prato devait savoir également qu'on attendait sa fille devant le porche, l'après-midi. Deux jeunes garçons, un courtaud, assez fort, et un long, avec des boucles. Polis, ils ne tapageaient pas, saluaient à propos et offraient des bonbons ou des fleurs à la sœur tourière. Mais tout de même. M. del Prato aurait bon esprit de s'informer. Ils raccompagnaient Virie, sans familiarité, cela on pouvait l'assurer, mais enfin, souvent on glisse avant d'avoir songé que le pavé était mouillé. M. del Prato verrait. N'est-ce pas ? La tenue de l'institution. Lui tout nouveau en ville, les réputations naissent sans qu'on y prenne garde.

– Papa ?

Aimé n'osait plus parler avec elle. Son enfant chéri, son chaton rouquin. Qu'il découvrait étranger, détaché de lui. Aussi déroutant que depuis le bal il l'était à lui-même. Redoutant le moment où leurs yeux se croiseraient il l'évitait, il s'absorbait. Il ne voulait pas savoir.

– Papa ?

Elle se tenait là, dans sa robe piquée de pois bleus qui lui dessinait des hanches presque rondes. Elle tortillait le bout de sa natte. Elle avait oublié de se poudrer, ses taches de rousseur lui dessinaient un masque à l'italienne.

– Papa si je me mariais?

Il la regardait, il ne la voyait plus. Remonter le temps, revenir à Belem, à Saint-Laurent. Loin du sort qui les aspirait.

– Je suis amoureuse, tu es fâché?

Tellement au-delà, mais comment lui dire?

– Tu l'aimeras, forcément, nous aimons toujours les mêmes gens. J'ai raconté à maman, elle pense que tu devrais l'inviter ici, avec sa mère. Vous vous entendrez bien. Déjà on dirait que vous vous connaissez depuis toujours.

– Moi, je connais la mère d'un jeune homme?

Repousser, repousser l'idée. Plus tard, passe ton chemin. Un autre, qu'elle choisisse n'importe lequel, même métis, même nègre. Pas celui-là.

– Papa, ne fais pas l'innocent! Le bal! Mme Halloir! Ne me dis pas que tu n'avais pas deviné! J'ai remarqué, aussi, comme tu regardais Jean. Il te plaît comme à moi, j'ai bien vu. Non?

– Jean Halloir?

– J'ai hésité entre les deux frères, un peu, au début. Léon me pressait tant, il m'enrobait de gestes, de mots comme une amande dans du chocolat blanc! J'ai failli fondre, mais au fond je n'aime pas le sucre. C'est Jean que je veux. Lui est secret, pur, il rêve de grandes choses.

– Oublie-le. Tu es beaucoup trop jeune.

– J'ai dix-sept ans! Gabriella qui s'est mariée le mois passé n'en avait que seize, elle était dans ma classe, et elle dit qu'elle aura des bébés tout de suite.

– Oublie.

– Enfin ne sois pas jaloux! Tu sais à qui Jean me fait penser? A toi! Tu es mon papa et je t'aimerai toujours.

– Virie va dans ta chambre.

Un oisillon battait des ailes dans le cœur d'Aimé, un innocent qu'il allait clouer sur le bois de la porte, dans ce pays on crucifie pour conjurer le malin, un maillet invisible tremblait dans sa main. Immobile dans le couloir sombre. Derrière la cloison, Virie sanglotait. Demain tu retourneras au couvent, pensionnaire, tu ne sortiras plus, j'exige que tu l'oublies, d'ailleurs nous partirons bientôt. Aimé se voyait lever le bras, un coup, le petit cœur éperdu s'emballait sous son pouce, deux coups, le sang chaud poissait sa paume, tristes pattes roidies, le bec minuscule béait dans les plumes déjà ternes. De sa fille, de Jean ou de lui, qui tiendrait le marteau, qui jouerait l'oiselet ? Il n'avait seulement jamais parlé un garçon. Le monde se vrillait autour de lui. Il se tourna vers la lumière, ouvrit la lucarne. Changer de ville. Refaire les malles. Tout liquider. Le mal logeait ici. S'arracher, sauver Virie. Se retrouver.

– Je me demandais si tu viendrais.

Il avait refusé d'entrer dans le boudoir qui jouxtait la chambre. Madame rentrera bientôt, avant le déjeuner, une visite à son amie *doña* Bonita qui souffre des dents, restez, elle ne tardera pas, si vous voulez me suivre, je préfère le salon, merci, il fait plus clair. Loin du lit de l'autre nuit, du parfum vanillé qui imprégnait les tentures. Il s'était assis gauchement, trop courts ces sofas pour ses longues cuisses, Jean aussi doit s'y poser de guingois, peut-être je le verrai, son col mouillé d'angoisse lui cisaillait la nuque. Viviane tarderait, bien sûr. Elle aimait faire attendre. Il avait tapoté les coussins. Soupiré. Elle aimait faire attendre.

Levé les yeux vers le plafond. Des fresques, comme à l'opéra. Une barque joufflue remontant l'Amazone, le long d'une rive mouchetée d'oiseaux blancs. Vers l'horizon Manaus, le quai, les piques glabres des mâts, les toits pointus du marché, les coupoles. Beaucoup de nuages. Aimé avait bâillé. Midi, à la pendule dorée, sur la console. Mieux valait s'installer à son aise. Peut-être elle ne paraîtrait pas avant deux heures. Monsieur souhaite quelque chose à manger ? merci, juste du thé bien fort, dressé à l'école du bagne il pouvait jeûner deux jours avant de ressentir la faim. Il avait étiré les jambes, las soudain, tant de nuits que je veille, renversé la tête et dans son abandon s'était assoupi à l'avant du bateau rondelet, juste au-dessus de lui.

L'odeur saisissante de la pâte qu'on jetait par-dessus bord, avant de lancer les filets. Les voiles affalées que le mousse borgne tassait dans la cale, oublieux du passager tapi au fond, linceul bordé de corde humide, avec des grands plis raides dont le poids dans son demi-sommeil l'étouffait. Quatre jours d'affilée il avait dormi. Le capitaine riait, t'inquiète, ils font tous comme toi, sitôt en mer les voilà morts, ils récupèrent de la grande peur. C'est ta première évasion ? croque un peu, tu raconteras après. Les mots, comme une saignée, qui coulant hors de lui avaient tari sa fièvre. Il aurait voulu tout dire, tout, se purger à jamais, jeter le bassin d'immondices à la mer avec ses nippes puantes et regarder les requins gober dans un remous la vie qu'il quittait.

Libéré del Prato, Saint-Laurent-du-Maroni. Astreint au doublage de son temps initial, encore sept ans sur place. Octobre, novembre, décembre 1892, janvier, février 1893. Aimé avait installé une cabane dans le jardin du presbytère, où il recevait les malades. On le savait infirmier de talent, doux, compréhensif, il connaissait les remèdes indiens, les tisanes, les emplâtres. Mieux qu'un docteur, presque un sorcier, et en plus on pouvait lui parler. Les anciens forçats, surtout, rafiots à la dérive et qui prenaient eau par toutes les fentes de leur âme, venaient le trouver. Les détenus en cours de peine aussi, ceux des chantiers forestiers, ceux qui travaillaient à la route côtière, étiques, calcinés, mités de parasites, hébétés de soleil et de désespoir, les reins ravinés, crachant le sang et le pus par les pores. Sur la pente du suicide ou de la folie, la part encore lucide de ces hommes le suppliait, non pas de les guérir mais de les mutiler. Manchot, cul-de-jatte, mais plus les chiques, plus le fouet. Aimé leur enseignait à se traverser le genou avec une aiguille enduite d'excréments, un bel ulcère, deux mois d'hôpital assuré et peu de séquelles, à croquer des grains de *macadona* macérés dans du tafia, convulsions spectaculaires, dix jours de repos, et les renvoyait avec de la quinine et des mots rassurants, ne te tracasse pas, j'assure le service après-vente, si tu souffres trop reviens, la deuxième fois je soigne dans les règles. Son aide, un colosse maussade, libéré comme lui et qui portait tatoué en rouge sur le front « TOUT ME FAIT RIRE », distribuait des bâtons à chiquer, mâche coco, tu penseras moins à la faim. Friand des plaisirs que le règlement punissait sévèrement, le géant ramenait à Aimé tous les « nistons », « mômes », « girons » à hanches souples et lèvres molles du camp, visite-les je t'en prie, le toubib de l'île Royale je sais avec quoi il opère les hémorroïdes, si je te dirai, tu veux jamais savoir le mal mais je te dirai, le salaud se fixe une petite bande de papier de verre autour du bitou bien raidi, il fait tenir le gars à plat contre la table et ran, il se le fourre, il se le râpe, radical il prétend, deux sur trois ils y prennent une hémorragie qui nourrit les requins, et l'autre blouse blanche il trouve comme amusette c'est au poil. Aimé cautérisait, ligaturait, désinfectait, ouvrait sa porte, deux heures pas plus, si tu manques l'appel ils te mettront aux fers. Anna étendait une paillasse sous l'escalier, trois, cinq paillasses, jusque près du fourneau, on butait sur les corps, partout cela râlait, ronflait, appelait dans le sommeil une femme, un ami, Georges et Virie ne savaient où jouer, mes chéris ils souffrent plus que nous, à panser les autres on oublie ses plaies. Aimé ne demandait guère d'argent. Il continuait de pêcher pour les surveillants, et travaillait au petit atelier de reliure qu'il avait ouvert après son retour de l'Enfant perdu. On connaissait son sérieux à l'ouvrage. Les commandes en poissons fins, en calendriers et en livres de messe suffisaient à glisser d'un mois sur l'autre. Les enfants ne manquaient de rien. Anna couvait même un pactole, grossi franc à franc au fil des semaines, pour le jour où. A son retour de Cayenne, Aimé n'avait pas lâché un mot de sa visite au notaire. Pourtant elle avait compris. Qu'il ne resterait pas, qu'il voudrait l'emmener.

Loin de la Guyane. Silencieuse, résignée, elle attendait. Elle avait toujours attendu. Un lendemain, puis un autre. Un homme, un pain, une caresse, un enfant. Et maintenant qu'Aimé était là, qu'elle touchait aux jours rêvés, les jours sereins en famille, entre les murs du camp et la jetée qui bâillonnait la mer, la vie minuscule, idéale, son homme auprès d'elle et la peine chaque jour plus légère, il fallait repartir. Aimé n'avait pas donné de raison. Je ne me supporte plus ici. Tu embarqueras dimanche pendant le sermon, un bateau de pêche au gros, solide, des amis, tu prendras tout l'argent, ne rougis pas je sais que tu en caches, et tu m'attendras avec Georges et Virie au Brésil. A Belem, dans l'estuaire de l'Amazone. Je trouverai une ficelle pour dissimuler votre absence, deux semaines ce n'est pas long, et je vous suivrai le dimanche en quinze. Quatre jours de mer, pas plus. Le capitaine parle portugais. Il vous logera chez des parents à lui, près du port. Ensuite nous remonterons le fleuve jusqu'à Manaus. Les hommes qui ont perdu l'espoir vont là-bas. La patrie du caoutchouc, des bois précieux. Une ville toute neuve, pour ceux qui veulent une vie toute neuve. Ne me demande rien. Si je ne m'arrache pas d'ici, je ne pourrai plus regarder mes enfants dans les yeux.

Le capitaine avait confié Anna et les petits à une cousine brodeuse. Pas d'autre danger que les saloperies de moustiques dans cette saloperie de crachat rouge d'embouchure, rassure-toi mon grand, tu retrouveras les tiens sains comme des thons bleus, et le mousse avait verrouillé Aimé dans la cale. Aux premières giclées de la tempête, le capitaine avait rouvert la trappe.

– Nous approchons ?

– Nous avons passé Belem hier, tu ronflais. Nous cinglons sur Bahia. Si la Yemanja le veut bien nous y toucherons mercredi prochain. Juste à temps.

– Bahia ? La Yemanja ? Enfin tu m'emmenais à Belem !

– Nous allons à Belem. Mais après Bahia. Je t'en ai pas causé, tu dormais. D'ailleurs je te connais, tu m'aurais fait une sottise. Je t'ai promis que tu rejoindrais les tiens, tu les rejoindras. Mais j'avais promis avant de mener mon rafiot à la fête de la Yemanja, qui est le 2 février. Et le malaise c'est que nous avons bavé comme des limaces. Le vent crache à contre depuis le départ. C'est ma faute, ça ? Vrai, m'en veux pas. La Yemanja c'est une journée seulement, et j'ai donné la parole. A une beauté que tu rêverais même pas. Si je manque elle voudra plus de moi. Tire pas ce nez, ta famille mourra pas de faim. Et toi ça te fera du bien de voir du pays. Vingt ans de Guyane ça donne pas une belle idée du monde. Respire, mon gars. Faut prendre le bon quand il vient. Pis si tu tords la gueule tu peux débarquer, j'ai deux canots, la mer te remettra les idées en place. Une petite rallonge, c'est tout. T'inquiète. La fête de la Yemanja c'est beau pareil que dans les contes, tu diras aux enfants. Ils raffoleront, garanti. Alors ?

– C'est qui, ta Yemanja ?

– La déesse de la mer. Une grande dame, très gourmande. Qui vit profond, on la voit seulement pendant les raz de marée. Ses yeux c'est des boules en verre comme sur les filets de pêche, et elle est toute couverte de cheveux d'algues, jusqu'à sa queue de sirène. Dessous ses cheveux elle te balance des nénés énormes où les dauphins viennent téter, c'est ça qui leur donne l'air rigolard et la peau de soie. Veinards. Ses mains c'est des pinces de crabe, si tu la mets en colère elle te dépiaute en un cri de mouette. Et si elle t'aime elle te tire au fond et elle te lâche plus. Sûrement on vit heureux, au fond, avec elle, mais personne il est jamais remonté pour raconter. Elle est très coquette, et très gourmande je te disais. Alors une fois l'an, le 2 de février, on lui fait les cadeaux qu'elle aime. Des parfums, des fleurs, des babioles de dame et de la bouffe. Pas de miroir. Si elle se regardait et qu'elle se plaisait pas ça ferait du vilain. Je suis chrétien, mais je suis aussi pêcheur, et le pêcheur il doit se garder babord tribord. Faut rien négliger. Je prie le bon Jésus et je donne à béqueter à la Yemanja. Comme ça personne se fâche. Tu sais, mon père il vient de Bahia. Un peu nègre, t'avais deviné. Un pape du *candomblé gêge-nagô*, si on a le temps je te mènerai à une cérémonie. Les saints ils rentrent dans son corps, tu verras les transes, ils prennent ses lèvres pour dire de grandes choses, ils guérissent et ils tuent. Ça le fatigue beaucoup, surtout maintenant qu'il prend de l'âge, mais à cause des saints tout le monde le respecte. Sauf ma mère. Ma mère elle respecte personne. Mioche quand je la gênais elle m'amenait sur la plage, on vivait près de Kourou, et elle me disait va-t'en à Bahia, t'es qu'un fils de sorcier. Le premier qui faisait route sur le Brésil m'embarquait, et je restais là-bas jusqu'à ce qu'une nouvelle femme du paternel me renvoie en Guyane. On se la coulait sucrée. A Bahia l'air c'est du miel. Le soleil il te fait des caresses que tu t'allonges dessous, par terre, n'importe où, juste pour te chauffer la couenne. Tu te tortilles, tu t'endors, et quand tu te réveilles t'as l'impression que t'as baisé comme jamais. Même si tu as juste écrasé. C'est pas que les femmes elles soient plus belles qu'ailleurs, elles sont grasses, oui, elles savent bouger, mais c'est autre chose. Je saurais pas te dire quoi. C'est dans l'air, dans la poussière. Ça sent la femelle. Quoi que tu fasses ça t'en cause. T'as envie de t'y rouler. La ville non plus elle a rien de royal. Du temps des Portugais c'était un bijou ciselé, une tiare sur le front de la colline et la bouche elle s'ouvrait sur la mer, maintenant c'est sale, on dirait un décor de théâtre qu'il serait habité par des termites humains, les gosses bouffent la merde des porcs, la première fois tu te dis quelle bauge ! Mais tu y peux rien, tu y restes. Et tu y es mieux que partout.

– Pourquoi n'y vis-tu pas ?

– Ma mère. Pauvre vieille, j'ai pas le cœur de la laisser. Elle a eu tout plein de filles avec tout plein de papas, mais le seul mâle c'est moi. Les mères quand ça vieillit ça tire les larmes. La mienne faut bien que je la surveille, sinon elle se fera mourir. Tu comprends ça, toi ?

– Ma mère est morte, sans doute. Je ne sais pas. En France.

– Pense pas, ça donne le mal de mer. Va dormir encore. Ça chahutera cette nuit, la dame avec ses cheveux d'algues elle se gratte, et toi tu as l'air d'un hareng salé. Va, je te réveillerai pour le quart.

A Bahia Aimé ne put descendre à terre. Ils avaient accosté un peu avant l'aube, et le capitaine voulait se pomponner. En blanc, tout en blanc, toi aussi, change-toi vite. Il est trop tard pour grimper jusqu'à la ville haute. Les processions partent au lever du soleil. Tu regarderas à la longue-vue, je te montrerai ma colombe, c'est une des « saintes », les servantes de la Yemanja on les appelle des « saintes ». Elle m'a promis que si je portais les offrandes cette saison je pourrais la marier. Trois ans que j'attends, et moi je voudrais la prendre avant que ses seins tombent, tiens ! ajuste ta lunette, les voilà !

Dans la brume rose qui ouatait les ruelles, là-haut, entre les maisons couleur d'oiseau, des flocons blancs s'agitaient. Se groupaient, s'agrégeaient. Glissaient vers les places, devant les églises parées, clochers innombrables, hautes façades bleues ou vertes crémées de stucs vernis, le carillon roulait et les curés en surplis docilement emboîtaient le pas au cortège païen. Cent, mille fleurs de coton butinées d'une face noire moutonnaient. Confluaient, les anciens quartiers nobles ouvrant le pas, Pelourinho, Sé, Sao Antonio, Barroquinha, Nazaré, et comme un ruban de noces lentement déroulé coulaient le long de la pente. La lumière, qui de gris impalpable muait en or pâle, dessinait peu à peu les détails. Les pieds noirs poudrés d'ocre, les mains noires arrondies autour des offrandes, le torse en triangle des garçons, les bras des femmes, leurs épaules, leur gorge, leur cou noir sur lesquels se chauffaient les premiers rayons, les visages luisants de joie, noirs absolument, où les yeux et les dents prenaient un éclat obscène. Tout le reste était blancheur. Plis virginaux, jusqu'à terre. Les jeunes filles marchaient en premier. De la main droite elles puisaient dans le panier qui leur battait la hanche, et d'un geste ample jetaient devant elles un flot de pétales blancs. Suivaient une vingtaine d'autels portés par des enfants, sur lesquels une Yemanja de carton, noyée sous les fleurs d'hibiscus, bringuebalait benoîtement. Derrière venait le peuple, ceux d'en haut, qui gardaient la moue fière, grossis à mesure qu'on approchait du port des plus pauvres, les petits-fils d'esclaves, les je-vis-du-vent, les mangeurs de coquilles, les estropiés, les galeux et les obèses. Le long de la baie des Saints attendaient les bateaux. Des pirogues repeintes la veille, des barques mâtées enflées d'une voile neuve, des caboteurs trapus, un trois-mâts en teck verni, gracieux comme une maquette, le vapeur du courrier, tous sagement amarrés bord à bord. Ceux qui demandaient un anneau à cette heure recevaient des injures, bouscule pas l'alignement, va-t'en à la pointe ou reviens l'an prochain! Sous le pas des « saintes » le sable se couvrait de pétales. Les chants glissant sur l'eau entraient dans le corps des marins. Les fidèles, immobiles maintenant, attendaient. Un Nègre décharné, si vieux que sa peau avait blanchi par plaques, leva la main. Il se tenait à l'exact aplomb du soleil émergeant, dans une flaque de lumière jaune. Tous les regards se nouaient à ses doigts, l'index immense, avec un ongle crochu, le pouce écrasé en cuillère, et la première phalange des autres doigts tranchée. L'ancêtre avança de trois pas et précautionneusement mouilla son pied droit. De tous les bateaux partit le même long cri. Aimé frissonna. Les matelots raidis jetèrent leur chique, déroulèrent les échelles, arrimèrent les passerelles, et pour les plus modestes offrirent leur dos en guise de gué. Personne, pourtant, ne montait à bord. Dans l'eau jusqu'aux mollets, les femmes tendaient les présents. Les ponts se couvraient de coupelles, de jarres, de pyramides piquées de fruits et de gâteaux, de fioles à parfum, de gerbes tressées, de colliers et de peignes d'écaille blonde. La promise du capitaine, qui ne portait rien, lui envoyait des baisers. On dénoua les cordages. Les avirons et les rames brisèrent la ligne. Les drisses cliquetaient. Le cortège éparpillé encourageait les pêcheurs, tous pêcheurs, même le frisé de Rio sur son joujou des mers, même lui, avec ses bagues et son cigare qui eût nourri une famille, tous frères du 2 février, les bons enfants de la Yemanja qui s'en allaient rendre hommage à la Fiancée des Eaux, la Très Capricieuse, la Très Vorace dont ils avaient si grand respect. Aimé, assis sur les cordages de l'arrière, gesticulait avec le capitaine. Adieu donc! voilà l'an des fils de la mer qui finit et commence! sur nos bateaux nous emportons vos espoirs, vos douleurs, votre effort, les vagues boiront tout, adieu! nous reviendrons allégés de vos prières, et des flots vierge la vie renaîtra.

Arrivés à un point que rien ne distinguait mais que les moussaillons reconnaissaient avant de savoir nager, chaque année au même endroit, et dût-on manœuvrer une heure on n'en départait pas, les bateaux versèrent leur chargement. Très vite, la goulue aimait qu'on lui donnât de grandes louchées. Les fleurs, les colifichets, les sucreries, en vrac. Au creux des rouleaux des tourbillons ouvraient leur bouche lippue d'eau sombre. Corolles et bonbons sitôt jetés s'enfonçaient. Pas plus de vingt secondes. Présage heureux. Lorsque la Yemanja chipotait, lorsque à la marée suivante elle rejetait les cadeaux sur la plage, on tremblait. Tempêtes, noyades, mauvais sort, le poisson dérivé vers d'autres côtes, l'ogresse savait comment désoler les humains. Mais cette année elle mangeait de bon cœur. La saison serait belle. Le capitaine battait des mains, je vais marier ma poupée! la marier! et toi mon grand la Yemanja te fera tout le bon que tu souhaites! là! regarde! elle te dit! elle suce, la grosse mère! elle salive, vise l'écume! elle aime! et quand elle aime elle paie de retour! oublie tes soucis, le meilleur est devant! tout neuf, mon gars, te voilà tout neuf! tout nu sorti de la mer!

Un remous chahuta la pirogue qui remontait l'Amazone, là-haut, sur le plafond. Aimé, gourd de rêves, poussa son corps sur le plat-bord gauche. La barque versa avec lui, clapotis d'eau tiède, des bulles chatouillaient ses joues, un pékinois lui léchait les mains, léchait, coussins moelleux, une soubrette l'éventait. Oui. Cela sentait la vanille. Viviane. La visite. Il s'ébroua.

– Merci de te réveiller ! Essuie ton front, tu dégoulines. Attention aux coussins, c'est de la soie. C'est vrai, je me demandais si je te trouverais en rentrant. Tu as reçu mon mot ? Sûrement, puisque tu es là. Tu serais venu si je n'avais pas écrit ? Tu aimes ma robe ? Autrefois tu voulais que je porte du jaune, une couleur de brune, tu disais. Tu te souviens ?

Elle ôtait son chapeau.

– J'ai dormi longtemps ?

– Comment saurais-je ? J'arrive. Mais tu m'as attendu, c'est bien. Tu n'as pas faim ? Je mangerais un tigre. Il est près de quatre heures. Bonita pleurait tellement, son fils court les garçons, elle ne m'a rien offert. Rosario, vite du lait et des gâteaux. Sûr ? tu ne veux rien ? Des amandes aussi.

– J'ai rêvé...

– Grand bien te fasse ! Reste assis, pas de façons. Pousse-toi. Mes chaussures me torturent, tiens, aide-moi, je les ôte, tu m'excuses n'est-ce pas ? Alors ? je te plais en jaune ? Cela fait des années, tu sais, que je n'en avais pas mis. La robe est neuve, juste pour toi.

– Très seyant.

– Mais sois moins raide ! Tu ne m'as même pas regardée. Merci Rosario, allez donc. Tu as l'air d'un tronc mort, et encore, du mauvais bois, plein de nœuds !

– Écoute Viviane...

– Tu veux voir les photographies ? C'est pour cela que tu es venu, seulement pour cela, bien sûr. Je vais te les montrer, comme ça tu pourras repartir. Les jambes à ton cou, hein ! et tu laisseras ta peur ici. N'allonge pas ce nez, je plaisante.

Elle tira une sacoche en velours de la table à ouvrage. Pesa des deux mains sur les épaules d'Aimé, allons reste là, ce canapé est dur ou quoi ? tiens, ce sont des daguerréotypes, mais très bons, j'en ai presque cinquante ; ici Marion, avec ses nattes, joli brin, non ? là Jean, six ans, nous habitions Rémire, à quelques lieues de Cayenne, dix ans, il voulait se faire curé. Viviane à mesure se penchait, happée par le passé.

– Je n'ouvre jamais ce sac. C'est drôle. Ces vieilles images. Pas celles-ci, c'est Côme, le magasin. Léon non plus, ce n'est pas pour toi. Encore Côme, c'est fou ce qu'il y en a... Donne, je vais trier.

Dans une bouffée vanillée elle rassembla ses jupes et s'affaissa sur ses talons. Le coude droit sur la cuisse d'Aimé, l'autre main tirant les plaquettes du sac.

– Ne reste pas comme ça...

– Mais je suis bien, je t'assure ! J'adore m'asseoir par terre. Que crois-tu, je ne suis pas une vieille dame ! Et puis c'est bon de m'appuyer sur toi. D'être là tous les deux.

Son regard miel-à-mouches, par-dessous. Elle retint le bras d'Aimé, qui allait la repousser. Embrassa la longue main, si, laisse-la-moi, sans cesser de le regarder.

– Tu regrettes, pour l'autre soir ? Moi pas, je voulais que tu saches. Attends, tais-toi. Au fond tu n'as pas changé. Un homme de devoir, conscience nette. Je me moquais de toi, autrefois, toujours à chercher le droit, le vrai. Maintenant j'aime. Je t'assure, je trouve cela estimable. Mais pour nous tu as tort. Si, laisse-moi te dire. J'ai aimé, après le bal. Toi aussi, ne rougis pas, on ne rougit pas d'un miracle. Je t'ai retrouvé, tu comprends ? Retrouvé. Tu me plais tellement. J'ai vu la vie, depuis nos années de mariage, j'ai appris les hommes, et le reste, l'ambition, la réussite. Je sais peser les êtres et les situations...

Sentant qu'elle se trahissait, elle se mordit la lèvre.

– Après tout où était le mal ? Où serait-il ? Tu as été, tu restes mon mari. Et je te plais aussi, ne mens pas. Plus qu'avant, même, n'aie pas honte, puisque c'est pareil pour moi.

Aimé retira sa main.

– J'entends bien ce que tu me dis. Mais notre vie coule ailleurs, Viviane, elle a changé de lit. Tu as noué la tienne à celui dont tu portes le nom, un nom qui n'est plus le mien depuis tant d'années. Et moi j'appartiens maintenant à la mère de Virie et de Georges.

– A ce propos tu aurais pu me dire que tu avais un fils. Je l'ai appris par mes garçons, je ne sais où ils l'ont vu. Enfin peu importe. C'est nous qui m'intéresse. Reviens-moi.

– Tu le sais, c'est impossible.

– Tu ne veux plus?

– Je ne peux pas.

– La volonté rend tout possible. C'est Côme qui m'a appris. Ton Anna tu ne l'as pas épousée. Tu me l'as juré, à ta première visite, tu croyais me faire plaisir. Tu avais raison, aujourd'hui je m'en réjouis.

– Nous ne sommes pas mariés mais cela revient au même. Anna est ma femme. Et toi tu es Mme Côme Halloir. Légalement, socialement. Sans parler de tes fils, qui ne connaissent qu'un père.

– Je me moque des apparences. Je me moque aussi de ce que penseraient les gens. Je regarde plus profond, et je m'étonne que toi le pur, toi le sincère, tu ne veuilles pas m'y suivre. Aimé, le prêtre nous a bénis. A l'église, toi et moi. Tu m'adorais. Tu crois que c'est fini, mais c'est que tu as oublié. Reste une autre nuit seulement et tu verras. Tu m'aimeras à nouveau. Comme tu ne l'as jamais aimée elle, va, ne nie pas, les femmes sentent ces choses-là. Je veux que tu m'aimes à nouveau. Personne ne m'a chérie comme toi.

– Même lui, l'Autre?

Elle força à peine ses larmes.

– C'est un ingrat, un monstre. Il me traîne dans la boue. Je le déteste. Je t'ai dit, déjà, mais tu refusais d'entendre. Sauve-moi de lui.

– Enfin Viviane!

– Oui! venge-toi! Là, je te le donne! Il t'a tout pris, reprends-lui tout! Je n'ai pas réfléchi comment, tu trouveras. Abats-le, piétine-le. Et reviens-moi. Je n'attendais que toi. Je te veux si fort.

Aimé l'écarta doucement. Se leva. Elle restait lovée contre le sofa, avec ce regard suceur qu'il ne voulait plus voir.

– Tu es une enfant. C'est toi qui n'as pas changé. Tu crois qu'il suffit de claquer les doigts, et hop! le destin change de pas, comme un cheval docile. Je ne suis pas celui que tu crois. Je ne veux pas l'être. Je vois où tu me pousses et je n'irai pas. Je n'ai pas de rancune, Viviane, pas de haine. Des années notre histoire m'a hanté, mais c'est fini. Fini. Je ne souffrais plus, avant de te revoir. Je ne mérite plus de souffrir. Je vais te quitter à nouveau, te quitter à jamais, emmener ma famille et sur elle refermer la porte. Derrière cette porte-là, à notre manière que tu méprises sans doute, nous sommes heureux. Laisse-moi en paix, Viviane. Je t'ai aimée, je t'aime toujours peut-être, mais tu es un ange noir et j'ai soupé de ces tortures-là. Le sort a redistribué les cartes il y a vingt ans. Ton Côme, toi et moi avons joué notre partie. Plutôt bien, regarde-nous. Il n'y a rien à regretter. Personne à blâmer. J'ai cru être la dupe, longtemps. J'ai cuvé mon amertume, et les années ont coulé lentement, crois-moi. Mais elles ont passé, et avec elles ma révolte. Je n'en veux pas à ton Côme. La peau, la vie qu'il m'a abandonnées je les ai pétries de ma souffrance et de mes efforts pour aller au-delà. J'ai connu, j'ai aimé des êtres, j'ai traversé des jours que tu n'imagines pas. J'en suis né, et je ne me renierai plus. Je n'ai rien à venger, rien à recouvrer. Que ton homme garde ce qu'il a fait sien. Qu'il meure très vieux, très riche, considéré, paisible. De quoi l'envierais-je?

– Mais moi?

– Toi aussi, tu as choisi ton lot. Porte-le jusqu'au terme. Tu me bouleverses encore mais je ne puis rien pour toi.

Se penchant sur elle il la baisa au front, ne pas s'émouvoir, s'arracher, cache ces yeux-là ma gitane, ils ne te serviront de rien et ce n'est pas ce regard que je voudrais emporter, elle allait lui sauter à la gorge, elle allait hurler, adieu Viviane, pourquoi se taisait-elle, il se détacha, à reculons sur le tapis ramagé, se retourna seulement le seuil du salon franchi, elle ne l'avait pas retenu, pas une larme, descendit les trois marches du perron et sous le soleil qui baissait se sentit curieusement libre et vide.

Viviane dormit peu, les nuits suivantes. Elle n'envisageait pas d'échouer. Elle l'aurait. Elle ne savait comment ni quand, mais elle ne doutait pas de l'issue. Il lâcherait. Il fallait seulement qu'elle le rencontrât à nouveau. Chez des gens peut-être, Aimé n'était pas encore très introduit en ville mais on trouverait un moyen. Elle jouerait la doucereuse, elle biaiserait, ne plus l'effrayer, elle pousserait Jean en appât, Aimé ne résisterait pas à cette tentation-là. Ils se verraient à trois au début, en famille. Aimé s'apprivoiserait, on irait lentement, au fond rien ne pressait, Côme ne rentrerait pas avant deux bons mois.

Pour la suite elle balançait. Coucher, certes. Le plus souvent possible, la satiété ne viendrait pas si tôt. Mais après? Dans les tout premiers temps, elle avait moins songé à recommencer une vie avec Aimé qu'à se venger de Côme. Mais peu à peu le change commença de lui paraître avantageux. Au lieu d'un homme dont elle ne tirait qu'avanies, un mari quasi neuf, malléable et soumis, présentant bien, portant beau nom, qui lui rendrait des hommages délicats. Oui, la chose valait qu'on y réfléchît sérieusement. Elle semblait complexe, mais pas absurde. Côme pouvait s'enticher tout de bon de la Gonzalves. Elle avait des arguments, la morveuse. Peut-être il s'installerait avec elle et proposerait un arrangement. Hors des murs, le gêneur, on ne le regretterait pas. S'il ne songeait pas au divorce on l'aiderait. Viviane lui planterait ses cornes au visage dès son retour, eh oui, mon ami! c'est la fatalité! avec un comte del Prato, Aimé, cela vous dit quelque chose ? Elle les lui visserait dans la gorge, en vrille, jusqu'à l'étouffer, vous voici tout pâle, allons que vous importe ? vous m'avez si souvent conseillé de me distraire et je vous assure il est parfait. Elle jouissait déjà de sa rage. Il ferait son seigneur, fort bien ma chère, j'avais moi-même des projets, de votre part qu'envisagez-vous ? Tout irait vite, il ne chipoterait pas. Il serait obsédé par l'idée qu'on pût rire de lui. D'ailleurs à Manaus on ne répudiait pas les épouses, et l'adultère d'une femme pesait le même poids que celui d'un mari. Si Côme l'attaquait, elle répondrait au centuple. Elle en sortirait libre, elle garderait la maison et elle exigerait une pension.

Cependant l'idéal eût été qu'il mourût. Cette pensée-là bien qu'elle s'en défendît l'habitait depuis le lendemain du bal. Elle s'était révoltée, fustigée, frottée à la pierre ponce pour se punir. Mais son âme jointait mal. Par les fentes de sa solitude dorée, de ses désirs rentrés, de son orgueil bafoué, l'inavouable l'infiltrait. Sa passion cyanosée l'empoisonnait. Elle eut peur. De Dieu. D'elle-même. Elle quêta l'aumône des souvenirs tendres, tant d'années tout de même, et les fièvres que cet homme-là lui avait données. Puis, subjuguée par l'horreur des visions qui s'éveillaient en elle, et plus encore par le ravissement étrange qu'elles lui procuraient, elle s'abandonna. Prit goût à imaginer Côme les yeux clos, la mâchoire bandée, Côme dans le cercueil de bois frais, les pelletées de terre rouge, le long défilé des condoléances. A rêver d'après. Le noir lui irait bien. Elle serait riche. Choyée, on accourait pour la consoler, pauvre chère, si jeune encore, divine, *cara*, promettez que vous ne resterez pas seule, votre teint y perdrait. A Manaus on a l'esprit pratique. On sait que les sentiments se décomposent comme les corps. Souvent même avant eux. Pas la peine de traîner. Six mois de deuil, et on se remarie. Aimé, en cravate blanche, au bout du chemin... Elle s'endormait heureuse, virginale, sur l'image du prêtre présentant les anneaux.

Luigi Borgia n'écrivait guère, et à Côme seulement. Lorsque Viviane reconnut sa plume, sur l'enveloppe, elle crut à une déclaration, enfin il se décide, c'est d'être parti loin de moi, je lui manque, c'est la première lettre qu'il m'envoie, et elle riait en déchirant le papier.

Cara, je serai à Belem quand vous lirez ce mot. Je n'arriverai chez nous qu'à la fin du mois. Bien qu'il me tue d'angoisse, je ne peux presser l'archevêque. Cara, il est un point grave que je dois vous dire vite. J'ai vu nos amis de la Loge, ici. Ils savent des nouvelles qu'ils m'ont confiées à demi, à demi seulement mais notre Côme est en danger de grand malheur, de grand malheur, Viviane, de mort peut-être mais je n'ose pas l'écrire. Dans son équipe, là-bas, à Iquitos, il y a des gens qui nourrissent des projets contre lui, à cause de ses liens avec le gouverneur, ou plutôt des affaires qu'il a nouées avec des trafiquants du Nord, mes contacts n'affirmaient rien de sûr. Enfin des projets qui vont lui causer du tort, et à nous tant de chagrin que je n'y veux penser. Joignez-le promptement, commandez-lui de rentrer. Je prendrai d'autres informations, et pour la suite nous aviserons avec lui. Ne manquez pas une heure, tesoro, les projets dont on m'a entretenu n'attendent pas. Que Dieu vous garde et protège notre Côme.
Luigi.

Viviane alla au secrétaire de Côme, entre les deux fenêtres. Ouvrit le tiroir du haut, elle l'avait crocheté hier, je ne le quitterai pas sans savoir ce qu'il prétend me cacher. La serrure avait cédé sans peine. Dedans il y avait peu de chose. Une liasse de dollars américains, une autre de francs français, une photographie sépia de Louise devant la maison de Rémire, une médaille de la Vierge gravée *Aimé* sur le revers, et une lettre. Qu'elle reprit, et à voix haute relut.

Hâte-toi mon loup gris. Le terme approche. Hâte-toi, ensemble seulement nous le détournerons. Je suis revenue à la plantation. Je t'y attends depuis huit mois. Tu n'as pas senti. Il faut mieux écouter le vent. Le vieux docteur de Gilles pleure en m'auscultant, ma tumeur le chagrine, il compte les jours. J'ai bien compris, mais je vois au-delà. Derrière ce mur d'eau qui hante mon sommeil, une haute paroi liquide qui me barre la vie, qui me sépare de toi. Je t'entends respirer au travers mais je ne peux t'atteindre. Chaque nuit. Mon démon, tant de fois tu t'es dérobé. Tant de fois je t'ai fui. Mais souviens-toi. Nous ne pouvons échapper l'un à l'autre. Si tu ne nous sauves pas, c'est moi qui devrai t'emmener. Je baise ta main, mon âme jumelle, quoi qu'il advienne je ne la lâcherai plus.

ta Lézarde.

Les mots sonnaient mat, dans la chambre calfeutrée. Assise de biais sur la méridienne, devant la haute psyché, Viviane se regardait. La lettre de Luigi dans sa main droite, celle de la Lézarde dans sa main gauche. Des mots, des mots sans corps, sans aile, aveugles. Des souffles prisonniers, dérisoires. A sa merci. Ce pouvoir qu'ils lui donnaient. C'était bon. Elle ferma à demi les yeux et se berça, d'avant en arrière. Elle savourait. Sur la table basse, à ses pieds, des poissons moustachus, des poissons rayés jaune et gris, de minuscules poissons bleus, d'autres encore, orangés, noirs, grossis fantastiquement par la loupe du bocal, s'affairaient entre des algues souples. Viviane se pencha, et déposa les deux lettres bien à plat sur la surface. Côte à côte, deux vies sur l'eau sourde et muette. Le papier épais s'imbibait lentement. L'encre se délavait, les phrases déformées s'emmêlaient. Elle glissa à genoux sur le tapis, approcha son visage... *ce mur d'eau qui me hante... de grand malheur, Viviane... c'est moi qui devrai t'emmener... à nous tant de chagrin... je ne la lâcherai plus... et protège notre Côme...* Du bout du doigt, elle appuya. *...mon âme jumelle...* L'œil mauvais, les dents serrées. Chiffons informes, les feuilles s'enfonçaient. Les poissons à moustaches, croyant à quelque friandise, battaient des nageoires dans les plis, et donnant des coups de bouche effilochaient les coins. Viviane tapota l'aquarium. Ils ne se laissèrent pas distraire. Elle se releva, lissa sa jupe. Les goulus mangeraient tout.

– Madame Anna est sortie, monsieur le Comte, tout à l'heure, avec je dois le dire, monsieur le Comte, un... drôle d'air.

– Sortie? Mais depuis que nous sommes installés elle n'est jamais sortie! Pour aller où grand Dieu! Janinck il fallait l'accompagner!

– Monsieur le Comte j'ai bien pensé... Mais je n'ai pas osé... Elle m'a dit restez, restez Janinck, veillez sur Georges, vous promettez? et sur Virie aussi, jusqu'à son mariage, et comme j'insistais pour porter son bagage elle s'est fâchée, laissez, non, je veux être seule, et elle avait des larmes qui lui coulaient sur les joues.

– Elle a pris une valise!

– Une valise non; un sac en toile, assez gros mais pas lourd, elle le soulevait sans gêne. Cependant elle avait le visage de quelqu'un qui part au loin. Et qui, si je puis me permettre monsieur le Comte, ...souffre.

Anna n'avait rien laissé. Pas même un désordre qu'on eût pu déchiffrer. La servante dormait. Georges passait la journée avec un camarade très affectionné dont Aimé ne réussissait pas à connaître le nom. Dans la chambre bleue qui sentait l'eau de mauve et la tisane, les rideaux étaient tirés. Le lit net, le verre d'orgeat plein, au chevet. Aimé fouilla les tiroirs d'Anna, les poches de ses peignoirs. Et, le cœur dans les pieds, se jeta dans la rue. Jusqu'au soir il courut les quartiers commerçants, les jardins, les places, les marchés, les églises. Anna ne pouvait s'être réfugiée chez quelqu'un, elle ne connaissait pas une âme à Manaus. En souvenir du père Jules il frappa néanmoins chez les religieuses, les frères maristes, les oratoriens, les jésuites, les deux pasteurs, et enfin à la porte du rabbin Jérémiah. Le couvent de Virie n'avait pas reçu de visite. Aux marionnettes, au manège, sur les bancs devant le fleuve, il ne vit que des vieilles gens, des enfants chahuteurs et des couples enlacés. Il rentra, Georges tu dîneras avec Janinck, maman est partie en promenade je ne sais où, n'ouvre pas ces yeux ronds, je crains pour elle, je retourne la chercher. Il chercha. Chercha. Toute la nuit, au hasard. Dans les ruelles désertes, les squares faméliques, les recoins, elle voudrait se tapir, elle serait épuisée, il secouait les mendiants endormis, pardon, je croyais, et machinalement répétait une femme blonde, très pâle, avec un chignon bas, des yeux clairs. Personne ne l'avait vue. Le lendemain il hanta les chantiers, fouilla les maisons marquées pour la démolition et que les occupants avaient quittées, arpenta les quais, à nouveau le marché couvert, poisson, viande, légumes, épices, les vendeuses l'apostrophaient, eh! si ta chevrette est perdue nous on t'en vend une autre, choisis seulement! tu aimes lourde ou menue? combien tu mets? Il longea les *igarapés*, entra dans les cabanes de branches coiffées de chiffons, poussa jusqu'à la forêt, les premières clairières où l'on saignait le bois. Appela. Pria. Soupa avec Georges sans presque pouvoir parler. Ressortit comme la lune se levait. Retourna sur le port, un réflexe d'homme à qui l'eau parle une langue familière. S'assit sur un tonneau, face au fleuve luisant de traînées blanches. Derrière lui, sous l'auvent où l'on entreposait les bâches à rapiécer, des pêcheurs partageaient à grand bruit un repas de poulpe. C'était fête, lune pleine, ils buvaient au goulot et chantaient gras. Ils devaient coucher là, à l'abri des averses. Ou seulement y traîner quelques filles qu'ils s'échangeaient avec les bouteilles. Cela piaillait dans le fond, ils pinçaient un peu fort, des cris de poule plumée couverts par les rires mâles, gluants, qui suaient l'alcool jaune. Une voix frêle chantonnait sur deux tons une ritournelle créole hachée par des caresses trop franches, l'homme avec un hoquet se remettait sur le coude; la chanson reprenait. Cette voix. Aimé bondit. Elle était là. Dans sa robe blanche à falbalas, celle de la racole à Saint-Laurent, que le planteur métis aimait, sa natte dénouée, pieds nus, très fins, qu'un barbu à lippe noire vautré à ses genoux jouait à dévorer.

– Anna!

Elle lui sourit. Elle ne le voyait pas. Il se jeta vers elle.

– Anna! Laissez-la, c'est ma femme. Quoi? Oui, ma femme, la mère de mes enfants. Poussez-vous. Où sont tes souliers? Tes souliers, nous rentrons. Anna?

Elle pivota avec une moue qu'il avait oubliée.

– Mais chéri qu'est-ce qui te presse? On s'arrangera toujours ensemble. A toi je ne refuserai rien...

Elle lui soufflait dans le nez, l'œil vague. Pourtant elle n'avait rien bu. Aimé lui leva le menton, la renifla. Pas fumé non plus. Les autres le bousculaient, oh! qui tu es toi? elle est venue avec nous toute seule, on se la garde, elle nous plaît, là, ses cheveux t'as vu? eh! baisse tes pattes! pourquoi on te la donnerait? ta femme! tu rigoles! ou alors tu lui as appris des drôles de trucs! parce qu'elle en sait, des tours! y a rien qui la dégoûte, et même quand elle pleure elle dit qu'elle est contente!

Anna défroissait sa robe, tirait sur le corsage pour ouvrir le décolleté. Se léchait distraitement les lèvres. Elle était maquillée comme autrefois, à peine trop. Elle paraissait plus jeune. Aimé prit sa main. Froide.

– Viens. J'étais si inquiet, Georges aussi. Et Janinck. Viens, nous parlerons après.

– Pourquoi tu veux parler? Je te ferai, et puis on dormira. J'ai sommeil. Toi aussi, sûrement, tu as l'air de sortir d'une tombe. On va où?

Repoussant les trognes avinées, les femelles poisseuses, Aimé l'entraîna. La secoua, Anna! ma vie! l'aspergea à l'eau de la fontaine, son rire indifférent lui ouvrait les veines, elle se penchait vers lui, chéri ici nous serions bien, la margelle, tu ne veux pas? elle se collait, cherchait la peau sous la chemise, tu sens le bois frais, tu es bien blanc, je serais gentille tu sais, comme tu es beau, si tu m'aimes un peu je te ferai un enfant, une petite fille, tu l'appelleras Anna, et tortillant des épaules elle se dénudait la gorge. Aimé la gifla. L'embrassa. La repoussa, horrifié. Elle tordit une mine triste, je ne te plais pas ? je peux faire autrement, dis-moi juste, c'est normal, nous ne nous connaissons pas, mais je t'assure, je m'appliquerai.

Il la porta dans ses bras, blottie elle lui suçotait l'oreille, à travers les échafaudages qui bardaient la capitainerie jusqu'à l'infirmerie des marins, tout au bout du quai. Un vieux moustachu taciturne le poussa dans une pièce jaunâtre. Anna plissait les yeux sous la lumière crue. Docteur elle ne me reconnaît plus, elle se prend pour..., merci j'avais compris, Aimé raconta l'essentiel, le moustachu chiquait et auscultait Anna, tirez la langue madame, non, tirez seulement, mon ami elle a tourné marteau, ces choses-là arrivent, sa raison reviendra ou ne reviendra pas, sa nature est usée, vous avez des enfants ? Il regardait le dedans des paupières d'Anna, il lui palpait la nuque. Très usée, elle tiendra peu, désolé ami, faut parler aux petits.

C'est ici qu'on se couche ? Anna s'allongeant sur la table d'examen retroussait sa jupe maculée. Ramenez-la chez vous, peut-être si elle dort demain elle sera mieux. Non ! ici ! je veux un lit ici ! se coulant contre Aimé elle lui léchait le cou, chéri dis au monsieur que s'il souhaite vous pouvez partager, mais qu'il nous loge ici, j'aime l'odeur. Aimé doucement l'orienta vers la porte, dans le hall lépreux les ampoules clignotaient, Anna s'agrippa à un infirmier, gardez-moi ! gardez-moi ! ils veulent me jeter aux poissons ! je ne sortirai pas ! Le médecin tapota Aimé, ne la contrariez pas, venez petite madame, je vais vous montrer votre chambre. L'escalier sentait l'éther à défaillir. Pas dans la salle commune, je vous en prie docteur, le sang se retirait d'Aimé, je paierai bien, je vous en prie. Anna applaudit au lit de fer, chéri c'est notre nuit de noces, saisit les mains d'Aimé, s'en frotta, s'en pétrit, lui statufié la laissait faire, arracha les rubans de son corset, aide-moi donc, comme tu es ballot ! et ce rire grelottant qui lui coulait des lèvres, et ses yeux vagabonds, monsieur dégraffez-moi, celui-ci ne sait pas. Anna ! Anna ! Elle ne vous entend pas, le médecin poussa Aimé dans le couloir, attendez ici, je vais la piquer, l'infirmière bataillait, ne touchez pas mon sac ! je vous mordrai ! La porte refermée, Aimé ballant sentait couler ses larmes. Essuyez-vous mon vieux, le docteur lui tendait un mouchoir, un verre de rhum, si, buvez, la robe blanche chiffonnée, les souliers de soie qu'elle portait seulement les jours d'anniversaire, le sac de toile trempé. Revenez demain matin, elle va dormir, si elle délire je lui donnerai quelque chose. Vous ne pouvez rien faire. Parlez à vos enfants. Qu'ils viennent la voir. Vite.

Le quai, à nouveau. Aimé s'assit sur une marche. Où aller, puisqu'elle ne le suivrait pas. L'image de Viviane le frôla. Il leva le bras, brutal. Comment avait-il pu ? Il se mordit le dedans des joues jusqu'au sang, suça, sa salive était salée. Le sac lui mouillait les genoux. Machinalement il le retourna, le secoua. Des bouts de papier carbonisés, trois peignes, trois brosses, des fards, des chaussures, un foulard, des épingles, un sachet de biscuits, un portefeuille en lézard qu'il ne connaissait pas. Dedans une pièce d'or et une feuille de papier de dame, bleu. Aimé la prit, la porta à ses lèvres. Elle sentait la vanille. Une rougeur lui voila le regard.

Madame,

Pardonnez cette lettre. Je l'écris car je ne puis m'y soustraire. C'est Dieu qui me la commande, ou le destin, ainsi qu'il vous plaira de l'appeler. Je suis la femme d'Aimé. Sa première, sa seule femme aux yeux de l'Église. Il m'a épousée lorsqu'il avait vingt-deux ans, à Paris. Nous avons eu deux enfants, une fille et un garçon. La loi des hommes nous a séparés, et voici que le sort nous réunit à nouveau. J'ai retrouvé Aimé le soir du bal à l'opéra, il a dormi près de moi, et depuis cette nuit nous ne songeons qu'à nous rejoindre. Il est bon, il n'ose pas vous le dire. Mais il m'aime, voyez-vous, il m'aime comme au premier jour, comme il m'aimait lorsqu'il m'écrivait de Saint-Martin-de-Ré, en 1872, après son arrestation, vous lirez, je joins la lettre afin de prouver ma bonne foi. Il a fait du chemin depuis ce temps. Moi aussi. Je suis riche, libre, et ma position dans cette ville est enviée de tous. J'offre à Aimé une vie que vous ne pourrez jamais lui donner. Si vous le chérissez, songez à son bien. Dieu l'a uni à moi, Dieu me le ramène, il vous faut me le rendre. Je vous sais âme honnête, soumise aux lois divines, je sais que vous comprendrez. Aimé n'est pas l'homme que vous croyez. Il vous a caché notre mariage, il vous a caché ses enfants, il vous a caché l'amour qu'il conservait intact pour une femme qu'il pensait perdue, aujourd'hui encore il ne peut prendre sur lui de vous avouer sa vérité. Il faut lui pardonner. Aimé est si bon qu'il se laisserait crucifier plutôt que de vous voir pleurer. Soulagez sa souffrance. Aimez-le jusqu'au bout. Libérez-le. Sans votre abnégation il ne pourra rentrer dans le chemin que le Ciel a tracé pour lui. Soyez sans crainte, je me charge de tout. Mes deux fils sont épris de Virie. Elle choisira entre eux, et je la doterai princièrement. J'enverrai votre garçon dans le meilleur collège de Manaus, et ensuite en Europe, s'il souhaite étudier davantage. Vous me ferez parvenir votre adresse, il vous rendra visite. Ne vous inquiétez de rien. Votre fille loue votre piété. Notre Seigneur vous paiera de vos peines. Le signore Borgia, 6 rua Remedios, tient à votre disposition assez d'or pour assurer votre voyage et votre vie en France. Il s'occupera de toutes les formalités. De grâce épargnez à Aimé des discussions qui lui perceraient le cœur. Soyez grande, comme je sens que vous l'êtes, et ne me maudissez pas. Mon seul tort est de chérir le même homme que vous, et qu'il m'ait épousée moi, au lieu de vous. Mes prières vous accompagnent. Je veillerai sur vos enfants: Aimé grâce à vous recouvrera la paix

V H.

Maudite. Rua Barroso. Cassé en deux Aimé courut. Madame est dans sa chambre, je vais vous annoncer, il repoussa la domestique, monta, la porte capitonnée, Viviane se peignait sur son lit.

– Tiens! tu aurais pu frapper.

Aimé s'appuya à la table. Le souffle lui manquait.

– Les garçons soupent dehors. Nous serons tranquilles. Merci Rosario, j'attendais monsieur, vous pouvez vous coucher. Je suis heureuse de te voir. Viens là.

Elle lui tendait les bras.

– Démone! C'est toi! Elle est folle! Tu l'as tuée!

– Aimé!

– Tu es un monstre! Elle est devenue folle! Folle!

Viviane cacha son visage dans ses mains.

– Mon chéri je ne savais pas... Je n'ai pas voulu... Je ne pensais pas te blesser, elle non plus, je ne lui veux pas de mal. Il fallait, tu comprends, tu ne te décidais pas.

– Mais je ne veux pas de toi! C'est Anna que je veux!

Le dos rond, entre ses doigts elle l'épiait.

– Tu es un enfant. Un enfant qui souffre. Par ma faute. Dieu! si j'avais prévu cela!

– Ah ne parle pas de Dieu! Elle était belle, ta lettre, Notre Seigneur par-ci, et le destin par-là, à vous tirer des larmes! Je ne te connaissais pas si versée en religion!

Elle se redressa.

– Ton Anna l'était. Je lui ai tenu le langage qu'elle pouvait le mieux entendre.

– Comment savais-tu cela?

– Par ta fille, qui parle beaucoup à Jean, de sa mère notamment.

Elle le regardait, maintenant, bien en face.

– Sorcière! ah je vois bien ton plan!

– Qu'est-ce qu'il a mon plan? Ne fais pas le gosse gâté. Je t'offre des crèmes au lieu de ton brouet, et monsieur tord sa moue! Tu as été mon mari, moi je m'en souviens, et je te connais. Tu mérites mieux que cette femme-là. Une quasi-infirme, avec un drôle de genre.

Aimé leva la main.

– Frappe-moi. Je te dirai quand même. La vie ça se conduit, ça se décide. Réveille-toi. Aujourd'hui le destin frappe à ta porte, il nous rend l'un à l'autre, le monde entier crierait au prodige et tu fais quoi ? Tu te bouches les yeux, les oreilles, tu ne veux rien savoir ! La dernière fois tu m'as jeté le sort au visage, nos cartes redistribuées il y a vingt ans, et qu'il fallait s'incliner là-devant. Regarde-le, ton sort ! Il a réfléchi, là ! il s'est repenti ! La donne initiale était la bonne, il la remet sur la table ! Secoue-toi ! la vie est là !

– Je te l'ai déjà dit. Ma vie est ailleurs.

Elle se leva, ondula jusqu'à lui.

– Aimé reprends-toi. Regarde-moi. Tu n'as pas pu m'effacer, je ne le croirai pas. Je me rappelle chacun de tes mots, et comme tu me serrais, l'autre nuit encore...

– Tais-toi !

– Moi je saurai t'aimer à ta mesure. Tu seras heureux. Je suis riche, et j'ai plus d'ardeur que jamais. Je t'ouvrirai toutes les portes, tu feras des affaires dont tu n'oserais rêver. Si tu te sens mal dans cette maison nous déménagerons. Nous achèverons d'élever notre fils ensemble. Pense à la paire que nous formerons. Avec ton nom, ton allure, ma fortune, mes relations, le monde sera à nos pieds !

– Tu vas vite en besogne ! Et M. Côme Halloir, il en pense quoi ?

– Il n'y a plus de Côme Halloir. Gobé comme un œuf par sa forêt pourrie. Un banc de vase suceuse, sans doute. On a juste retrouvé son chapeau, posé sur le trou de boue. La semaine passée, il choisissait des bois près d'Iquitos. Pour l'heure il est simplement porté disparu, mais son associé, qui est revenu tout exprès pour m'annoncer la chose, dit qu'il n'y a pas d'espoir. A moins que la vase ne le recrache ou qu'il sorte vivant du ventre d'une panthère, dans un mois je serai officiellement veuve. Je n'ai rien dit aux enfants. Je me débrouille mal avec les larmes. J'ai demandé à Luigi Borgia, un ami cher, de les mettre au fait. Ils sont chez lui ce soir.

– Et cela te laisse froide.

– Je souhaitais que Côme parte, qu'il me laisse. Il est parti, voilà. Je n'en demandais pas tant, mais au fond oui, c'est bien. Toutes ces années sous sa coupe je ne les ai pas vécues. Il m'occupait, il m'habitait. Jusqu'au dernier recoin de moi était obsédé par le souci, le désir de lui, la peur de lui, la jalousie, l'humiliation, la fureur de lui. Il n'y avait plus de place pour Viviane, pour ce qu'elle aurait pu souhaiter, éprouver, découvrir. Je n'étais personne. Juste sa chose. La dame de pique du roi de pique, regarde-la sur les cartes, elle est l'exacte décalque de son maître. Maintenant je vais choisir ma couleur et mon jeu. Je me sens naître, tu comprends ?

– Tu es effrayante.

– Je suis logique avec moi-même. Ce que je veux, je le prends. Ce qui m'embarrasse, je l'écarte. C'est Côme, d'ailleurs, qui m'a appris.

– Et Anna...

– Elle nous barrait le chemin. Elle n'aurait pas dû être là. A la place qui est la mienne.

– Qui n'était plus la tienne.

– Qui va le redevenir. Parce que je la veux.

– Je ne suis plus ta marionnette. Ta prochaine partie tu la joueras seule. Qui te crois-tu ?

– Je me crois ce que je suis. Et c'est moi que tu as épousée. Personne ne te forçait alors. Je veux rentrer dans mes droits.

– Tu n'as droit qu'au remords, et à prier pour que Dieu te pardonne.

Viviane se détourna brutalement, le sang aux joues. Ouvrit la porte-fenêtre donnant sur le promenoir, au-dessus du jardin clos. Ses mains tremblaient.

– J'en ai soupé d'être traitée comme une tasse que l'on jette dans l'évier après y avoir bu ! Tu n'étais pas si dégoûté le soir du bal ! Remisez votre morale, monsieur le comte, elle sent l'imposture ! Vous me semblez mal placé pour faire la leçon !

Aimé la suivit sur le large balcon. Personne n'y allait jamais. Vétuste, pourri, chaque mois depuis cinq ans Viviane se disait je vais faire abattre et recontruire cette vieillerie. L'odeur de moisissure, de bois décomposé, piquait les narines. L'air, alourdi sous l'auvent ouvragé qui coiffait le patio, poissait. La lune diffusait par les découpes géométriques des bleuités vagues, que l'humidité à mi-chemin du sol absorbait. En bas il faisait absolument noir. La fontaine crachouillait. Viviane s'adossa à la rambarde, les coudes remontés. Ses seins saillaient sous la dentelle. Elle fit un grand effort pour adoucir sa voix.

– Tu vas revenir n'est-ce pas ?

– Je vais quitter la ville. Avec les enfants et Anna. Je la soignerai, elle guérira.

– Aimé tu vas revenir.

– Non. Trouve une autre dupe. Si quelqu'un veut d'une vipère comme toi.

– Ne me pousse pas à bout ! La vipère a appris à mordre, ton Anna l'a senti ! Tu n'es pas Côme, mon cher, surveille ton discours ! Certains mots me rendent mauvaise, à ta place je me garderais !

– Tu ne m'es plus rien, Viviane. Elle est loin, la rue du Petit-Jour. Vingt ans, et nous avons vécu. Tu ne me plieras pas. Si tu ne me soulevais pas le cœur jusqu'à la nausée, je te haïrais. En forêt les serpents je leur écrasais la tête. Je ne te pardonnerai jamais Anna. Tu mériterais la correction que j'aurais dû donner à ton Côme, si de ce temps j'en avais eu les tripes !

– Il le prend arrogant, notre Aimé nouvelle manière ! Range tes dents, del Prato ! Un chat plaqué tigre, tu me fais rire ! Cuisine ton malheur, grand benêt, tu ne seras jamais qu'un médiocre ! Moi j'ai du ressort, je repiquerai mes ambitions ailleurs. Mais ta fille, mon joli, elle bouffera la cendre dans ton écuelle, avec toi, et tu te maudiras de l'avoir engendrée !

– N'approche jamais Virie.

– Il allonge un drôle de menton quand on lui agite sa colombe sous le nez ! Tu l'aimes, ta Virie ! Eh bien elle paiera.

Elle est folle de Jean, ils veulent se marier, c'est Léon qui me l'a dit. Je m'en vais lui en apprendre des choses, moi, à notre fiancée, sur le promis et sur son beau-papa ! Des choses qui lui feront un choc, ça je te garantis, et les chocs, dans la famille, il semble qu'on les supporte mal ! Deux folles à torcher, ça te meublerait le temps ! Peut-être il y en aura une qui se tuera, zou ! les exaltés ça arrive souvent, chez toi on badine pas avec le sentiment !

Aimé s'était retourné. Ne pas la voir, dardée, la bouche tordue, qui crachait son venin. Elle qu'il avait adorée. Il ferma les yeux, serra les poings, repousser cette horreur, sa jeunesse, Viviane était son univers, sa peau, vanille, sorcière, aspic, le sang glacé d'Anna, Virie allongée blanche dans une boîte en pin, des prières, Monsieur Henri lui poussait le coude, il faut l'arrêter, qu'elle se taise, le regard incrédule de Virie, Papa tu ne m'aurais pas caché tout cela ? son petit visage décomposé, Anna, Monsieur Henri, l'empêcher, les vipères on leur brise les reins, à jamais silencieuse, mauvais rêve, elle ne hanterait que lui, l'écraser. Va mon grand, il faut. Il arrondit le dos, ouvrit les mains.

– Tu te tais ?

Elle avait senti. Elle ne savait quoi, mais une sueur soudaine lui coulait dans la nuque.

– Aimé ?

Rattraper. Très vite, quelque chose se défaisait, se nouait, qu'elle ne contrôlait plus.

– Oublie, je parlais dans le vide. Souvent je m'emballe.

Il lui fit face. Marcha sur elle, les bras tendus.

– Pas toi !

La balustrade céda. Les montants en tombant firent plus de bruit que le corps. Le son ne monta pas. La nuit lourde d'eau, en bas, buvait même le chant des crapauds. Aimé resta un moment penché sur le trou. Voilà. Elle n'avait pas crié.

– Rosario ! Rosario !

La petite bonne dormait au sous-sol. Il appelait, appelait, et ses cris le vidaient de son acte.

– Socorro ! Rosario ! Qu'on vienne ! Madame a basculé ! Rosario !

Jean Halloir. Dans le demi-jour du salon aux volets clos. Son costume noir lui donnait l'air plus jeune. Des poches sous les yeux, il avait dû veiller plusieurs nuits. Il froissait ses gants. Il venait pour... Sûrement.

Cet homme grave, le père de celle que j'aime. Il est beau, je crois, oui. Il a l'air bienveillant. Comme il me regarde. Je dois lui dire, seulement. C'est drôle comme il me regarde. Maman. Pourquoi elle maintenant. Le soir du bal. Il avait les mêmes yeux, sur elle, presque. Posés comme une bouche qui va gémir. La tête de Jean s'embrumait. J'étais venu si décidé. Virie. Jean s'ébroua.

– Je tenais, monsieur, à vous remercier de votre présence à l'enterrement de ma mère. Vous la connaissiez, n'est-ce pas ? Elle m'avait parlé de vous, très amicalement.

– Oui, nous nous connaissions. D'autrefois. A Paris. Vous avez des nouvelles de votre père ?

– Aucune. Pourtant je n'y crois pas. Mon père a vécu dans le bois, il ne se laisserait pas noyer par un banc de vase. Il reviendra.

– Dieu vous l'accorde.

– Il me l'accordera. Mais je ne prie pas seulement pour lui. Jean toussa.

« Monsieur del Prato, vous savez pourquoi je suis là. Virie vous a parlé. Monsieur, elle se languit de son couvent. Et moi je n'en puis plus. J'ai vingt et un ans, je lui donnerai le meilleur de la vie. Il ne tient qu'à vous de faire son bonheur et le mien en même temps.

Pourquoi le sort s'acharnait-il ? Pourquoi s'en prendre à ces deux-là, ses enfants, purs encore, qui ne méritaient rien ? Aimé se détourna. Mordit ses joues. Ne rien montrer. L'arrêter net.

– Désolé, mon garçon. Oubliez cette idée. Virie n'est pas pour vous.

– Vous l'avez promise ailleurs ?

– Non. Mais elle ne sera pas votre femme.

– Maman trouvait Virie exquise, elle aurait su... Oh Monsieur ! comment dois-je vous prier...

Il se détourne. Je m'y prends mal. Il est tout blanc. Il n'aime pas le souvenir de Maman. Contre lui, trop serrée, qui valsait. Il l'a ramenée, après. Le père de Virie.

« Je la rendrai heureuse, je vous donne ma parole ! Je suis sain, j'ai étudié le droit et les humanités, je joue du piano, de la guitare, je parle l'anglais, le portugais, l'espagnol et je lis le latin, je ne cours pas derrière les jupons, je me crois de l'ardeur, de la persévérance, les idées assez hautes pour ne pas s'engluer dans le quotidien. Je ferai à Virie des jours insouciants, pleins de fleurs, de fêtes, de poèmes et d'enfants...

– Soyez raisonnable. N'insistez pas.

– Vous ne me croyez pas ?

– Si.

– Alors ?

– Alors là n'est pas le point. Vigie ne peut pas, c'est tout. Vous expliquer le détail serait... Elle ne peut pas. Voilà.

Il me plaît. Il ne ressemble à personne. Si. Le pelage de sa mère. Sa brusquerie, trop de sang. Grand garçon qui se rêve homme. Une fois. Une fois j'aurais tant voulu te prendre dans mes bras. Ne pas m'attendrir. Si je résiste tu vas céder. Bois tendre, déjà tu offres le flanc. C'est moi, pauvre, que tu me rappelles. Le cœur te lance. Nous sommes pris, tous les deux.

Pourquoi ce homme me trouble-t-il ainsi, je voulais lui dire. Virie. Quand saurai-je être ferme ? Jean se vidait. S'emplissait du regard d'Aimé. Là n'est pas le point ? Le point ? C'est lui qui veut me dire. Non. Maman au bal, la tête renversée en arrière. Mais qu'ai-je donc ?

Plus près. Ils ne comprenaient pas mais il fallait qu'ils se voient de plus près. A portée de souffle, la console entre eux. Des cartes, un traité de pêche au lancer, un vieux recueil d'images coloriées. Jean happé, se pencha. Oui, Maman avait cet ouvrage-là. Guyane des premiers colons. Sur l'illustration, une Négresse en « gaule ». Machinalement il caressa la couverture.

– Vous connaissez la Guyane ?

– Oui.

– Virie ne m'en a jamais parlé. Vous y avez vécu ?

– Oui.

Il y a vécu. Lui aussi. C'est curieux. Je l'ai peut-être vu là-bas, c'est cela, sans doute, cette impression que j'ai.

– Nous habitions Rémire. Vous n'êtes pas venu chez nous ? Ma sœur étudiait chez les religieuses en bleu, sur la place de l'église. Un clocher tout pointu. Elle avait deux ans de plus que moi.

Les joues de Marion, sa natte, les paons sur le toit, le soir cannelle, à guetter les biches derrière la maison, les fêtes de M. Côme Halloir, maman qui crevait de Louise et ne câlinait que Léon ; ses gifles, mots rouges, Marion qui en parlant de papa disait le père de notre cher cadet et toi, mon Jean, tu es mon seul frère. Les larmes montaient aux yeux de Jean avec une colère sourde, sans objet. Enfin qu'est-ce qui me prend ?

Me calmer, cet homme-là ne m'a rien fait. Je ne le connais pas. Juste le père de Virie.

L'épargner. Porter la croix seul, jusqu'au bout. Qu'il sorte, ne plus le revoir, fuir cette ville, ce sang qui s'acharne à rentrer dans mes veines. Je pourrais tant l'aimer.

– Rémire? Non, je ne crois pas...

Seigneur! ses mains. Aimé, statufié, les mots morts en lui, regardait les doigts de Jean allongés sur le livre. Bien à plat ils couvraient une pleine page.

Jean leva les yeux, vit trembler la grande bouche. – Sais-tu mon amour! mon père a les lèvres toutes pareilles aux tiennes, Virie en l'embrassant pouffait –. Je crois que j'ai la fièvre. Et lui, qui est si pâle. Il souffre, oui, j'ai dû dire quelque chose. Une coulée brûlante cherchait son chemin dans ses veines. Suivant le regard fixe d'Aimé il trouva, posée juste devant sa main droite, l'autre main. Hors la teinte, identique absolument. Même dessin, mêmes articulations ridées, le pouce fort, les ongles ovales, les veines saillantes, très bleues, l'auriculaire arqué vers l'intérieur. Jean se pencha, encore, encore, le nez contre la peau. Le bruit du sang enflait dans ses oreilles. Cet homme-là. Rua Barroso; Rémire; la maison du canal Laussat; Viviane et Côme vautrés sur le grand lit, viens-t'en mon Jean, Marion le tirait vers la porte et lui était retourné regarder par l'entrebâillement. La pelote se débobinait, à l'envers il remontait le fil, vers le noyau enfoui, Marion comment peux-tu l'aimer? il a des yeux d'anguille et il sent le cigare! La passerelle du *Revanchard*; hôpital blanc, des lézards au plafond; chaleur liquide; Côme penché, son sourire comme une lame, Jean voici ton papa. Et maintenant cet homme-là. Un hoquet lui souleva le ventre. Sans se redresser il plaqua sa main gauche à côté de la première. Aimé lentement posa en face sa main droite. Le bout de leurs doigts s'effleuraient. Rien n'existait plus au monde que ces quatre mains. Non.

Le rattraper. Le protéger.

– Jean, Écoute. Je vais te raconter une histoire, une histoire vraie pour une fois, elle n'est pas laide je te promets. Ne dis rien, écoute juste. Ta mère... Quand j'avais ton âge...

Pas lui. Maman raconte-moi quand on était en France, raconte-moi avant ma naissance, elle me repoussait, tu m'agaces avec tes questions! Au bal ces mains-là sur elle. Retrouvées. Elle riait, je la vois, avec son air de triomphe. Lui, depuis toujours. Je ne veux pas.

Mon Dieu, éloignez cette coupe.

– Pas vous...

Jean ne s'entendait plus. La lumière se voilait. Ses deux mains sur les épaules d'Aimé, il touchait, il tâtait. Pas lui. Pas moi. Une taie rougeâtre sous les paupières. Raide, brûlant, arraché, dévasté.

Les yeux fermés, la bouche écarquillée sur le refus qui lui giclait du corps, Jean agrippa le collet.

Rien ne surprenait plus le révérend père Jeronimo. Toutes les infortunes, toutes les cruautés, toutes les désillusions, tous les remords du monde depuis quarante ans frappaient à sa porte. Il recueillait même ceux dont il pensait que Dieu ne leur pardonnerait pas. On venait de loin au couvent de San José. On s'y cloîtrait ou on en repartait, à son gré. Les grilles restaient ouvertes. Au-dedans on vivait entre hommes, avec peu de mots, dans un dénuement rigoureux. On élevait des abeilles, on enluminait des livres d'heures, on sarclait le désert, on épouillait ligne à ligne les Écritures, et à force de discipline on s'oubliait.

– Peut-être aussi vous trouverez-vous, mon fils. Vous êtes bien jeune, pour renoncer à tout. La mortification n'est pas une fin en soi. N'est irréparable que ce que les hommes jugent tel. Vous vous séparez des hommes. Séparez-vous pareillement de vous-même. Ici ce que vous êtes et ce que vous avez fait importe peu. Sous l'œil de l'éternité, nos drames prennent un relief différent. Le vôtre s'érodera. Et vous grandirez. Dans un an, si vous demeurez, nous en reparlerons. En attendant changez vos bandages deux fois par jour. Je vous ferai passer de la pommade. Que Dieu flagelle et panse votre âme à sa juste mesure.

Le père Jeronimo poussa Jean aux épaules, maintenant

allez, le long couloir crépi irradiait la lumière, toute cette blancheur, cette nudité qui renvoyait à soi, voici donc ma retraite, les pieds poudreux sur le sol ciré s'étonnaient, lisse et tiède comme une peau, Jean se pencha et du bout de ses doigts bandés caressa les dalles blondes. L'air sentait la poussière propre. On n'entendait que le bourdonnement têtu des abeilles autour des ruches, dans le cloître qui jouxtait la galerie. Pas un mouvement, pas un souffle. Jean compta huit portes, toutes semblables, brunes, basses, usées aux gonds, et s'arrêta devant la neuvième. Regarda ses paumes, maillotées de chiffons raides de sang séché. Cisaillées, déchiquetées, le rasoir fiché dans un trou de mur il avait hurlé de ne savoir mieux se punir, de ne pouvoir trancher les coupables au ras du poignet. Ses mains qu'il avait voulu tuer et qui continuaient de vivre, comme les souvenirs qui pulsaient dans leurs veines. Appuyer sur la clenche. Il essaya avec le coude, avec le genou. Avec le bout du pouce, qui dépassait des linges. Une nausée lui monta dans la gorge. Il s'adossa au mur et pleura, les yeux clos.

– Un nouveau! Tu t'appelles?

Un moine court et ventru, le visage solaire, lui tapotait le ventre.

– Personne. Jean.

– Celui que le Christ aimait! Tu seras sauvé! Tu sais guetter les sauterelles? C'est tout juste comme la vie. Viens-t'en, mon frère. Je vais t'apprendre.

L'auteur et les Éditions J.-C. Lattès tiennent tout particulièrement à remercier :

les lignes aériennes brésiliennes VARIG ;

Voyageurs au Brésil ;

l'ambassade du Brésil.

[illegible] autorisant la [illegible] Tableau [illegible] l'une [illegible] numéros [illegible] principaux [illegible]
remercient :

les Pages [illegible]

[illegible]

[illegible]

normandie
roto
impression
s.a.

61250 Lonrai

Reproduit et achevé d'imprimer en avril 1993
N° ES 93078 / N° d'impression : I3-0714
Dépôt légal : mai 1993
Imprimé en France

ISBN 2-73-82-0606-9
33-12-5606-01/0